Konrad Kramar · Georg Mayrhofer

# ... und keiner sang die »Reblaus«

Die Wahrheit über
## Leopold Figl, Andreas Hofer
und andere österreichische Mythen

# UEBERREUTER

ISBN 3-8000-7199-1
ISBN 978-3-8000-7199-9
Covergestaltung: Maria Schuster
Coverillustration: Michael Pammesberger
Copyright © 2006 by Verlag Carl Ueberreuter, Wien
Druck: Druckerei Theiss GmbH, A-9431 St. Stefan i. Lav.
1 3 5 7 6 4 2

Ueberreuter im Internet: www.ueberreuter.at

# Inhalt

5

# I muass im fria'ran Leb'n der Figl g'wesen sein

**Zum Geleit ein kleiner Ausflug in die österreichische Seele oder: Warum ist es uns so wichtig, von Schlitzohren und Schlawinern abzustammen?**

Als der liebe Augustin in die Pestgrube fiel, blieb er liegen und schlief seinen Rausch aus. So wurde er eine identitätsstiftende, mythische Figur in der kollektiven Erinnerung der Österreicher. Wäre er aufgestanden, hätte er einen Impfstoff gegen die Pest erfunden und eine weltweite Kampagne gegen Trunksucht ins Leben gerufen, um alle Menschen vor dem Sturz in Pestgruben zu bewahren, hätte er sich, um ein Mythos zu werden, vertrauensvoll an die USA wenden müssen. In Österreich hätte er einfach nicht mehr ins Ensemble gepasst.

Nationen, Völker, Regionen, aber auch kleinere Gruppen, bis hin zur Familie, brauchen Mythen, Heilige und Helden. Gruppen definieren sich über eine gemeinsame Vergangenheit und verbindende Erlebnisse, die allerdings oft erst im Nachhinein konstruiert wurden.

Österreich erinnert sich voll Stolz daran, in seiner tausendjährigen Staatsgeschichte das meiste geschafft zu haben, ohne sich wirklich dafür anzustrengen. (So grenzen wir uns von unseren, hassliebevoll »Piefkes« gerufenen, nördlichen Nachbarn ab, denen wir gerne unterstellen, sich für dasselbe Ergebnis enorm abrackern zu müssen.) Der Österreicher sieht sich als Wesen, das im geschichtlichen Kontext von ungeheuren Schicksalsschlägen überrollt wird. Kommt das Schicksal heran, bleiben dem Österreicher nur zwei Optionen:

1. Der glorreiche Untergang, an dem andere schuldig sind.
2. Das Auftreten eines Helden, der mit einem einfachen Trick, der möglichst wenig Energie kostet, das Blatt wendet.

Die dritte Möglichkeit, gegen das Schicksal anzukämpfen und sich aus eigener Kraft daraus zu befreien, wurde – nach allgemeiner Überzeugung – nie versucht.

Österreich hat viele bedeutende Ärzte wie Theodor Billroth, Ignaz Semmelweis oder Karl Landsteiner hervorgebracht, Sozialreformer wie Leopold Kunschak oder Julius Tandler, Techniker wie Carl Ritter von Ghega, Joseph Ressel oder Josef Madersperger, aber sie haben es nie geschafft, zum Mythos zu werden. Die Veränderung der Welt durch Fortschritt ressortiert schlicht und einfach nicht in Österreich. Wenden Sie sich an die Vereinigten Staaten von Amerika, die stehen auf so etwas und haben aus Thomas Alva Edison einen Säulenheiligen gemacht.

Das historische Verdienst des nostalgisch verklärten Bundeskanzlers Leopold Figl besteht darin, wie bei seinen Partnern aus dem sozialdemokratischen Lager, das gegenseitige Misstrauen und den Hass der Ersten Republik nicht in die Zweite Republik mitgenommen zu haben. Der ehemalige KZ-Insasse Figl machte das Miteinander zur Maxime seines politischen Handelns, nicht aber den Gedanken an Vergeltung. Für diese und andere historische Verdienste wird ihm zwar Anerkennung gezollt, geliebt wird er aber dafür, dass er angeblich den Staatsvertrag mit »Der Reblaus« ersungen hat. Eine Anekdote, die vom durchaus trinkfreudigen Figl genauso gepflegt wurde wie das Bild vom bauernschlauen Politiker mit Herz, das der Machtmensch Leopold Figl von sich erzeugte.

Um historische Persönlichkeiten, die entweder durch große Verdienste aufgefallen sind oder sich einfach nur durch ihre Persönlichkeit eignen, ranken sich anfangs Anekdoten, die sich dann zur Gewissheit verdichten, wenn sie Teil unserer kollektiven Erinnerung und damit zum Mythos werden. Das aus Staatsräson tausende Male reproduzierte Bild des Kaisers Franz Joseph, eines gütig blickenden, alten Mannes mit – damals schon – anachronistischer Barttracht, hinterließ den Eindruck, dass die ganze franzisko-josephinische Epoche von Güte und Ruhe geprägt war. Das Gegenteil war der Fall. Der Herrscher war von Krieg und Militär förmlich besessen und die zweite Hälfte des 19. Jahrhunderts war eine der veränderungswütigsten Zeiten überhaupt. Die Stilisierung des k. u. k. Wiens zur »guten, alten Zeit« war ein Produkt nachfolgender Epochen. Dort suchte man in der Vergangenheit Trost vor einer Gegenwart, die überforderte.

Das Bild vom gütigen, alten Mann, der patriarchalischen Vaterfigur, ist aber älter als Österreich, es führt zu den Anfängen der menschlichen Kultur überhaupt. Der Mensch, oder besser gesagt das menschliche Kollektiv, neigt dazu, sich Figuren zu schaffen, die für alle – auch über kulturelle und ethnische Grenzen hinweg – erkennbar sind. C. G. Jung hat in seiner Archetypen-Forschung dieses menschliche Bedürfnis, bzw. diese Ausdrucksform der menschlichen Seele, erforscht. Die Archetypen sind die kulturelle Grundlage aller Menschen und die verschiedenen Figuren treten auch in allen Überlieferungen auf. Etwa die »Anima«, das lockende, natürliche, weibliche Wesen, das uns bei den Griechen als Io begegnet, in der Bibel als Königin von Saba und in Österreich eben als Sisi-Mythos. Den »Trickster«, den wir aus nordischen Sagen als Loki kennen, erkennt man ebenso in Leopold Figl. Und wurde nicht Mozart von der profanen Welt der Kleingeister für seine Begabung ebenso bestraft wie der griechische Sänger Orpheus, dem die neidvollen Götter die Geliebte nahmen?

In den mythisch überhöhten Helden unserer Vergangenheit zeichnen wir Muster nach, die der allgemeinen menschlichen Erfahrung entsprechen. Wir ordnen damit ein, bestätigen uns selbst unsere Überzeugungen und geben sie an unsere Nachfahren weiter. Mythologische Figuren brauchen allerdings den Abstand von Jahrhunderten, wenn nicht mehr, um ihre endgültige Form zu finden, sie entwickeln sich. Die in diesem Buch dargestellten Ereignisse und Personen befinden sich sozusagen noch im Verpuppungsstadium, der historische Kern ist noch vom Mythos zu trennen, es sind »myths in progress«. Im Fall von Wolfgang Amadeus Mozart, der schon kurz nach seinem Tod verkitscht wurde, kam in letzter Zeit die Ergänzung von Peter Shaffers Bühnenstück »Amadeus« dazu, welches die Behauptung aufstellte, das Salzburger Genie sei von Antonio Salieri ermordet worden. In weiteren hundert Jahren wird der Urheber dieser Theorie vielleicht schon im Dunkeln der Geschichte verschwunden sein. Man wird sich nicht mehr erinnern, dass es sich dabei nur um den Plot eines Theaterstückes gehandelt hatte. Uns bleibt dann eine weitere Bestätigung, dass besondere Gaben auch immer mit einem besonderen Fluch daherkommen.

Völker, Regionen oder Gruppen erarbeiten sich ihre Mythen langsam. Auch der so genannte Volkscharakter wechselt immer wieder. So galten die Engländer Ende des 19. Jahrhunderts als technische Innovatoren. Das steiflippige, schlampige, britische Understatement, für das sie heute stehen, bekamen sie erst verpasst, als die Amerikaner ihnen die Führungsrolle abjagten. Der »österreichische Mythos« vom unterhaltungswütigen Faulpelz, der sich aus jeder Situation heraustrickst, entstand im Kielwasser des Wiener Kongresses, also in einer Zeit, wo die Habsburger Kaiser ihre Bedeutung in der Weltpolitik zu verlieren begannen. Selbstbild und Mythos sind nicht unwillkürlich änderbar und verlangen nach Bestätigung. So drängt man historische Figuren in einmal lieb gewonnene Rollen. Je mehr Zeit vergeht, desto mehr verschwindet die Persönlichkeit hinter der ihm/ihr zugedachten Rolle.

Die hier beleuchteten historischen Ereignisse und Persönlichkeiten liegen noch nicht so weit zurück, dass man sie nicht noch gut belegen könnte. Wir, die Autoren, sind auch keine Historiker, die mit neuen Erkenntnissen aus der österreichischen Geschichte aufwarten. Die Quellen, die wir benutzt haben, sind öffentlich zugänglich und leicht verfügbar. Die Informationen, die wir bieten, sind Historikern auch längst bekannt. Aber selbst historisch interessierte Menschen staunen, dass Andreas Hofer an seiner Rolle als Tiroler Freiheitsheld verzweifelte bzw. dass der Österreichische Staatsvertrag das Ergebnis zäher Verhandlungen war. Dabei sind diese Erkenntnisse nahe liegend. Wahrscheinlich besteht das »Aha-Erlebnis« dieses Buches darin, dass man insgeheim vermutet hat, dass es einem österreichischen Bundeskanzler wohl

nicht gelungen sein kann, den gesamten sowjetischen Machtappa-
rat mit ein paar Vierterln Wein und Heurigenliedern »einzudu-
deln«, und wahrscheinlich hat man auch vermutet, dass ein Tiroler Bauer ohne nennenswerte Schulbildung Schwierigkeiten hatte,
einen funktionierenden Verwaltungsapparat zu installieren. Doch
irgendetwas in uns wehrt sich dagegen, diese Mythen zu entlarven.
Es ist einfach schöner, von einem schlitzohrigen Bauernsohn aus
dem Tullnerfeld in die staatliche Selbstständigkeit geführt worden
zu sein als von einer Gruppe zäh verhandelnder Berufspolitiker.
Es taugt uns auch mehr, dass ein Tiroler Freiheitsheld von einem
Judas verraten werden muss, statt ganz profan unter der Last der
Ereignisse zusammenzubrechen. Wir maßen uns auch gar nicht
an, an Österreichs liebsten Mythen zu kratzen. Wir hoffen nur,
dass der Leser bei einem kleinen Blick hinter die Kulissen des
»Theaters des Lebens« ähnliches Vergnügen empfindet, wie wir
es bei der Recherche zu diesem Buch hatten.

Konrad Kramar & Georg Mayrhofer
August 2006

Die Neutralität: Ist sie nicht das Schmuckstück unserer österreichischen Identität? Mehr als ein halbes Jahrhundert schirmt sie uns schon wie ein Schutzwall von allem Bösen dieser Welt ab. Und mehr als das! Gerade weil wir Österreicher uns mit niemandem auf Dauer eingelassen haben, sind wir als Verhandlungspartner und Friedensstifter international so begehrt.

Lange haben wir um die Neutralität kämpfen müssen, mit den vier Besatzungsmächten. Doch unsere Politiker haben in den schweren Nachkriegsjahren mit eisernem Willen daran festgehalten. Ob Renner, Figl, Schärf oder zuletzt natürlich Kreisky, für sie war die Neutralität schon das oberste Ziel, da war ein freies Österreich noch ein Traum, für den man im Widerstand sein Leben riskieren musste.

Und als dieses Österreich mitten in den Trümmern auf einmal Realität wurde, wussten sie: Die einzige aufrechte Antwort auf die Schrecken des Weltkriegs und der Nazi-Okkupation ist ein kleines neutrales Österreich, das sich aus dem Spiel der Mächte von jetzt an vorsorglich heraushält.

Glücklich erstritten, hat uns die Neutralität gleich unbeschadet durch den Kalten Krieg befördert. Eingezwängt zwischen NATO und Warschauer Pakt haben wir beide Machtblöcke gleichmäßig auf Distanz halten können. Und weil man als Neutraler eben auch keine Feinde hat, haben die ihren Atomkrieg schön brav um uns herum geplant, denn etwas so Löbliches wie die Neutralität verletzt man eben auch als Supermacht nicht so einfach.

Und als mit dem Eisernen Vorhang, dem Warschauer Pakt und der Sowjetunion auf einmal Schluss war, sind wir in Richtung EU aufgebrochen – natürlich, ohne auf unsere Neutralität zu vergessen.

Die Neutralität:

# Heiße Luft mit Heiligenschein

Eigentlich ging es an diesem bitterkalten Jännerabend im steirischen Schladming um kurzfristige, ja sogar äußerst kurzfristige Angelegenheiten. Um Hundertstelsekunden nämlich, die die Rennläufer da zwischen den Stangen beim Nachtslalom 2006 herauszuholen versuchten. Auch der Sportreporter, der den Bundeskanzler vors Mikrophon bekam, hatte sich also eher eine sportliche Antwort erwartet, als er fragte: »Dürfen Sie überhaupt für Österreich die Daumen drücken?« Kanzler Schüssel aber wurde wieder einmal staatsmännisch: »Wir sind natürlich in der Verfassung neutral«, feuerte er vorsorglich einmal eine Grundsatzerklärung ab, bevor er sich dann dem Schirennen widmete. Ein paar Tage später kam schon wieder einem österreichischen Spitzenpolitiker völlig unerwartet und an ungewöhnlicher Stelle die Neutralität in den Sinn. Finanzminister Karlheinz Grasser saß bei Thomas Gottschalk auf der »Wetten, dass ...?«-Couch und hatte eigentlich eine Wette anzunehmen. Stattdessen aber bemühte er einen etwas angestrengten Scherz: »Wir setzen auf die Neutralität!«
Reiner Zufall? Mitnichten. Österreichs Politiker wissen, womit sie beim Wahlvolk verlässlich punkten können. Die Meinungsumfragen sprechen eine klare Sprache: 77 Prozent der Österreicher sind zu Jahresbeginn 2006 für eine Beibehaltung der Neutralität, Tendenz seit Jahren steigend. Je mehr die Welt rundherum in Unruhe gerät, desto fester halten sich die Österreicher an ihrem liebsten weltpolitischen Standpunkt fest. Grund genug also, auch für Wolfgang Schüssel, die Neutralität bei jeder passenden und unpassenden Gelegenheit hochzuhalten. Und das, obwohl genau dieser Wolfgang Schüssel sie über Jahre am liebsten entsorgt hätte. Legendär dabei seine Rede anlässlich des Nationalfeiertages 2001, in der er die Neutralität gemeinsam mit Lipizzanern und Mozartkugeln als »alte Schablonen, die in der Welt des 21. Jahrhunderts nicht mehr greifen«, bezeichnete. Man müsse die Nostalgie der Neutralität endlich einmal vergessen, meinte er wenig später. Auch der Beitritt Österreichs zur NATO gehörte lange Zeit zu den Standardforderungen Schüssels und vieler anderer prominenter ÖVP-Politiker. Doch auch davon will man seit längerem nichts mehr hören.

Die Neutralität steht sauber aufpoliert im österreichischen Herrgottswinkerl. Die Politik lässt sie vorsorglich dort stehen und drückt sich in wesentlichen Entscheidungen still und heimlich daran vorbei. Denn die Neutralität ist spätestens seit dem EU-Beitritt Österreichs nur noch eine Schimäre. Schon in den Beitrittsverhandlungen stimmte die Regierung in Wien der Teilnahme an einer gemeinsamen Außen- und Sicherheitspolitik zu. In den Verträgen von Amsterdam 1997 machte die EU die so genannten »Petersberger Aufgaben« endgültig zum Rechtsbestand der Gemeinschaft. Die EU wurde zu gemeinsamen militärischen Operationen zur Friedenssicherung, aber auch zur so genannten Friedensschaffung, also offensivem Vorgehen gegen feindliche Streitkräfte, ermächtigt. Die österreichische Verfassung wurde, ohne allzu viel Wind darum zu machen, einfach um einen kleinen Artikel ergänzt. Ein UN-Mandat, sozusagen die Lizenz der Weltgemeinschaft für einen solchen Militäreinsatz, braucht die EU dafür nicht. Österreich hielt sich allerdings eine Hintertür frei, schließlich konnte man die Neutralität ja in der Öffentlichkeit nicht ganz so ungeniert entsorgen: Man handelte sich das Recht aus, an solchen Kriegseinsätzen teilnehmen zu können, nicht aber zu müssen. Sie allerdings wissentlich zu behindern, etwa durch ein Verbot militärischer Überflüge, ist nicht erlaubt.

Die EU-Partner hatten diese Wiener Gratwanderung von Anfang an mit großer Skepsis betrachtet. Schon als die Kommission Österreichs Beitrittsansuchen prüfte, formulierte sie recht deutlich, wie wenig sie von dieser Pflege für den Säulenheiligen Neutralität hielt: »Die immer während Neutralität wirft für die Gemeinschaft wie für Österreich Probleme auf.«

Probleme? An die war man in Österreich, wenn es um die Neutralität ging, schon länger gewöhnt. Man hatte gelernt, den Mythos in die Auslage zu stellen und sich still und heimlich daran vorbeizuschleichen – und das von Anfang an.

Im November 1955, die österreichische Neutralität war gerade erst vor einer Woche mit Glanz und Gloria vom Parlament verabschiedet worden, bekam der italienische Außenminister Taviani bei seinem Besuch in Wien ein Anliegen unterbreitet, das den Italiener, unverblümt formuliert, einfach umhaute. Immerhin repräsentierte er ein Mitglied der westlichen Militärallianz NATO, und die war doch für einen neutralen Staat wirklich kein Umgang. Außenminister Leopold Figl, Bundeskanzler Julius Raab, ÖVP-Generalsekretär Alfred Maleta, die maßgeblichen Vertreter der schwarzen Reichshälfte also, ließen sich von diesem weltpolitischen Lagerdenken nicht irritieren und klopften bei diesem Privatbesuch Tavianis still und heimlich bei dem Italiener an: Man brauche dringend massive Militärhilfe der USA, um die eigenen Streitkräfte aufzubauen, und man wolle rasch mit der gemeinsamen Verteidigungsplanung mit der NATO beginnen. Eine »österreichisch-italienische Verteidigungsplanung«, das wäre doch ein fabelhaftes strategisches Konzept. Die Sozialdemokraten, so die ÖVP-Granden, sollten doch bitte vorerst nichts von diesen Plänen erfahren, man habe das in der Koalition nicht so recht abgestimmt.

Taviani unterbreitete das Anliegen der Österreicher dem US-Botschafter in Wien, der alles umgehend nach Washington weiterleitete, allerdings nicht ohne seiner völligen Verwunderung Ausdruck zu verleihen: »Ich habe Skepsis geäußert und auf die österreichische Neutralität verwiesen!«, meldete Botschafter Thompson ans Außenamt in Washington.

Skepsis hin oder her, man war zwar überrascht, wie massiv sich das angeblich neutrale Österreich da der westlichen Militärallianz anbiederte, doch im Prinzip war das genau die Richtung, in die man das kleine Land ohnehin marschieren sehen wollte. Seit Jahren schon bereitete man die Aufrüstung Österreichs als militärischen Verbündeten an der Seite des Westens vor. Die Offiziere der so genannten B-Gendarmerie, also des Vorläufers des Bundesheeres während der Besatzungszeit, wurden seit 1948 von US-Offizieren heimlich ausgebildet. Die Unterstützung mit Waffen und Militärmaterial war im Nationalen Sicherheitsrat über Jahre geplant worden.

Da direkte Kontakte auf dieser hohen militärischen und diplomatischen Ebene heikel waren, liefen die Verhandlungen weiter über Italien. Auf österreichischer Seite waren zwei Personen mit diesen strategischen Planungen betraut. Der ÖVP-Staatssekretär Ferdi-

16

nand Graf, der schon im nächsten Jahr erster Verteidigungsminister der Zweiten Republik werden sollte, sowie der pensionierte General Emil Liebitzky, den Kanzler Raab mit dem Aufbau des Bundesheeres betraut hatte. Die beiden machten ihrem NATO-Partner sehr rasch und sehr deutlich klar, dass Österreich im Kriegsfall nicht nur ganz im Sinne, sondern auch an der Seite der westlichen Militärallianz agieren werde. »Österreichs militärische Führung sieht die aktive Teilnahme an der Seite des Westens als die einzig mögliche Handlungsweise im Falle eines Krieges«, so der Lagebericht für das US-Außenministerium, und weiter: »Die österreichische Armee soll die Verteidigung des NATO-Territoriums direkt unterstützen und in der Lage sein, einen Teil Westösterreichs zu halten.«

Dass die NATO nicht an Österreich selbst, sondern nur an Westösterreich interessiert war, und zwar genau an jenem Teil, wo man den sowjetischen Vormarsch nach Italien aufhalten konnte, ist seit langem ein offenes Geheimnis. Doch diese Planungen wurden nicht über die Köpfe der armen, ach so neutralen Österreicher hinweg gemacht. Nein, die Österreicher selbst legten diese Pläne vor. Liebitzky, so steht es in den US-Akten, fasste die österreichische Strategie in dieser Form zusammen: »Nach einer Verzögerungsaktion an der Grenze zieht sich die Armee in die Alpen zurück. Die Verteidigungslinie läuft wie folgt: von der deutschen Grenze, westlich von Salzburg, durch Gmunden zur Enns, nach Eisenerz und dann nach Süden in Richtung Leoben und Wolfsberg bis an die jugoslawische und weiter an die italienische Grenze.«

Der ganze Osten Österreichs war also nicht zur Verteidigung vorgesehen. Das österreichische Bundesheer selbst betrachtete seine Aufgabe zu diesem Zeitpunkt nicht in der Verteidigung der Heimat, sondern in der Erfüllung der strategischen Pläne der NATO. Die Einhaltung dieser Pläne sicherte nämlich – zumindest für ein paar vielleicht entscheidende Tage – den Norden Italiens und damit eine militärisch wichtige Position in der geplanten Auseinandersetzung der Supermächte.

Die Kooperation der westlichen Allianz mit den österreichischen Streitkräften war natürlich nicht nur auf politischer Ebene abgeklärt. Sowohl die Militärs der NATO als auch ihre österreichischen Kollegen hatten sich schon in den Jahren vor dem Staatsvertrag eingehend auf die gemeinsame Kriegsführung vorbereitet. Deutlich wird das in den strategischen Planungen des NATO-Oberkommandierenden Alfred Günther. Dieser vereinbarte mit dem US-Oberkommando die erwähnte fixe Rolle für die österreichischen Streitkräfte, die ja damals noch unter dem Titel B-Gendarmerie liefen. Diese würden in Konfliktfall umgehend dem NATO-Oberkommando unterstellt. Für Günther waren die österreichischen Truppen schlicht der Ersatz für die inzwischen stark reduzierten französischen und britischen Besatzungstruppen in Österreich – und die waren ja unter strengster Geheimhaltung ebenfalls dem NATO-Oberkommando unterstellt worden. Grund genug für den damaligen US-Oberkommandierenden und späteren Präsidenten Eisenhower, fix mit einer Allianz mit Österreich zu rechnen. Die Neutralität, das wusste auch Eisenhower, stand dem ohnehin nicht im Weg. Ein offizieller NATO-Beitritt des Landes, mit dem natürlich andere US-Militärs geliebäugelt hätten, war seiner Ansicht nach damit ohnehin überflüssig. »Es ist weniger wichtig, dass wir die Truppen in Österreich jetzt schon unter NATO-Kommando haben, als dass wir sie haben, wenn wir sie brauchen.«

Der Österreicher Liebitzky wusste natürlich ebenfalls, dass diese Planungen nicht nur mit der Neutralität nicht zusammenpassten, sondern auch vom roten Teil der österreichischen Bundesregierung nicht akzeptiert werden würden. Der General schlug also unverblümt vor, diese quasi unter der Hand abzuwickeln. Ostösterreich wollte er, gerade nur um den Schein zu wahren, symbolisch verteidigen. Gerade in dieser ersten Zeit nach dem Ende der Besatzung, meinte der Militär, stünde man noch unter genauer Beobachtung aller ehemaligen Besatzungsmächte. Also gelte es, gewisse beschränkende »Normen« einzuhalten, man müsse zumindest der Form halber Einheiten der österreichischen Streitkräfte an allen Grenzen Posten beziehen lassen. Schließlich, so wird Liebitzky zitiert, gelte es, »den Schein der Neutralität« zu wahren.

Selbst die Amerikaner waren von so viel politischer Dreistigkeit überrascht und versuchten, bei führenden sozialdemokratischen

Regierungsmitgliedern die Haltung gegenüber diesen Plänen aus-
zuloten. Gefragt war vor allem die Meinung der beiden außenpolitischen Köpfe der SPÖ, Vizekanzler Schärf und Staatssekretär
Kreisky. Kreisky etwa hatte ja schon im Laufe der Verhandlungen
für den Staatsvertrag deutlich gemacht, dass er von einer bis in
letzte Konsequenz eingehaltenen Neutralität ohnehin nichts halte
und einen Begriff wie Bündnisfreiheit vorziehe. Beiden, so berich-
teten die Diplomaten bald nach Washington, sei ohnehin klar,
dass das ganze Staatsgebiet nicht zu verteidigen sei. Doch aus politischen Gründen müsse jede Anstrengung unternommen werden,
um die Ostregion zu verteidigen, weil es sich auf das öffentliche
Bewusstsein in Niederösterreich und im Burgenland katastrophal
auswirken würde, »wenn bekannt wird, dass das Gebiet im Kriegsfall sofort preisgegeben wird«.
Noch im Juni 1955 wurden die Vorbereitungen für die Übergabe
von Ausrüstungsgegenständen, die in Italien gelagert wurden, abgeschlossen. Bis Ende Oktober waren fast 2000 Waggonladungen
in Hörsching bei Linz eingetroffen. Der Gesamtwert belief sich
auf immerhin 40 Millionen US-Dollar. Bald aber wurde deutlich,
dass viele der Kriegsgüter abgenützt oder unvollständig und auf
jeden Fall nicht wirklich einsatzbereit waren. Die Klagen der österreichischen Militärs, die in diesen Lieferungen eine wunderbare Möglichkeit erkannt hatten, das finanziell sonst klamme
Bundesheer rasch aufzurüsten, drangen bis nach Washington und
ins Weiße Haus. Noch 1955 unterschrieb Präsident Eisenhower
persönlich ein Dekret über die Lieferung weiterer Ausrüstungsge-
genstände im Wert von 20 Millionen US-Dollar.
Die Aufrüstungshilfe aus Washington floss auch in den kommenden Jahren konsequent weiter. Vor allem nach der brutalen
Niederschlagung des Ungarn-Aufstandes 1956 wurde alles daran gesetzt, die Militärhilfe an Österreich zu sichern, wenn nicht
aufzustocken. Österreich, so hieß es, solle sogar NATO-Ländern
bei der Zuteilung von Geldern bevorzugt werden. So durfte Bundeskanzler Raab etwa im Februar 1957 erfahren, dass weitere
Waffentransporte unterwegs seien, ganz entsprechend den »Prio-
ritätsbestellungen«. Simpler formuliert also, dass alles, was die hei-

mischen Militärs als besonders notwendig auf ihre Wunschzettel geschrieben hatten, rasch geliefert würde.

Natürlich bekamen die Österreicher nicht nur Waffen, sondern auch fachkundige Anleitung, wie man mit diesen umzugehen habe und wie man sich ganz allgemein am besten auf den großen Krieg vorbereite, der damals, in den Fünfzigerjahren, fast allen Militärs früher oder später unausweichlich erschien. US-Offiziere, die schon während der Besatzungszeit in Österreich ihren Dienst versehen und dabei auch die B-Gendarmerie, den bereits erwähnten Vorläufer des Bundesheeres, trainiert hatten, blieben einfach bis lange nach 1955 in Österreich, um jetzt den Offizieren des Bundesheeres bei der Ausbildung unter die Arme zu greifen. Da das natürlich im krassen Gegensatz zur Neutralität stand, blieb der Auslandseinsatz geheim.

Doch den Amerikanern war bewusst, dass solche Aktionen, gerade in Zeiten des Kalten Krieges, ausgesprochen heikel waren. Man fürchtete die Sowjets zu provozieren und gab den Österreichern deshalb sehr genau Anweisungen, wie sie mit ihnen umzugehen hätten. Sowjetische Waffenlieferungen – es gab solche vereinzelt – seien auf ein Mindestmaß zu beschränken, die USA seien selbstverständlich darüber immer zu informieren. Schließlich, so formulierte es ein führendes Mitglied des US-Außenamtes, sei jede Kooperation mit Moskau nur eine Gelegenheit, »ihre Nase in unsere Angelegenheiten zu stecken«.

Die Amerikaner dagegen dachten gar nicht daran, die Sowjets über ihre Zusammenarbeit mit dem angeblich neutralen Land in Mitteleuropa zu informieren. Noch vor dem Staatsvertrag wurden in Washington Pläne entworfen, die vorsahen, das österreichische Bundesheer erst auf den Stand zu bringen, auf dem man es haben wollte, und die Sowjets erst dann vor vollendete Tatsachen zu stellen.

Doch für ihr Geld, ihre Offiziere und ihre Panzer wollten die Amerikaner auch etwas sehen – und das machten sie gegenüber dem gerade erst frei gewordenen Österreich ziemlich deutlich. »In den Vereinigten Staaten«, so erklärte ein hochrangiger US-Diplomat gegenüber Raab und Vizekanzler Schärf, »lege man großen Wert darauf, dass Österreich tatsächlich eine Armee aufstelle und nicht nur etwas, was im Ernstfall nicht brauchbar sei.« Als in Österreich 1955 eine Debatte über die Länge des Grundwehrdienstes ausbrach, mischten sich die Amerikaner mehr als deutlich ein und forderten offen NATO-Standards für die Ausbildung der Soldaten, konkret also mindestens eineinhalb Jahre. Als schließlich sogar Gerüchte laut wurden, dass die SPÖ nur vier Monate Grundwehrdienst haben wolle, stellte man Österreich die Konsequenzen offen in Aussicht: »Wenn Österreich keine Streitkräfte aufstellt, die in den Augen der Welt vernünftig und der Situation angepasst sind, würde es ein militärisches Vakuum entstehen lassen, das die Neutralitätspolitik unsinnig macht – und schlimme Folgen für uns alle hätte.«

Raab selbst bemühte sich umgehend, die US-Befürchtungen zu entkräften, indem er den Amerikanern vollmundig ein riesiges Bundesheer versprach, mit einer Reserve von bis zu 500.000 Mann.

Auch US-intern wurde heftig über die Fortschritte der Österreicher bei der Aufrüstung ihrer Streitkräfte debattiert. Vor allem das Oberkommando der Streitkräfte zeigte sich zunehmend skeptisch über die tatsächliche Einsatzbereitschaft des Bundesheeres. Das Außenministerium dagegen beharrte strikt auf Militärhilfe, nicht ohne dabei immer wieder die Rolle herauszustreichen, die man den Österreichern im Kriegsfall zugedacht hatte: »Maßgebliche Unterstützung des NATO-Oberkommandos in Europa bei der Verteidigung von Norditalien und Süddeutschland«.

Doch die Amerikaner hatten für Österreich nicht nur die Rolle als Pufferzone gegen den Vormarsch der Warschauer-Pakt-Truppen vorgesehen. Man war auch auf eine tatsächliche kommunistische Machtübernahme in Wien vorbereitet. Für Regierungsmitglieder und Spitzenbeamte existierten Pläne, diese aus Wien herauszuschmuggeln und via Tulln ins westliche Ausland auszufliegen. Was danach folgen sollte, war ein Guerillakrieg gegen die kommunistischen Besatzer – und diesen Guerillakrieg bereitete die CIA schon ab 1951 vor.

Für einen Riesenskandal sorgten 1996 die Enthüllungen einer US-Zeitung, dass der US-Geheimdienst in diesen Jahren Waffenlager für einen solchen Krieg in ganz Österreich einrichten hatte lassen. Washington musste Informationen über Ort und Inhalt der Depots an die Wiener Behörden aushändigen. Insgesamt 79 davon, voll mit Maschinenpistolen, Munition und Tonnen von Sprengstoff, wurden schließlich aufgespürt und aufgelöst. Unklar aber bleibt bis heute, was die CIA konkret damit vorhatte und vor allem, wen sie damit ausrüsten wollte. Österreichische Partisanen, alliierte Kommandoeinheiten, versprengte NATO-Truppen? Der US-Geheimdienst hat darüber bis heute jegliche Auskunft verweigert. Aktenkundig ist nur ein skurriles Angebot von Außenminister Karl Gruber an die Amerikaner im Jahr 1950: Die Tiroler Schützen könnten sich doch ganz im Sinne Andreas Hofers in einem solchen Guerillakrieg verdient machen.

Viel mehr über diese Art von Untergrundarmeen ist in Italien bekannt geworden. Dort musste schon Anfang der Neunzigerjahre der damalige Premier Andreotti die Existenz einer NATO-Geheimarmee eingestehen, die im Fall einer Besetzung des Landes im Untergrund gegen die Rote Armee kämpfen hätte sollen. Für diese Einheiten, die den inzwischen legendären Decknamen »Gladio« trugen, waren Italiener vorgesehen. In einem schriftlichen Bericht bestätigte Andreotti damals, dass solche Geheimarmeen und die dazugehörigen Waffenlager in allen westeuropäischen Ländern existieren oder existiert hatten.

Auch im neutralen Österreich? Indizien dafür gibt es jedenfalls reichlich. Schon das Anlegen der Waffenlager in Österreich passt zeitlich perfekt in die Planungen der CIA für ganz Westeuropa. Ab 1949 lief dieses Programm unter dem Codenamen »Easeful«, ab 1951 wurden die erwähnten Depots in Österreich angelegt. Ebenfalls 1951 wurden von der österreichischen Regierung die ersten Listen für die Bildung eines österreichischen Bundesheeres angelegt, unter den darin aufgeführten 80.000 Personen befinden sich auch 5000, die deklariert in einem Guerilla-Krieg zum Einsatz gekommen wären. Ob die österreichische Regierung den Amerikanern die Namen dieser Guerilleros übergeben hat, ist nicht bekannt, würde aber perfekt in das Konzept der CIA passen.

Bekannt ist aber, dass die Kooperation mit den US-Spionen seit jeher bestens läuft. Schon während der Besatzungszeit lieferten österreichische Beamte der CIA regelmäßig Informationen über die sowjetischen Besatzungstruppen. Nach 1955 wurde man natürlich diskreter, doch die CIA wollte auf Informationen aus dem neutralen Land, das strategisch so günstig inmitten von Warschauer-Pakt-Staaten lag, nicht verzichten. Ab 1959 finanzierte der US-Geheimdienst den Bau eines groß angelegten und technisch ausgefeilten Abhörsystems, dessen Antennen bis weit nach Osteuropa und in die Sowjetunion hinein reichten. Zentrale dieses Systems war die Station Königswarte im niederösterreichischen Hainburg. Auf Abhörsysteme spezialisierte US-Firmen statteten die Warte mit modernster Spionagetechnik aus, selbstverständlich auf Kosten der CIA. Von dort aus wurde der militärische Funkverkehr des Warschauer Paktes ausgehorcht und aufgezeichnet. Die Österreicher konnten mit dem gesammelten Material ohnehin nichts anfangen, da sie nicht über die notwendigen Einrichtungen zur Decodierung verfügten. Die Bänder wurden einfach regelmäßig zu US-Stützpunkten in Deutschland ausgeflogen.

Die Fähigkeiten des heimischen Heeresnachrichtendienstes wurden von den USA auch weiterhin geschätzt. Zuletzt während des Kosovo-Krieges 1999, als die US-Tageszeitung »Washington Post« meldete, der österreichische Nachrichtendienst habe das Pentagon über die serbischen Operationspläne informiert.

Für das 1955 erst offiziell ins Leben gerufene Bundesheer lief die Kooperation auf jeden Fall prächtig. Insgesamt wurden 70 Millionen Dollar bis 1959 in die neuen Streitkräfte gepumpt. Erst dann begann die US-Quelle allmählich zu versiegen, vor allem deshalb, weil der US-Kongress sich immer deutlicher gegen eine solche Aufrüstung eines neutralen Landes stellte. Die Österreicher aber wollten weiterhin ordentlich bedient werden. So wandte sich das Verteidigungsministerium 1959 mit einem Memorandum an die Amerikaner, in dem die Forderung nach weiterer Militärhilfe argumentiert wurde – mit Formulierungen, die so gar nicht in das angebliche Weltbild vom modernen neutralen Kleinstaat passen wollen: »Die österreichischen Länder waren Jahrhunderte hindurch Vorposten abendländischer Kultur gegenüber dem An-

sturm der asiatischen Heidenvölker aus dem Osten. Die Kriegs-
erfahrung der Offiziere und Unteroffiziere gewährleistet eine gute
kriegsnahe Ausbildung.«

Diesen Ansturm der »Heidenvölker« in Form der Roten Armee
sollten die Österreicher – so sahen es die US-Pläne vor – nur
verzögern und keineswegs aufhalten. Und dafür, davon war man
in Washington gegen Ende der Fünfzigerjahre zunehmend überzeugt, war das Bundesheer stark genug, so wie es war. Österreichs
Verteidigungsminister Graf aber wollte mehr. Immer wieder trafen neue, von seinem Ministerium erstellte Einkaufslisten bei der
US-Militärführung ein. Vor allem eine Luftwaffe wünschte sich
der Österreicher. »Bombenflugzeuge, Luftabwehrraketen, Radar-
einrichtungen und sogar große Summen Geld« hätten die Österreicher verlangt, notierten die zuständigen US-Behörden sichtlich verwundert. Doch diese hochtrabenden Träume, das machte
Washington schließlich mehr als deutlich, müssten sich die Österreicher gefälligst selber bezahlen.

Flugzeuge gab es also zwar keine, doch dafür weiterhin reichlich anderes Kriegsmaterial. Noch 1960 sollen die anrollenden
Mengen von US-Militärfahrzeugen die Beamten des Bundesheeres überrascht haben. Auch sonst kümmerte man sich weiterhin
darum, dass das österreichische Bundesheer Seite an Seite mit
den westlichen Streitkräften kämpfen konnte. Man setzte nicht
nur die bereits erwähnten NATO-Standards bei Ausbildung und
Ausrüstung durch, sondern holte auch weiterhin regelmäßig österreichische Offiziere zur Fortbildung in die USA.

Washington hatte zu diesem Zeitpunkt weniger Interesse an einer
österreichischen Luftwaffe als am österreichischen Luftraum. Das
Land war schließlich wegen seiner Lage auch ein wichtiger Tran-
sitkorridor, um Truppen und Kriegsmaterial zu verlagern. Und
diesen Transitraum sicherte man sich nach dem Staatsvertrag
umgehend. Noch vor dem endgültigen Abzug der Besatzungstruppen wurde auf höchster Ebene, bei Bundeskanzler Raab und
Vizekanzler Schärf, eine neutralitätspolitisch mehr als heikle Forderung deponiert: »Stille« Transitrechte für Militärtransporte der
NATO sowohl in der Luft als auch auf dem Boden.

Die Österreicher, die natürlich wussten, dass das eine schwere Verletzung der eben erst ins Leben getretenen Neutralität bedeutete, drückten sich um eine vertragliche Festlegung dieser Transitrechte, versuchten die Transporte und Überflüge in den nächsten Jahren einfach unter der Hand zu regeln – und handelten sich damit in kürzester Zeit einen handfesten innenpolitischen Skandal ein.

Von 1955 an wurden hunderte Überflüge von einem untergeordneten Beamten im Amt für Zivilluftfahrt in Wien von vornherein und ohne weitere Fragen erteilt. Im stillen Übereinkommen mit den Österreichern begannen die Amerikaner außerdem ihre Militärtransporter einfach unter die zivilen Frachtmaschinen zu mischen. Außenminister Figl, der von all dem natürlich wusste, äußerte gegenüber den Amerikanern nur die Bitte, dass doch die Anzahl der Überflüge so niedrig wie möglich gehalten werden solle und außerdem nur bei Wetterlagen, die eine Beobachtung vom Boden aus unmöglich machen würde.

Das Problem war nur, während die Regierung in Wien bemüht beide Augen vor diesen eklatanten Neutralitätsverletzungen zudrückte, war Moskau längst hellhörig geworden. In der staatlichen sowjetischen Presse äußerte der Kreml deutlich sein Missfallen. Die Österreicher, die allmählich merkten, dass man mit einer Vogel-Strauß-Politik nicht weit kommen würde, begannen wenigstens bei nicht zu vertuschenden Zwischenfällen kleinlaute Protestnoten zu verschicken, um den Schein zu wahren.

1958 aber kam es im Zuge des Libanon-Konfliktes endgültig zum Eklat. Die Amerikaner begannen in den Sommermonaten damit, Dutzende Kampfflugzeuge und Transportmaschinen über Österreich in den Nahen Osten zu verlegen. Figl musste schließlich reagieren und prangerte in einer Presseaussendung die Verletzung des österreichischen Luftraumes an. Zur gleichen Zeit aber ließ sich der Außenminister mit dem US-Botschafter telefonisch in Verbindung setzen, nur um diesem mitzuteilen, dass die Aussendung natürlich keinesfalls als Protest aufzufassen sei. Vielmehr, so ergänzte ein übereifriger Mitarbeiter Figls, müsse man das alles nur machen, um künftig die Sowjets noch konsequenter als bisher von jeglicher Verletzung des österreichischen Luftraumes abzuhalten. Bundeskanzler Raab dagegen übernahm in diesem verlogenen Doppelspiel die Rolle des Gegenspielers. Auf sein Betreiben hin wurde die ohnehin zu vernachlässigende österreichische Luftabwehr in den umstrittenen Luftraumkorridor, den die Amerikaner benützten, verlegt. Die Flak-Batterien erhielten sogar einen Feuerbefehl, der natürlich nie ausgeführt wurde. Mit solchen Gesten aber stellte man zumindest die heimische Presse zufrieden, die geschlossen und in umfassenden Berichten gegen das amerikanische Vorgehen Stellung bezogen hatte. Zur gleichen Zeit nützte der Bundeskanzler eine Reise nach Moskau, um dort ausführlich gegen die Neutralitätsverletzung durch die Amerikaner zu protestieren.

Das Außenamt aber vergab währenddessen ungerührt weiterhin Routine-Genehmigungen für Überflüge an die Amerikaner und bemühte sich offensichtlich intensiv um eine Beruhigung der Lage. Ein US-Diplomat jedenfalls meldete zufrieden nach Washington, dass die ganze öffentliche Empörung der österreichischen Entscheidungsträger ohnehin »nur für's Protokoll« sei. Auch der »Schießbefehl« für die Luftabwehr wurde schon nach ein paar Tagen wieder rückgängig gemacht.

Die Russen aber zeigten sich erstaunlicherweise zufrieden mit der österreichischen Haltung. Man bedankte sich bei Raab für seinen öffentlichkeitswirksamen Protest mit einer Verringerung der von Österreich noch zu leistenden Reparationszahlungen. Außerdem bot man den Österreichern großzügig russische Radaranlagen und Jagdflugzeuge an, damit sich das Land bei einer weiteren Neutralitätsverletzung durch die USA auch entsprechend zur Wehr setzen könne. Natürlich wussten beide Seiten, dass solche Rüstungslieferungen – ganz im Gegensatz zu den amerikanischen – politisch nicht tragbar waren. Jeder Versuch der Österreicher in diesen Jahren auch Waffen aus der Sowjetunion zu beziehen, sorgte für derartige diplomatische Empörung der USA, dass es beim Versuch blieb.

In Wahrheit hatte der Kreml ja zu diesem Zeitpunkt längst akzeptiert, dass Österreich de facto ein Teil des Westens war und auch im Kriegsfall auf dessen Seite stehen würde. Man beschränkte sich inzwischen darauf, gegen die offiziellen Schritte des Landes weg von der Neutralität und in Richtung Westen zu protestieren. Bis zuletzt hatte Moskau etwa gegen den Beitritt Österreichs zum Europarat 1956 diplomatischen Widerstand geleistet. Auch dass das neutrale Land Anfang der Sechzigerjahre erste Verbindungen mit der EWG, dem Vorläufer der heutigen EU, knüpfte, sorgte für heftige Kritik der Sowjets. Staatschef Nikita Chruschtschow ließ sich damals sogar zu einer relativ heftigen Drohung hinreißen: »Es ist ja nur eine Annahme, dass die österreichische Neutralität verletzt wird. Sollte dies aber der Fall sein, dann wird die gegebene Situation bestimmen, welche Mittel die Sowjetunion ergreifen würde. Jedenfalls aber wird, das möchte ich unterstreichen, die Sowjetunion nicht untätig bleiben.«

Theaterdonner. Die Grenzen der Einflusszonen der Supermächte waren zu diesem Zeitpunkt, auf dem Höhepunkt des Kalten Krieges, längst unverrückbar gezogen. Militärisch hatten die sowjetischen Strategen der Neutralität Österreichs ohnehin kaum Bedeutung beigemessen. Als nach dem Fall des Eisernen Vorhanges zumindest Teile der sowjetischen Aufmarschpläne für Europa bekannt wurden, wurde klar, was Militärexperten ohnehin schon immer angenommen hatten: Die Truppen des Warschauer Paktes sollten im Kriegsfall auch durch Ostösterreich marschieren. Auf die Neutralität, so machte der frühere Vize-Generalstabschef des Warschauer Paktes 1994 in Wien deutlich, hätte man keine Rücksicht genommen. Die Sowjetunion habe das Völkerrecht der Ideologie untergeordnet. Der nächste Kampf werde der Endkampf zwischen Kapitalismus und Kommunismus sein. In einem solchen Krieg sei ein neutraler Staat »einfach unvorstellbar«.

Wirklich geglaubt hat an diese Neutralität also eigentlich niemand, am allerwenigsten die österreichischen Politiker – und das von Anfang der Zweiten Republik an. Der bereits erwähnte spätere Außenminister Karl Gruber beurteilte die Neutralität in einem Buch, das er kurz vor Ende des Zweiten Weltkrieges geschrieben hatte, äußerst skeptisch: »Der Neutralitätswille hat noch nie einen kleinen Staat vor dem Durchbruch größerer geschützt ... Neutralität schließt aber auch die internationale Solidarität aus. Gerade die Neutralität ist ein unbedingtes Hindernis einer neuen Sicherheitsordnung.«

Nach der Stunde Null im Mai 1945 aber griffen viele österreichische Politiker nach der Neutralität wie nach einem rettenden Strohhalm. Grund war weniger innere Überzeugung als schlicht die politische Zwangslage, die kaum eine andere Möglichkeit zuließ. Karl Renner etwa, der zuvor zwischen großdeutschen Träumen und einer gemeinsamen Lösung für ganz Mitteleuropa gependelt war, entdeckte auf einmal die Neutralität »nach Schweizer Vorbild« für sich, ganz ähnlich auch sein Nachfolger als Bundespräsident, Theodor Körner. Gerade in den ersten Nachkriegsmonaten schien sie die einzige Möglichkeit, dem Zugriff des Kremls, wo man noch bis in die Fünfzigerjahre insgeheim mit einem kommunistischen Österreich spekulierte, zu entkommen.

Von Anfang an aber verstand man die Neutralität, ganz anders als die Schweizer, ausschließlich militärisch. Ideologisch und wirtschaftlich, das garantierte schon allein der Marshall-Plan, sah man sich eindeutig auf der Seite des Westens. Auch die militärische Neutralität gefiel vielen maßgeblichen Politikern bis zuletzt nicht. Figl hielt davon wenig und musste sich schließlich bei den Verhandlungen 1955 nur dem Willen von Bundeskanzler Raab beugen. Auch Bruno Kreisky, damals Staatssekretär, hätte lieber einen Begriff wie »Allianzfreiheit« in den Verträgen gesehen. Kreisky sollte noch Jahre später gegenüber US-Präsident Kennedy eigens betonen, dass er die Neutralität ausschließlich militärisch und keinesfalls ideologisch definiere.

Zu guter Letzt wurde die Neutralität also zum kleinsten gemeinsamen Nenner für die Interessen aller Beteiligten und sie war, das wurde 1955 immer deutlicher, die Bedingung der UdSSR für den Staatsvertrag. »Neutralität muss sein«, erklärte Außenminister Molotow seinen österreichischen Verhandlungspartnern in Moskau. Mit russischen Drohungen im Hintergrund, wie etwa einige Tausend Mann weiterhin in Oberösterreich stationiert zu lassen, war den Österreichern klar, dass an diesem Begriff kein Weg vorbeiführte. »Wir akzeptieren die Neutralität, der Rest ist Geschichte«, in diesem Beschluss von Bundeskanzler Raab in Moskau steckt ohnehin schon die ganze resignierende Gleichgültigkeit, mit der Österreichs Politiker das angebliche Allerheiligste des neuen Österreich künftig behandeln sollten. Fast verschämt wurde der 26. Oktober, jener Tag, an dem der Nationalrat die Neutralität beschloss, zwar zum Feiertag erklärt, allerdings unter dem seltsamen Titel »Tag der Fahne«. Auch die Begründung, dass an diesem Tag der letzte Besatzungssoldat das Land verlassen habe, stimmt schlicht nicht. Als sich der damals junge Journalist Günther Nenning in der SP-nahen Zeitung »Heute« zu dem Kommentar hinreißen ließ, es sei lediglich ein Mythos, dass sich Österreich die Neutralität selbst ausgesucht habe, wurde er sogar von ranghohen Parteifunktionären öffentlich verwarnt.

Die Neutralität, meinte der Historiker Ernst Bruckmüller, sei einfach die große Stammes-Sage der Österreicher.

Einen wirklich neuen und den wahrscheinlich einzigen konsequenten Umgang mit der Neutralität fand schließlich erst Bruno Kreisky. Die militärische Definition der Neutralität, die er selber einst bevorzugt hatte, trat in seiner Zeit als Bundeskanzler in den Hintergrund. Für Kreisky war eine erfolgreiche und mutige Außenpolitik für den Fortbestand des neutralen Österreichs viel wichtiger als die militärische Landesverteidigung. Auch die Schweiz mit ihrem sturen Isolationismus war kein Vorbild mehr. »Ein kleiner Staat in einer geopolitisch exponierten Lage wie Österreich«, erklärte er in einer Grundsatzrede, »kann es sich nicht leisten, isolationistisch oder insular zu denken. Gerade ein immer während neutraler Staat muss sich daher bemühen, als Völkerrechtssubjekt für andere nützlich und wertvoll zu sein.« Für Kreisky war die Neutralität auf einmal keine »uns von außen aufgezwungene außenpolitische Maxime«, sondern ganz im Gegenteil »die Lehre, die Österreich aus der von der Geschichte erteilten Lektion gezogen hat.«

Der ÖVP war diese Politik ein Dorn im Auge. Für sie war die militärische Neutralität weiterhin die Grundlage des österreichischen Selbstverständnisses – samt aller faulen Kompromisse und österreichischen Lebenslügen –, die man, gut versteckt unter diesem unantastbaren Prinzip, zu verantworten hatte. In der österreichischen Generalität buhlte man zwar nicht mehr so unverblümt um militärische Partnerschaft mit der NATO wie in den Fünfzigerjahren, doch die inoffiziellen Kontakte, vor allem zu den Amerikanern, waren auch weiterhin rege. Wie eng man tatsächlich kooperierte, ist aufgrund der militärischen Geheimhaltung auf beiden Seiten nur Gegenstand von Gerüchten. Doch soll es etwa eine kleine Gruppe österreichischer Offiziere gegeben haben, die sich bis in die Siebzigerjahre mit den Amerikanern über die militärischen Gegenmaßnahmen nach einem Angriff des Warschauer Paktes absprachen.

Die ÖVP jedenfalls forcierte nach dem Ende der Kreisky-Ära wieder massiv ihren NATO-Kurs, konnte sich damit aber in der Koalitionsregierung nie durchsetzen. Nach dem Fall des Eisernen Vorhangs versuchte man noch offensiver, die Neutralität endgültig in Pension zu schicken. Diese, so machte der damalige Außenminister Mock die Haltung seiner Partei deutlich, sei »ein Mittel zum Zweck und kein höchstes Gut«.

Die Verhandlungen zum EU-Beitritt waren Anlass für wilde Gefechte zwischen den beiden Großparteien um die Neutralität. Die ÖVP sprach von einer dynamischen Handhabung der Neutralität, was schlicht deren Reduzierung auf eine Leerformel ohne politischen Inhalt bedeutete. Die SPÖ drohte immer wieder damit, lieber auf die EU als auf die Neutralität zu verzichten. Die Streitereien endeten, wie bereits am Anfang erwähnt, in der wackeligen Haltung, mit der Österreich seine Neutralität in die EU einbrachte. Brüssel jedoch machte schon vor dem Beitritt deutlich, dass man von Österreich erwarte, alle Verpflichtungen im Rahmen der geplanten gemeinsamen Außen- und Sicherheitspolitik wahrzunehmen. Italiens damaliger Außenminister Gianni de Michaelis wurde noch deutlicher. Österreich, so kündigte er an, werde an der zukünftigen Europa-Armee selbstverständlich mitwirken müssen.

Österreichs Haltung aber blieb weiterhin unklar und vage und ist es bis heute. So stimmte Bundeskanzler Klima bei einem EU-Sondergipfel wegen des Kosovo-Krieges einer Erklärung zu, in der

der Einsatz militärischer Aktionen gegen Jugoslawien als notwendig und berechtigt bezeichnet wurde. Kurz darauf aber verweigerte die Bundesregierung der NATO die Überflugsgenehmigung. Nach dem Terror vom 11. September 2001 erteilte die Regierung den Vereinigten Staaten Überflugsgenehmigungen, weil es im Kampf gegen den Terror, so die offizielle Formulierung aus Wien, keine Neutralität geben könne. Als sich die USA dann gegen den Irak wandten, vermied man zwar ängstlich gegen diesen Krieg Stellung zu beziehen, verweigerte aber der US-Luftwaffe jegliche Genehmigungen. Die Österreicher, von islamistischem Terror und aggressiver US-Außenpolitik verschreckt, gewannen ihre ohnehin hochgehaltene Neutralität noch viel lieber, die Zustimmung zu ihr erreichte Werte, die sie für jeden Politiker seither unantastbar machten.

Sogar die ÖVP, die nach dem Machtwechsel 2000 eine Änderung des Neutralitätsgesetzes in das Regierungsprogramm der blau-schwarzen Koalition diktiert hatte, musste still und unauffällig den Rückzug antreten. Aus der anvisierten Beistandsgarantie für EU-Staaten wurde nichts, stattdessen verhandelte Bundeskanzler Schüssel in Brüssel aus, dass die EU auch im Konfliktfall »die fundamentalen politischen und verfassungsmäßigen Strukturen« ihrer Mitgliedsländer zu akzeptieren habe. Sprich: An der österreichischen Neutralität kommt vorerst einmal weiterhin keiner vorbei. Die längst überfällige Diskussion darüber, was man mit dem Allerheiligsten der Österreicher eigentlich anfangen müsse, um es nicht für alle Zukunft im Herrgottswinkerl verstauben zu lassen, ist damit wieder einmal vertagt. Die Neutralität aber muss sich weiterhin nach der politischen Befindlichkeit ausrichten, so wie die meiste Zeit, seit sie als glorifizierte Notlösung 1955 ins Leben getreten ist. Der ehemalige Bundeskanzler Franz Vranitzky brachte diese Nichthaltung einmal bemerkenswert genau auf den Punkt: »Den Inhalt der Politik unserer immer währenden Neutralität bestimmen nämlich ausschließlich wir. Daran darf sich nichts ändern.« Etwas salopper formuliert, diesmal von seinem Parteikollegen Peter Schieder: »Wir haben eine Frank-Sinatra-Neutralität. Sie funktioniert nach dem Prinzip ›I did it my way‹.«

Ein Tänzer des Fußballs war er, schwerelos jede seiner Bewegungen. Matthias Sindelar, der »papierene« Mittelstürmer des Wunderteams, war ein Ausnahmekönner, ein fußballerisches Genie. Eines, wie es nur in Wien entstehen konnte. Denn der Sohn von bettelarmen tschechischen Wanderarbeitern brachte das Wesen der Lebensart dieser Stadt in seinem Spiel unter. Es war ein Spiel voll Witz, voll Leichtigkeit, voll Schmäh und mit ein bisschen genialer Schlamperei. Und diesen Schmäh ließ er sich auch von der schlimmsten aller Diktaturen nicht abkaufen. Zum deutschen Sporthelden wollten die Nazis ihn machen, zum »bekanntesten Soldaten des Wiener Fußballsports«. Doch Sindelar, dem sein ganzes Spielerleben Fouls zuwider gewesen waren, wollte mit den Henkersknechten nichts zu tun haben. Mit Worten konnte der Bub aus Favoriten seine Abneigung nicht ausdrücken, auch wenn er einen von den Nazis Geächteten demonstrativ grüßte. Er zeigte ihnen auf dem Feld, was er von ihnen hielt. Doch die Nazis haben schon gewusst, wie sie einen gewitzten Tänzer wie ihn unterkriegen konnten. Der politische Druck, der Terror, das alles war zu viel für ihn. Und so hat Matthias Sindelar das Einzige getan, was er tun konnte, um sich all diesem Schrecken zu entziehen. »Sein Überblick ließ ihn erspüren, dass seine Chance im Gashahn lag«, schrieb Friedrich Torberg in seinem berühmten Gedicht über ihn: »Auf den Tod eines Fußballers«. Und Alfred Polgar, der große Wiener Feuilletonist der Zwischenkriegszeit, schrieb über ihn: »Aus Treue zur Heimat hat er sich umgebracht, denn in einer zertretenen, zerbrochenen, zerquälten Stadt leben, das hieß Wien mit einem abscheulichen Gespenst von Wien betrügen.« Ein antifaschistischer Held, der seinen Kampf gegen das Böse dort führte, wo er es konnte wie kein anderer – auf dem Fußballfeld.

Matthias Sindelar:

# Ein Abstauber der
# Arisierung

Im August 1938 war die Angelegenheit geregelt. Eine »Aktion« der längst lückenlos mit strammen Parteigenossen besetzten Kriminalpolizei Favoriten hatte Leopold Simon Drill zur Aufgabe gebracht. Dem alten Mann blieb nichts mehr anderes übrig, als der Gewalt zu weichen. Bei einem Notar wurde die Arisierung seines Cafés »Annahof« schriftlich besiegelt. Der neue prominente Besitzer posierte schon ein paar Tage später für die Fotografen im Lokal. Der alte Herr Drill aber ging den Weg Tausender und Abertausender Wiener Juden: Durch die Arisierung um Hab und Gut gebracht, wurde er ins Konzentrationslager Theresienstadt deportiert, wo er kurz darauf starb.

Nur eine von vielen bis heute erschreckenden Episoden aus dem Wien kurz nach der Machtübernahme durch die Nazis. Ein Jude wird mit allen Mitteln seines Besitzes, in diesem Fall seines Lebensinhalts, beraubt, ein Wiener, der sich durch politisches Wohlverhalten und gute Kontakte zu den neuen Machthabern in eine günstige Position gebracht hat, wird zum Profiteur des unmenschlichen Aktes.

Eine von vielen Episoden, ein Opfer, viele Täter – und dann ein Mittäter, vielleicht auch nur ein Mitläufer, zu gierig, um sich die günstige Gelegenheit im Windschatten des Nazi-Terrors entgehen zu lassen. Doch dieser Mitläufer war nicht nur berühmt, wahrscheinlich der berühmteste heimische Sportler seiner Zeit, er gilt bis heute einem Großteil der Österreicher als Held, als einer, der nicht nur auf dem Spielfeld, sondern auch unter der Nazi-Herrschaft niemals seinen Spielwitz verlor, bis er für seine Überzeugung freiwillig in den Tod ging: Matthias Sindelar.

Der Mittelstürmer des legendären österreichischen Wunderteams ist eine Legende, an der viele andere Legenden mitgebaut haben. Vor allem aber zwei Größen der heimischen Literatur: Friedrich Torberg und Alfred Polgar.

Im Gedicht »Auf den Tod eines Fußballers« erzählt Torberg vom Genie und vom Schicksal des »Kinds aus Favoriten«, das »Fußball spielte, wie kein zweiter«. Es porträtiert ein sportliches Genie, dem eines Tages »ein anderer Gegner« gegenübertritt, der nicht spielen will, sondern Ernst macht. Und dieser Gegner, mit dem der

Dichter zweifelsfrei die Nazis meint, macht Schluss mit der Wiener Schule, »im Fußballspiel, ganz wie im Leben«. Und Sindelar, so sah es Torberg, begriff rasch, dass er gegen diesen Gegner nicht gewinnen kann, dass seine Chance »im Gashahn lag«. Durch ein »dunkles Tor« geht das Kind aus Favoriten ab und hinterlässt, zumindest in Torbergs Überzeugung, nur die Tatsache, dass er sich von den Nazis zwar brechen, aber nicht biegen hatte lassen und deshalb den Selbstmord als letzten Ausweg gewählt hatte. Noch deutlicher wird der Essayist Alfred Polgar in seinem tief bewegten Nachruf auf den Fußballer: »Der brave Sindelar folgte der Stadt, deren Kind und Stolz er war, in den Tod. Er war so verwachsen mit ihr, dass er sterben musste, als sie starb. Aus Treue zur Heimat – alles spricht dafür – hat er sich umgebracht, denn in der zertretenen, zerbogenen, zerquälten Stadt leben und Fußball spielen, das hieß, Wien mit einem abscheulichen Gespenst von Wien zu betrügen. Aber kann man so Fußball spielen? Und so leben, wenn ein Leben ohne Fußball keines ist?«

Wie immer bei zeitgenössischen Mythen sind die zugrunde liegenden Tatsachen schlicht, aber lückenhaft genug, um kühne Interpretationen zuzulassen. Was, wie die »Wiener Zeitung« in ihren Schlagzeilen am 24. Jänner 1939 meldete, war der Tod des ehemaligen Fußballstars Matthias Sindelar? Er war am Mittag des Vortags in einer Wohnung in der Annagasse in der Innenstadt aufgefunden worden. Neben dem Toten lag Camilla Castignola, die 40-jährige Wirtin des Gasthauses »Zum Weißen Rössl«, das sich im selben Haus befand, in tiefer Bewusstlosigkeit. Sindelar hatte seit einigen Wochen ein Verhältnis mit der Italienerin gehabt. Noch bevor sie einen Tag später ebenfalls verstarb, ohne aus ihrer Bewusstlosigkeit erwacht zu sein, gingen bereits die wildesten Gerüchte durch Wien. Allein die Tatsache, dass Castignola jüdische Verwandte hatte, gab zu Spekulationen Anlass. Dazu kam, dass die Polizei, als sie die Wohnung aufbrach, keinerlei Gasgeruch bemerkt hatte.

Der Boulevard spann seine Theorien: Die alternde Wirtin, die wie ihr Wirtshaus nicht gerade einen guten Ruf hatte, hatte sich den mit 36 Jahren obendrein jüngeren Fußballstar angelacht, um sich gesellschaftlich zu rehabilitieren. Doch als dieser sich trotz ihrer Verführungskünste weigerte in eine Heirat einzuwilligen, hatte sie ihn einfach vergiftet. Eine andere mindestens ebenso abenteuerliche Geschichte nennt einen berüchtigten Wiener Zuhälter, dem die Italienerin angeblich verpflichtet war. Dieser habe sie als Werkzeug eines Racheaktes gegen Sindelar benützt und so den Mord als Selbstmord verschleiert.

All diese Geschichten waren, wie auf dem Boulevardmarkt so üblich, äußerst kurzlebig. Ein langes Leben sollte dagegen die Legende vom Doppelselbstmord haben, die die Wiener Kaffeehausliteratur, angeführt von Torberg und Polgar, spann. Ins Exil, in das sie wie so viele intellektuelle Wiener Juden vor den Nazis flüchten mussten, nahmen sie ihre mit jedem Jahr mehr verklärte Erinnerung an ihre Heimatstadt mit – und dazu die Erinnerung an die Helden dieser Heimatstadt, und eine der Zentralfiguren in diesem Heldenalbum war Matthias Sindelar. Fußballverliebt, wie die beiden Autoren nun einmal waren, fanden sie im »Papierenen« genau jenen Typ des Wiener Genies, an den sie ihre ganze Sehnsucht nach Zuhause hängen konnten: Ein Ästhet, etwas schlampig, aber mit so viel Spielwitz, dass er alle anderen als plumpe Kickertölpel dastehen ließ, so verliebt in den Ball, wie es die beiden Kaffeehausliteraten in ihre Worte waren. Dass er so jung, also mit 36, gestorben war, machte den Weg zum Heldentum natürlich noch kürzer. Da spielte es schon keine Rolle mehr, dass die mysteriösen Umstände seines Todes in den Polizeiakten schon längst ihre ganzen Geheimnisse eingebüßt hatten. Dort stand ein paar Wochen später, als die Untersuchungen der Leichen abgeschlossen waren, nämlich schlicht Rauchgasvergiftung als Todesursache. Man hatte eine Zersetzung des Blutes festgestellt, wie sie üblicherweise durch Kohlenmonoxid ausgelöst wird. Jenes Gas, das bei schlechter Durchlüftung von Öfen entsteht. Und eine solche schlechte Durchlüftung hatte der Ofen in der Annagasse. Der Abzug war verlegt, die Abgase waren, fachgemäß formuliert, einfach zurückgeschlagen.

Was Sindelar vielen Juden noch mehr ans Herz wachsen ließ, gerade in den Jahren 1938 und 1939, als der Schrecken des Nazi-terrors Wien immer mehr erfasste, war die Tatsache, dass er Austrianer war. Der jüdische Sportverein Hakoah, für den Torberg übrigens Wasserball auf höchstem sportlichen Niveau gespielt hatte, war inzwischen verboten worden, viele seiner Mitglieder und Funktionäre waren bereits deportiert worden. Die Austria, ebenfalls unter jüdischer Leitung, war diesem Schicksal nur knapp entkommen. Ihre Mannschaft durfte zwar weiter spielen, doch auch hier wurden einige Funktionäre Opfer des politischen Terrors, allen voran der Vizepräsident des Vereins, der Arzt Emanuel »Michl« Schwarz. Der Mediziner, der sich über Jahre nicht nur vorbildlich um die Finanzen der Austria gekümmert hatte, sondern auch um die körperlichen und seelischen Wehwehchen der Spieler, hatte ein fast väterliches Verhältnis mit dem Star der Mannschaft: Matthias Sindelar. Als Jude wurde Schwarz 1938, unmittelbar nach dem Einmarsch der Nazis, abgesetzt und musste bald ins Exil flüchten, da ihm Deportation und Konzentrationslager drohten. Der neue Austria-Vorstand, politisch selbstverständlich stramm auf Parteilinie, hatte ausdrücklich jeden Umgang mit Schwarz verboten, ja sogar untersagt, diesen zu grüßen.

Auch hier war wieder Platz für eine Legende rund um Matthias Sindelar. Wahr oder nicht, passt auch sie perfekt in das Bild des unbeugsamen Tänzers, der den Nazis trotzte. Bei einer der letzten öffentlichen Begegnungen von Schwarz mit der Mannschaft soll Sindelar vor den Augen des neuen Vorstandes vor seinen väterlichen Freund getreten sein: »I, Herr Doktor, werd' ihna immer griaß'n.«

Der letzte Baustein in der Sindelar-Legende ist sein Abschied von der aktiven Laufbahn als Fußballer. Im Nationalteam wurde er schon in den Jahren vor 38 immer weniger eingesetzt. Der Hauptgrund dafür war ein wachsendes Zerwürfnis mit Teamtrainer Hugo Meisl. Die beiden, die über Jahre als die zentrale Achse des legendären Wunderteams galten, konnten sich, als die Erfolge nach 1934 auf einmal spärlicher wurden, über Spiel und Taktik nicht mehr wirklich einigen. Meisl, der ständig auf der Suche nach neuen fußballerischen Techniken war, um seine Mannschaft wieder an die europäische Spitze zurückzubringen, kritisierte Sindelars Ballverliebtheit immer offener. Der Star zog sich beleidigt zurück, und die unzähligen Chefexperten im fußballverrückten Wien hatten bei ihren Debatten im Kaffeehaus einen Grund mehr zur Hand, warum das Wunderteam nicht mehr ganz so wunderbar war. Ein weiterer Beitrag zur Rolle von Sindelar als nun auch noch zu Unrecht ins Abseits gestellter Held.

Die Nazis, die Sport ohnehin immer auch als Instrument politischer Propaganda betrachtet hatten, waren 1938 bemüht, zumindest im Fußball die Wogen rund um die politisch motivierten Um- und Neubesetzungen in den Vereinen rasch zu glätten. Da aber die Eingliederung des österreichischen Fußballverbandes in das reichsdeutsche Äquivalent nach Meinung der politischen Führung unumgänglich war, suchte man zumindest nach Wegen, um wenigstens diesen sportpolitischen Gewaltakt halbwegs freundlich aussehen zu lassen. Ein »Versöhnungsspiel« zwischen den beiden Nationalteams wurde vereinbart. Sindelar, dessen Rolle als Wiener Fußballgott auch der Nazi-Führung nicht entgangen war, wurde gebeten, noch einmal in der österreichischen Auswahl mitzuspielen.

Sindelar willigte ein. Schon diese Entscheidung allein genügte, um in Wien, wo in diesen Märztagen noch viele völlig unter dem Schock des Anschlusses standen, für gewaltige Aufregung zu sorgen. Sein Antreten wurde von der Wiener Presse von Anfang an so bejubelt, dass sich hinter dieser Begeisterung unschwer auch die unterdrückte Wut über die Gewaltherrschaft erkennen ließ, die wenige Wochen zuvor erst über Österreich hereingebrochen war. Jedes Detail an Sindelars großem Auftritt interessierte in diesen Tagen, so auch der Besuch des deutschen Teamtrainers Sepp Herberger beim Training der Österreicher. Herberger, so wurde berichtet, soll den in ganz Europa berühmten Star vorerst gar nicht erkannt haben und äußerte sich über dessen spielerisches Können angeblich äußerst abfällig: »Das soll ein Fußballer sein?« Die schlichte Tatsache zuerst: Die österreichische Auswahl siegte 2:0, Sindelar schoss ein Tor, sein bester Freund im Team, »Schasti« Sesta, das zweite.

Die Sindelar-Legende aber machte daraus den letzten Sieg des freien Österreichs über die Nazi-Diktatur. Es soll eine Weisung direkt von der politischen Führung in Berlin gegeben haben, die es den Österreichern untersagte, ein Tor zu schießen.

Sindelar, auf seinem angestammten Posten als Mittelstürmer, ließ nach einhelliger Meinung der Berichterstatter tatsächlich eine Unzahl an großen Torchancen aus – aber nicht aus Ungeschicklichkeit, sondern mit einer Eleganz und technischen Überlegenheit, die niemandem entgehen konnte. Als Star auf dem Feld zeigte er noch einmal seine ganze Brillanz, ließ seine Gegner nach Belieben stehen, nur um dann im letzten Moment auf die herausgespielten hundertprozentigen Chancen zu verzichten. Erst nach der Pause machte Sindelar dieser offensichtlichen Demütigung des Gegners ein Ende und schoss das formvollendete 1:0. Als kurz darauf das 2:0 durch Sesta fällt, hält sich Sindelar nicht mehr zurück, lautstark bejubelt er den Triumph, fällt seinen Teamkollegen um den Hals und lässt seiner Freude mit Luftsprüngen freien Lauf – angeblich direkt vor der mit Nazi-Bonzen voll besetzten Ehrentribüne.

Am Tag danach kommt sogar der politisch längst strengstens kontrollierten Presse ein kaum unterdrückter Jubelschrei aus. Die »Neue Freie Presse« liefert zwar zu Beginn ihres Spielberichtes pflichtgemäß ihre Huldigung der strahlenden Zukunft des Fußballs unter dem Nationalsozialismus ab, schwenkt aber dann rasch um und feiert den »Triumph der Wiener Fußballschule« derart begeistert, dass es auch dem unsportlichsten Nazi-Funktionär nicht entgehen konnte, welche Gefühle sich hier, verpackt in einen Matchbericht, Luft machten.

Die Nazis jedenfalls begannen nach dieser Darbietung heftig um Sindelar zu werben. Trainer Herberger, der sich zuvor so verächtlich über den Wiener geäußert hatte, wollte ihn nun unbedingt in seiner Mannschaft haben. Sindelar aber folgte dem Ruf ins Team nicht, seine Fußballkarriere war beendet.

Trotzdem wollten die Nazis auch an der Legende Sindelar mitprofitieren. Nach seinem Tod, ein knappes Jahr später, sprach die linientreue Berichterstattung vom »bekanntesten Soldaten des Wiener Fußballsports«. Die Trauerfeier wurde in Form eines Staatsbegräbnisses inszeniert, 15.000 Menschen nahmen daran teil. Dass diese allerdings keineswegs irgendeinem Sportsoldaten Lebewohl sagen wollten, sondern ihrem Wiener Fußballidol, wurde in den Jahren danach immer deutlicher. Am Grab Sindelars versammelten sich an jedem Todestag Hunderte Menschen: Treue Anhänger, Fans, aber sicher auch Menschen, die nicht des Fußballers Sindelar gedenken wollten, sondern des Österreichers, der sich, so waren sie überzeugt, nicht zum Reichsdeutschen hatte machen lassen. Nicht ohne Grund ließen die Nazis die alljährlichen Trauerkundgebungen bald verbieten. Die offizielle Begründung: In Kriegszeiten, wo täglich Hunderte ihre Leben an der Front lassen müssten, sei die Verehrung für einen Toten unpassend.

Die österreichische Legende Sindelar überlebte die Schreckensherrschaft der Nazis. Als Friedrich Torberg, wie viele andere Schriftsteller und Künstler, aus dem Exil heimkehrte, brachte er seine ganz persönliche Verklärung des Fußballers mit. Das »Kind aus Favoriten«, das aus Stolz und Liebe zu Österreich sich den Nazis widersetzt und den Tod gewählt hatte, wurde nur allzu gerne in das offizielle heimische Geschichtsbild aufgenommen. Dort hatte man ohnehin großen Bedarf an solchen Figuren, die mit ihrer österreichischen Identität vergessen machten, wie gerne Hunderttausende Landsleute des Fußballstars »heim ins Reich« und in den Krieg marschiert waren. Als antifaschistischer Held lag Sindelar über Jahrzehnte sanft gebettet in seinem Ehrengrab der Stadt Wien. Umso größer war der öffentliche Aufschrei, als jemand im Jahr 2003 in diesem heilen Geschichtsbild umzustechen begann. Unter dem Titel »Parteigenosse Matthias Sindelar« veröffentlichte der Autor Peter Menasse einen Bericht in der jüdischen Zeitschrift »Nu«, in dem er mit ebenso unerwarteten wie unerfreulichen Tatsachen über Sindelar und sein arisiertes Kaffeehaus aufwartete.

Das Café »Annahof« in der Laxenburgerstraße in Favoriten war eines der beliebtesten Lokale in diesem Bezirk gewesen. Die umliegenden Gemeindebauten, ein Werk von BMW und ein Arbeiterwohnheim in der unmittelbaren Umgebung sorgten dafür, dass die 37 Tische, die das Café hatte, immer gut besetzt waren. Noch im Jahr 1937 machte der Besitzer Leopold Simon Drill einen Umsatz von 114.000 Schilling, und das beim damaligen Preis für einen

Mokka von 60 Groschen. Wie die »Arisierungsstelle« der Nazis in ihren Berichten nach dem Zwangsverkauf bestätigte, wurde das Lokal je etwa zur Hälfte von jüdischen und nichtjüdischen Gästen frequentiert.

Zu den Stammgästen zählte auch die Mannschaft der Austria und jene des FC Wien, also auch Matthias Sindelar. Jahre später erinnerte sich dessen Mutter, dass ihr »Motzl« dort praktisch zu Hause gewesen sei. Bis in die Nacht hätten er und seine Kollegen dort tarockiert. Sindelar kannte nicht nur das Lokal, sondern selbstverständlich auch dessen Besitzer gut, und er konnte als Stammgast relativ gut einschätzen, dass es gewissermaßen eine Goldgrube war. Genau das, was der mittlerweile Ex-Fußballer als Absicherung für seine späteren Jahre haben wollte.

Denn Sindelar, das Kind bettelarmer tschechischer Einwanderer, also ein so genannter »Ziegelbehm«, hatte sein Leben lang auf solide finanzielle Absicherung Wert gelegt. Er hatte als Kind die Armut zu gut kennen gelernt, um sie später als gut verdienender Fußballstar vergessen zu können. Sindelar war immer darauf bedacht, auch neben seiner Fußballkarriere einen Zivilberuf auszuüben, so war er Autoschlosser und später Abteilungsleiter bei einer Sportartikelfirma. Auch verstand er es, wie damals noch kaum ein Sportler, seinen Ruhm zu Geld zu machen. Sindelar stellte sich in großem Stil für Werbung zur Verfügung. So bewarb er unter anderem Molkereiprodukte, was einigen seiner Fans, die solche Vermarktung ihres Stars ablehnten, ziemlich sauer aufstieß.

Sindelar kümmerte das wenig, das Proletarierkind, das ein Leben lang seine Unsicherheit gegenüber der guten, bürgerlichen Gesellschaft nicht ablegte, genoss die Popularität wie auch die satten Einkünfte, die ihm die Werbung brachte. Also schlüpfte er für einen Herrenausstatter in Anzüge, die sogar seinen Namen trugen, und ließ eine Uhrenfirma mit seinem Namen Werbung für ihr teuerstes Stück machen.

So betrachtet wundert einen das Vorgehen des Fußballers in den Frühjahrsmonaten des Jahres 1938 nur noch wenig. Der Annahof wurde bereits wenige Wochen nach der Machtübernahme durch die Nazis enteignet und einem kommissarischen Verwalter, einem langjährigen NSDAP-Parteigänger, übergeben. Der setzte sofort alles daran, das Lokal zugrunde zu richten. Als erste Maßnahme wurde »Ariern« der Besuch des Kaffeehauses untersagt. Zwar blieb nun die Hälfte der Gäste aus, doch da den Favoritner Juden inzwischen der Besuch vieler anderer Gaststätten verboten war, traf man sich eben im Annahof und sicherte dem Lokal zumindest vorerst einen einigermaßen guten Geschäftsgang.

Das lag aber keineswegs im Interesse nicht nur des Verwalters, sondern auch eines Interessenten, der schon wenige Wochen nach der Enteignung Drills mit einem Kaufantrag bei der Arisierungsstelle vorgesprochen hatte: Matthias Sindelar.

Der Fußballer, der um seinen zweifelhaften Ruf bei den neuen Machthabern wusste, tat danach alles, um seinem Antrag Nachdruck zu verleihen. Er diente sich, das geht aus den von Menasse präsentierten Dokumenten eindeutig hervor, der örtlichen Nazi-Verwaltung regelrecht an. So wurde der Akt schon ein paar Tage nach Sindelars Antragsstellung um ein wichtiges Dokument ergänzt. Eine handschriftliche Erklärung des Fußballers, dass er arischer Abstammung sei. Ein Kniefall, den man bei den Adressaten sehr wohlwollend zur Kenntnis nahm. Die örtliche NSDAP begann sich wohlwollend für Sindelar zu verwenden. In einem Schreiben an die Arisierungsstelle hielt man fest, »dass gegen die politische Einstellung des Parteigenossen Sindelar keine Bedenken bestehen«. Obwohl es weder Menasse noch Historikern, die die Affäre untersuchten, gelungen ist, jemals die tatsächliche Mitgliedschaft Sindelars bei der NSDAP zu belegen, ist dieses Schreiben zumindest ein deutlicher Hinweis darauf, wie man den zuvor so misstrauisch beäugten Wiener in diesen Junitagen bereits politisch einschätzte. Sindelar hat diese Erwartungen, auch nachdem er das Kaffeehaus übernommen hatte, ordentlich erfüllt. In Interviews äußerte er sich positiv über die Zukunft des Fußballs in der nun angeschlossenen Ostmark, da die unterernährten Kinder nun endlich ordentlich zu essen bekämen.

Auch der inzwischen politisch längst gleichgeschaltete österreichische Fußballverband, der damals bereits in »Deutsche Reichsliga Gau XVII – Fußball« umbenannt worden war, versuchte das

Kaufangebot des Fußballers noch ein bisschen anzuschieben. Man bitte darum, »dem besonderen Wunsch des Reichssportführers nachzukommen, um seinem Interesse an der Vormachtstellung des deutschen Sports zu entsprechen«.

Wie sehr sich Sindelar persönlich bei diversen Parteifunktionären um das Kaffeehaus bemüht hat, lässt sich klarerweise aus den historischen Dokumenten nicht herauslesen. Klar ist aber, dass die Nazis ihre anfängliche Skepsis gegen Sindelar fallen gelassen hatten, auf einmal hatte man offene Ohren für sein Anliegen. Ob es die Arisierungsstelle für Sindelar getan hat, oder schlicht, um den unliebsamen Juden Drill endgültig ins Unglück zu stürzen, ist nicht klar. Klar ist aber, dass man, da einige Wochen nach dem Antrag des Fußballers noch immer nichts in dessen Sinne geschehen war, damit begann, Gewalt gegen den Cafetier einzusetzen, der sich offensichtlich immer noch weigerte zu verkaufen. Das erschütternde, ebenfalls von Menasse erstmals vorgelegte Dokument ist der Bericht des kommissarischen Verwalters für den Annahof, wenige Tage nachdem Drill sich doch in das Unvermeidliche gefügt hatte: »All mein Zureden, auch der mir zu Gebote stehende Druck hatte keinen Erfolg. Erst durch die Aktion der Kripoleitstelle Ende Mai war es mir möglich, ihn endlich so weit zu bringen, einen Verkaufsantrag zu unterschreiben. Es wurde damals veranlasst, dass mehr als die Hälfte der jüdischen Gäste in das Konzentrationslager Dachau aus verschiedenen Gründen eingeliefert wurden. Unter ihnen war auch der Sohn des Besitzers, der in den letzten Jahren der eigentliche Geschäftsführer war.«

Am 3. August gab Leopold Drill auf. Gemeinsam mit Sindelar und dem kommissarischen Verwalter erschien er beim Notar, um den Verkauf zu fixieren. Der Preis wurde mit 20.000 Reichsmark, also etwa 34.000 Schilling, festgesetzt. Ein Preis, der dem realen Wert des Lokals allem Anschein nach nicht entsprach. Für Drill war das ohnehin nicht mehr relevant, er sollte von dem Geld, für das man obendrein eine mehr als langatmige Ratenzahlung vereinbart hatte, ohnehin nie einen Schilling sehen. Wie bei den meisten Arisierungen hatten die Nazis längst ein bürokratisches, scheinbar rechtliches System aus Zwangssteuern und Abgaben errichtet, das jeden Schilling, der den erpressten Verkäufern zugute kommen sollte, in die Kassen der Partei wandern ließ.

Der einst wohlhabende Cafetier ging, seines Lebenswerkes beraubt, als schwer verschuldeter Mann ins Konzentrationslager und in den Tod.

Matthias Sindelar hatte erreicht, was er wollte. Das Café aber, das natürlich schon wenig später in »Café Sindelar« umbenannt wurde, sollte weder ihm noch seiner Familie lange Glück bringen. Als Sindelar 1939 starb, bemühten sich seine Mutter Maria und seine Schwestern um das Lokal – ohne Erfolg. Die örtliche Gauleitung erinnerte sich auf einmal daran, dass Sindelar als »sehr judenfreundlich« bekannt gewesen sei – vermutlich ein Hinweis auf seine Freundschaft zum Austria-Vizepräsidenten Schwarz. Seine Mutter wurde in Dokumenten der örtlichen Parteileitung als politisch unzuverlässig eingestuft: Sie sei Nationaltschechin, die für die Bewegung absolut nichts übrig habe.

Menasses Bericht sorgte für einen Aufschrei der Empörung. Während in vielen Zeitungen auf einmal der Mythos vom Antifaschisten Sindelar und damit auch sein Ehrengrab in Frage gestellt wurden, meldeten sich zahlreiche Verteidiger für den legendären Mittelstürmer. Menasse habe ein »Foul ohne Ball« an einer Legende begangen und dabei tief unter die Gürtellinie gezielt. Die Dokumente würden nichts belegen und seien willkürlich in einen Kontext gestellt worden, nur um der These des Autors zu dienen. Menasse, so wurde sogar behauptet, wolle nichts anderes, als dem von ihm so wenig geschätzten Friedrich Torberg posthum eins auswischen.

Völlig übersehen wurde dabei, dass der Großteil der Geschichte rund um die Arisierung des Annahofes bereits lange vorher bekannt gewesen war. Man hatte schlicht nicht wahrhaben wollen, was etwa der Historiker Wolfgang Maderthaner, der sich viele Jahre mit der Geschichte des Wiener Fußballs beschäftigt hatte, schon in seinem Buch »Mehr als ein Spiel« geschrieben hatte. Sindelar, so Maderthaner im Kapitel »Der papierene Tänzer«, habe einfach wie so viele Tausende andere Wiener die Gunst der Stunde genutzt. Im Interview mit der Tageszeitung »Der Standard«, kurz nachdem Menasses Bericht die Affäre ins Rollen gebracht hatte, meinte er: »Es gibt Hinweise, dass Sindelar in nicht ganz unbedenklicher Nähe der NSDAP stand. Er gab opportunistische Äußerungen von sich, er war ja Tscheche und hat sich im März 1938 bei den Tschechen engagiert, für den Anschluss an Groß-deutschland zu stimmen.« Inmitten der Aufregung rund um den Fußballer nimmt der Historiker einen nüchternen Standpunkt ein, der die Legende Sindelar 60 Jahre danach wieder auf ihren ei-gentlichen Kern reduziert: Auf einen fußballerischen Ausnahme-könner, der in einer schwierigen Zeit weniger an Faschismus und Antifaschismus als vor allem – wie die meisten – an sich selbst gedacht hat. »Wahrscheinlich war er ein Wiener, der sich's auch gerichtet hat.«

Unser Poldl! Quasi im Alleingang hat er uns nach dem Krieg aus den Klauen der Besatzungsmächte befreit. Und das mit Waffen, wie sie eben nur ein waschechter Österreicher hat: Witz, Charme, Bodenständigkeit, Bauernschläue und natürlich Trinkfestigkeit. Und wie wichtig die auch noch war, für ihn und vor allem für Österreich. Schließlich hat sich der Poldl als Außenminister den Staatsvertrag regelrecht ersoffen bei den Russen. Die haben ihn in Moskau nächtelang mit Trinksprüchen traktiert und er sie dafür mit Heurigenliedern. Unter den Tisch trinken lässt sich ein waschechter Bauer aus dem Tullnerfeld eben nicht! Gemeinsam mit dem Raab, dem Bundeskanzler, hat er gesungen, dass die Russen ganz sentimental geworden sind. »Und jetzt, Raab – jetzt noch d'Reblaus, dann sans waach«, hat der Poldl dem Raab ins Ohr geflüstert, bevor sie dann gemeinsam den Molotow geknackt haben.

Natürlich war's nicht nur das Trinken, es war diese aufrechte Gesinnung, die die Politiker damals noch gehabt haben und natürlich vor allem der Leopold Figl. Der »Geist der Lagerstraße« hat sie durch diese schrecklichen ersten Nachkriegsjahre geführt. Waren ja allesamt Häftlinge in den Konzentrationslagern der Nazis gewesen, da lernt man zusammenhalten. Die haben noch kein kleinliches Parteiengezänk gekannt in dieser harten Zeit – und keine kleinlichen Vorurteile.

Nur einer wie er konnte die berührendste Ansprache halten, die je ein Bundeskanzler für seine Österreicher gehalten hat. Damals zu Weihnachten 1945 war es, und jeder kann sich an die von Entkräftung und Entbehrungen gezeichnete Stimme erinnern, die da verkratzt und krächzend durch die Radiolautsprecher kam: »Ich kann euch nichts geben zu Weihnachten . . ., aber ich bitte euch, glaubt an dieses Österreich.«

Früh gestorben ist er leider, und auch das nur, weil er eben so ein unerschütterlicher Österreicher war. Die Foltern der Nazis haben ihn so früh ins Grab gebracht, er hat halt auch im KZ nicht aufhören können, sich zu Österreich zu bekennen.

Weaner Charme in Moskau: „Und jetzt, Raab — jetzt noch d'Reblaus, dann sans waach!"
(Aus „Simplicissimus". Zeichnung von H. E. Köhler.)

Leopold Figl:

# Und keiner sang die
# »Reblaus«

Der Herr Außenminister hatte eine schwere Nacht hinter sich. Unübersehbar verschlafen tauchte er als letzter an diesem Aprilmorgen beim Frühstück auf und musste sich erst einmal ein Weilchen im Stillen mit seinem Morgenkaffee beschäftigen, bevor er sich heiser und hustend an die übrigen wandte: »War eh nix mehr los gestern?«

Doch, es war. In der langen Nacht zuvor hatte die Politik des immer noch besetzten Nachkriegsösterreich eine Sternstunde erlebt. Irgendwann, lange nach Mitternacht, war in der österreichischen Botschaft in Moskau Geschichte geschrieben worden, zwar vorerst noch inoffiziell, dafür aber auf umso dramatischere Weise: Die Sowjetunion, vor allem aber ihr gefürchteter Außenminister Wjatscheslaw Molotow hatte nachgegeben: Österreich sollte seine Freiheit zurückbekommen, der Staatsvertrag war beschlossene Sache. Jetzt galt es nur noch, das Ganze in die richtige Form zu gießen.

Und der Mann, dem die Geschichte später diese Leistung quasi als Alleingang zugestand, erfuhr davon nachträglich beim Frühstück: schwer verkatert und im beinhart ironischen, knochentrockenen Ton seines politischen Gegners. Adolf Schärf, sozialistischer Vizekanzler, gab Figl an diesem Morgen die Antwort, mit der er wohl am wenigsten gerechnet hatte: »Nein, los war nix, nur dass der Bulganin gesagt hat, dass wir den Staatsvertrag jetzt kriegen können.«

In der Schilderung der von Figl-Ehrfurcht übergehenden Biografie von Ernst Trost liest sich diese Morgenbesprechung wie eine von vielen charmanten Anekdoten über das Unikum Leopold Figl. Härter, politischer und viel weniger charmant sind die Aufzeichnungen über die Moskauer Verhandlungen, die Schärf persönlich hinterlassen hat. Mehr als dreißig Jahre nach den historischen Begebenheiten aufgetaucht, finden sich dort so viele unangenehme Wahrheiten über den Außenminister, dass sie sogar einen seiner prominentesten politischen Gegner dazu brachten, diese Notizen jahrzehntelang unter Verschluss zu halten. Erst 1978 ordnete Bruno Kreisky – einst als Staatssekretär in Moskau dabei – an, die Texte im SPÖ-Ideologieorgan »Zukunft« zu veröffentlichen, allerdings streng zensuriert. Jene Passagen, in denen die tatsächliche Rolle des Staatsvertrags-Helden Figl ausgeführt wird, ließ der Kanzler vorsorglich entfernen. Selbst er, der als intellektueller Bürgersohn mit der hemdsärmeligen Art des Bauern aus dem Tullnerfeld nie etwas anfangen konnte, wollte am Mythos Figl nicht kratzen. Mit Recht, denn das Bild des unverwüstlich lustigen und trinkfesten Außenministers, der die Russen unter den Tisch und damit in Richtung Staatsvertrag säuft, ist eines der grundlegenden Heldenepen der Zweiten Republik. Mehr als das, es ist Teil der österreichischen Identität. Unsere Vorstellung von den Moskauer Gesprächen prägt bis heute die berühmte Karikatur von H. E. Köhler mit dem Titel »Weaner Charme in Moskau«, die in der Münchner Zeitschrift »Simplicissimus« erschienen ist: Julius Raab und Leopold Figl als Heurigensänger-Duo für die Russen. Raab spielt an der Zither auf, während ihm Figl die Anweisung für die nächste Runde Schmalz ins Ohr flüstert: »Und jetzt, Raab – jetzt noch d'Reblaus, dann sans waach!«

Gesungen wurde in Moskau nicht – und wenn, dann bestimmt andere Texte und Tonfälle, nicht aber von Leopold Figl. Es war die 267., letzte und natürlich wichtigste der Verhandlungsrunden zum Staatsvertrag, die in diesem Protokoll Schärfs festgehalten ist, in allen bürokratischen Details, aber natürlich mit all den zeremoniellen Eigenarten, die Verhandlungen mit den Russen eben mit sich brachten: Endlose Runden von Toasten, Trinksprüchen und Tischreden, die beide Seiten zu halten hatten. Je später es an diesen Moskauer Abenden wurde, desto mehr Eifer zeigten die Russen, in immer rascherer Folge wurden die Gläser mit Wodka gefüllt. Die Schaffensfreude der Österreicher dagegen erlahmte rasch, bald ließ man den Schnaps nur noch protokollarisch in sich einfüllen, formulierte Trinksprüche, die eher an Aktennotizen als an leidenschaftliche Freundschaftsbezeugungen, wie sie die Russen so liebten, erinnerten.

Der entscheidende Abend des 12. April begann mit dem üblichen Ringelspiel von Feierlichkeiten, diesmal mit einem Empfang bei Molotow im Spiridonowka-Palais. Figl traf dort auf zahlreiche alte Bekannte, mit denen er in seiner Zeit als Kanzler in Wien zu tun gehabt hatte. Die altgedienten Militärs und Beamten kramten sentimentale Erinnerungen an Österreich hervor. Wer den Erzählungen lauschte, glaubte bald, die Herren hätten Urlaub in der Alpenrepublik gemacht, nicht diese zehn Jahre lang besetzt. Im Mittelpunkt vieler dieser Erinnerungen stand natürlich Figl, der Mann, mit dem sie Jahre zuvor im Wiener Hotel Imperial, dem Sitz des sowjetischen Hochkommissariats, nächtelang verhandelt und auch anständig getrunken hatten. Und natürlich musste der jetzt wieder trinken, Runde für Runde. Doch der inzwischen 52-jährige Tullnerfelder war längst nicht mehr der, der er in jenen vergangenen Tagen in Wien gewesen war. Zeitgenossen beschreiben ihn zu diesem Zeitpunkt bereits als viel zu früh gealtert und kränklich, einmal ist sogar von greisenhaftem Aussehen die Rede. Doch Figl wusste, was er seinem Ruf schuldig war, scherzte und trank mit und verfiel beängstigend rasch. Als man später am Abend zu einem weiteren Empfang in die österreichische Botschaft wechselte, war er bereits schwer angeschlagen und entsprechend schlecht gelaunt. Als das ewige Auf und Nieder mit Wodka und Reden im gleichen Tempo weiterging, wies Figl das ihm und den Österreichern eben fröhlich zugeprostete »Freundschaft« schon unüberhörbar unwirsch zurück: »Bei mir müsst's Grüß Gott sagen.«

Raab versuchte die Trinklust der Russen diplomatisch zu bremsen und brachte einen Toast auf den aus, »der jetzt keinen Toast mehr ausbringt«, sein Außenminister verlangte dagegen immer lauter, unwilliger und mit immer schwererer Zunge nach Kaffee. Doch den überstand er ohnehin nur noch knapp. »Figl ist tatsächlich betrunken und muss vor Ende des Diners zum Schlafen gebracht werden«, hält das Schärf-Protokoll den Eklat betont nüchtern fest.

Figl war also an diesem Abend mit einigen Promille aus dem Spiel geschieden. Viele Historiker aber zweifeln daran, dass der angebliche Vater des Staatsvertrags an dem Spiel um eben jenen Vertrag überhaupt jemals maßgeblich beteiligt war.

Es war damals gerade erst zwei Jahre her, dass der bis dahin populärste Politiker der Zweiten Republik seine schlimmste politische wie auch menschliche Niederlage erlitten hatte. Ausgerechnet Julius Raab hatte ihn entmachtet, ihn als Bundeskanzler abgelöst. Sein engster politischer Weggefährte, sein Lebensmensch, wie manche Biografen meinen, war ihm, so empfand es wohl Figl, in den Rücken gefallen.

Es war wohl nicht nur Raab, der ihn zu Fall gebracht hatte, sondern schlicht die zunehmend komplizierte und von widersprüchlichen Interessen bestimmte Politik in Nachkriegsösterreich. Und diese widersprüchlichen Interessen ließen 1952 das Budget der rot-schwarzen Koalitionsregierung platzen. In einem ordentlichen politischen Theaterdonner trat die Regierung ab und Österreich ging Anfang 1953 in vorgezogene Neuwahlen – diese wurden für die ÖVP, und damit für Figl, zu ihrer ersten schweren politischen Niederlage. Die SPÖ wurde stimmenstärkste Partei. Die schwer angeschlagene ÖVP aber drängte ihren Vorsitzenden Figl in eine Kehrtwende nach rechts – mit fatalen Folgen. Man begann Verhandlungen mit dem Verband der Unabhängigen, VdU, aufzunehmen. Die Vorläuferorganisation der FPÖ aber war zu diesem Zeitpunkt vor allem eines, ein Auffanglager für ehemalige Nationalsozialisten. Zu ihnen war der ehemalige KZ-Häftling bis dahin konsequent auf Distanz geblieben – menschlich. Doch der angeblich zwingenden politischen Logik, die ihm seine Parteifreunde auftischten, hatte der Kanzler nichts entgegenzusetzen. Seine hemdsärmelige Art, seine oft naive Offenheit machte ihn zwar weiterhin zum beliebtesten Politiker Österreichs, doch die Strategen in den Machtzentralen der ÖVP hatten ihn damals in Wahrheit längst in Richtung Abstellgleis verschoben. Gerade der Umgang mit den ehemaligen Nazis zeigte deutlich, wie sehr Figl längst gezwungen war, sich der politischen Taktik, die andere in der Partei vorgaben, anzupassen.

Als Ende der Vierzigerjahre das Buhlen der beiden großen politischen Parteien um die Stimmen der ehemaligen Nazis – die durften 1949 erstmals wieder wählen – begann, fügte sich auch der Bundeskanzler in die angeblichen Sachzwänge. Mit seiner Unterstützung wurden ehemalige NS-Richter wieder Teil der Justiz, wurden Beamte des Hitler-Regimes wieder an ihre Schreibtische gerückt. Für jüdische Entschädigungswünsche hatte man dagegen weit weniger Verständnis. Er sehe nicht ein, warum man jetzt einer Rasse besondere Privilegien einräumen sollte, donnerte Landwirtschaftsminister Josef Kraus im Ministerrat in Antwort auf eine diesbezügliche Anfrage, und auch Figl zeigte, wie sehr er sich bereits der politischen Realität gefügt hatte. Mit solchen Überlegungen, ergänzte er, würde man sich nur in Gegensatz zu den Nationalsozialisten bringen.

Wie ihm aufgetragen worden war, arbeitete Figl die Verhandlungen mit dem VdU ab und brachte schließlich ein mühselig zusammengeflicktes Kompromisspapier zustande, das die Basis für eine Dreierkoalition mit der SPÖ bilden sollte. Deren Widerstand und schließlich auch die Vorbehalte des roten Bundespräsidenten Theodor Körner gegen eine Regierung mit Beteiligung einer politisch so bedenklichen Kraft ließen das Projekt scheitern. Obwohl Figl selbst es nie gewollt hatte, dankten es ihm jetzt genau die ÖV-Pler, die ihn dazu gedrängt hatten, mit seiner Entmachtung. Als gescheitert wurde er von den Verhandlungen abgezogen, Raab als neuer Kanzlerkandidat präsentiert. Er zögerte keine Minute und ließ den VdU, den auch er seinem Freund Figl angedient hatte, fallen. In der immer noch zahlreichen Anhängerschaft des gestürzten Figl wurden Verschwörungstheorien laut, vor allem Raab wurde verdächtigt. Doch der bullige Baumeister aus St. Pölten, dem übrigens von mancher Seite ein nicht ganz sauberes Verhältnis zu Nationalsozialisten nachgesagt wurde, hatte nur noch einmal das längst Offensichtliche demonstriert: Figl war politisch zu schwach geworden, um noch einmal eine Regierung zu leiten. Tödlich gekränkt trat er ab. Der Kanzler des Wiederaufbaus, der Held der Trümmerjahre, zog sich zurück. Einfacher Parlamentsabgeordneter war er jetzt, und wie sehr ihn das schmerzte, lässt sich an dem Briefpapier ablesen, das er jetzt besaß. »Bundeskanzler a. D.« stand da ganz oben auf dem Briefkopf, weit größer als das »Abgeordneter zum Nationalrat« darunter. Schließlich aber eilten die ihm zu Hilfe, die immer schon seine Machtbasis gewesen waren, die niederösterreichischen Bauern. Es dauerte nur wenige Monate und Raab musste erkennen, dass er seinem alten

Freund, mit dem er einst schon in der Studentenvereinigung gemeinsam gebechert hatte, eine Wiedergutmachung schuldig war. Raab, der weit mehr als Figl einen Instinkt für die Macht und deren Verteilung besaß, tat genau das Richtige. Er verschaffte Figl einen hochrangigen Posten in seiner alten politischen Heimat, dem Bauernbund. Dort residierte er nun im größten Zimmer des Gebäudes in der Schenkenstraße, die tatsächliche Arbeit machten natürlich andere. Figl aber zelebrierte sein Amt, als hänge die Republik davon ab – und seine Popularität verschaffte ihm entsprechenden Zulauf.

Das Sprechzimmer des Herrn Obmannstellvertreters, so sein Titel, war ständig überrannt. Jede Woche pendelten ausländische Gäste ein, mit denen Figl seine von früher bewährten Besuchsprogramme samt Heurigenbesuch zelebrierte.

Doch das Ganze war dem umtriebigen Ex-Kanzler bald zu ehrenamtlich und es dauerte nicht lange, bis es ins Kanzleramt drang, wo so rasch wie möglich wieder ein neuer Job für ihn gebraucht wurde. Dort wurde den Verantwortlichen allmählich klar, dass man irgendeine Gelegenheit suchen musste, um Figl, wie man es etwas derb anmerkte, »auszugraben«. Dass man Figl schließlich den Außenministerposten zudachte, zeigt ziemlich deutlich, welche Bedeutung man dem anderswo zentralen Regierungsposten in Österreich zubilligte. Im speziellen Fall hatte man nun einen populären und zumindest politisch routinierten Erfüllungsgehilfen für eine Strategie, die die Regierungskoalition längst auf die Schiene gestellt hatte. Der Zug, in dem Österreich in eine freie Zukunft abfahren sollte, hieß Staatsvertrag und Neutralität. Die Strecke war von Raab, aber auch von Staatssekretär Kreisky längst abgesteckt worden, sie führte zuallererst über Moskau – zu Direktverhandlungen in Moskau. Wie der Bundeskanzler die Rolle seines Vorgängers und jetzigen Außenministers einschätzte, machte er in einer Randbemerkung deutlich: »Da hab i mir denkt, man muss mit den Russen andere Töne anschlagen. Und das hab i a dem Figl g'sagt, und der Figl is einimarschiert wie a Gaul in den Acker.«

Da interessierte es niemanden, dass gerade Figl mit dem Konzept der Neutralität nicht wirklich etwas anfangen konnte. Ihm kam diese Neutralität eher wie eine Absage Österreichs an die westlichen Alliierten vor. Da mochten die anderen immer wieder das Vorbild der neutralen Schweiz anführen, für den Außenminister wirkte Österreichs zukünftige Position in Europa sehr einseitig, einseitig auf der Seite der Russen. »I brauch a Papier, i möcht' sehen, wie das ausschaut mit der Neutralität«, soll Raab an einem Abend in Figls Bauernstube seinen Freund gedrängt haben. Als er Einwände machte und verlangte, zuerst noch mit den Amerikanern reden zu wollen, wurde er wieder grob auf seinen Platz in der zweiten Reihe verwiesen: »Hörst, jetzt müss' ma aber schau'n, dass ma das Papierl kriegen. Amerikaner hin, Amerikaner her und Bedenken hin, Bedenken her.« Der Außenminister tat, wie ihm befohlen worden war, verabsäumte aber in den kommenden Wochen keine Gelegenheit, kundzutun, dass ihm das alles erstens zu schnell und zweitens nicht so ganz in die richtige Richtung ging.

Doch um die Richtung hatte er sich in diesen Tagen ohnehin nicht mehr zu kümmern. Da hatten andere längst mehr zu sagen, wie etwa der junge Staatssekretär Bruno Kreisky. Es ist fast überraschend, wie sehr der doch bodenständige ÖVP-Kanzler Raab offensichtlich bereit war, auf die Ideen und Vorschläge des jüdischen Großbürgersohnes zu hören.

Damit war die Rollenverteilung in jenem Duo, das sich in den ersten Monaten des Jahres 1955 um die konkreten Schritte in Richtung Staatsvertrag zu kümmern hatte, klar: der »Ackergaul« Figl und der Stratege Kreisky. Entsprechend gespannt war das Verhältnis der zwei so ungleichen Partner, die sich zutiefst misstrauten. Kreisky hatte das Gefühl, von dem bauernschlauen Figl, der vor allem seine alten persönlichen Kontakte zu den Sowjets nützte, ständig ausmanövriert zu werden. Figl wiederum fühlte sich vom jüngeren intellektuellen Kreisky gering geschätzt. Über Jahre schon hatten sich die beiden argwöhnisch beobachtet. Immer bereit, einen Fehler des anderen umgehend gegen ihn zu verwenden. Als der leidenschaftliche Jäger Figl einmal auf einer Skandinavienreise auf die Pirsch ging, anstatt wie der damalige

Vizekanzler Schärf soziale Einrichtungen zu besichtigen, schickte Kreisky umgehend einen Bericht über das mangelnde Engagement des Kanzlers nach Wien.

Klar ist: Die strategischen Entscheidungen in den Verhandlungen, die die beiden gemeinsam führten, traf Kreisky. Er jonglierte dieses unklare Verhältnis zwischen Neutralität und Bündnisfreiheit so lange hin und her, bis es für Österreich passte. Ihm gelang es, den Amerikanern dieses Konzept weiszumachen.

Derart vorbereitet, brauchte es in Moskau schließlich nur noch den einen Macher und Entscheidungsträger, um dieses Konzept in genau jene historische Dimension einzupassen, die Österreich anstrebte: Staatsvertrag und Neutralität. Und dieser Mann war Julius Raab. »Einen Alleingang Raabs« nannte ein ÖVP-Historiker gegenüber dem Magazin »Profil« den Schlusssprint zum Staatsvertrag in Moskau.

Und Figl? Wie viel bleibt eigentlich noch von der Rolle jenes Mannes, die in staatstragenden Reden und noch staatstragenderen Schriften seit über 50 Jahren ausgeschmückt und gehuldigt wird? So schrieb etwa der inzwischen verstorbene Bundespräsident Thomas Klestil von Figl als »dem Mann, der Österreich in die Freiheit führte«.

Eines der Bilder, die Figls Wirken so untrennbar über Jahrzehnte mit dem Staatsvertrag verbinden, ist die Szene auf dem Balkon des Schlosses Belvedere in Wien, von dem aus Figl und die Außenminister der Besatzungsmächte die jubelnden Österreicherinnen und Österreicher begrüßen. In unzähligen Dokumentationen sieht man Figl mit dem Staatsvertrag in der Hand und dazu hört man seinen legendären Satz: »Österreich ist frei!« Eine historisch falsche, nachträglich hergestellte Verknüpfung. Figl hat diesen Satz nicht auf dem Balkon gesagt, er hat dort vielmehr gar nicht gesprochen, sondern lediglich gewinkt. Die Aufnahme, mit der die Balkonszene über Jahre unterlegt wurde, stammt aus dem Marmorsaal des Belvedere, wo Figl unmittelbar nach der Unterzeichnung zu Wort kam.

Figl also durfte sich für den Staatsvertrag feiern lassen, diese Rolle hatte Raab seinem populären Außenminister zugedacht. Doch auch in den Monaten davor hatte der so machtbewusste Kanzler das Spielfeld für Figl klar abgesteckt.

Klar scheint, er wurde nicht nur als der bereits erwähnte »Ackergaul« gebraucht, sondern vor allem wegen seiner guten Kontakte zu den Sowjets. Raab selbst war bei ihnen über Jahre alles andere als gut angeschrieben. Schließlich war er nicht nur hochrangiger Funktionär der paramilitärischen Heimwehr in der Zeit des faschistischen Ständestaates gewesen, er hatte sich auch in dieser Zeit mit dem Ablegen des »Klosterneuburger Eides« klar gegen die Demokratie bekannt – ganz im Gegensatz zu dem im Ständestaat politisch eher unauffälligen Figl, der obendrein als ehemaliger KZ-Häftling auch die Rolle des Nazi-Opfers für sich beanspruchen konnte.

Figls persönliches Verhältnis zu den Sowjets war mit Sicherheit gut. Nicht umsonst erinnerten sich noch Jahrzehnte später sowjetische Generäle an den so bodenständigen Kanzler: »Ja, das war ein netter Mann, mit dem haben wir uns gut vertragen.« Diese Beziehungen zu Figl nahmen die Generäle nach Moskau und damit zu den höchsten politischen Stellen mit. Und auch dort bekamen die Historiker und Biografen oft von jenem Figl zu hören, der zum gegenseitigen Vertrauen der Verhandler beigetragen und viel wechselseitiges Misstrauen beseitigt habe. »Figl hat dabei die Interessen Österreichs gut vertreten und seinem Land gut gedient«, zitiert Biograf Ernst Trost einen hochrangigen sowjetischen Verhandler.

Diesen Ruf bei den Sowjets hat sich Figl tatsächlich ehrlich erarbeitet. Gerade im russisch besetzten Niederösterreich hatte er ständig mit sowjetischen Kommandostellen zu tun, musste siegreichen Offizieren, die mit Demokratie oder einem europäischen Rechtsstaat schlicht nichts anfangen konnten, Zugeständnisse abringen.

Aber schon wie beim Staatsvertrag wird Figls Mühe im österreichischen Rückspiegel zu einem Heldenepos verklärt, zu einem zutiefst österreichischen Heldenepos voll von Anekdoten, irgendwo zwischen Witz und Pathos. So sollen die Sowjets eines Tages mehrere für Österreich absolut lebenswichtige Lokomotiven beschlagnahmt haben. Figl wurde vorstellig und stieß vorerst auf anhaltenden Widerstand der Militärs. Diesen brach er, wie so oft, mit einer ordentlichen Menge gemeinsam hinuntergestürzten Wodkas. Das brachte ihm vorerst eine mündliche Zusage auf die Lokomotiven ein. Doch Figl gab sich damit nicht zufrieden und trank konsequent weiter. Die schriftliche Bestätigung soll der sowjetische Kommandant dem Kanzler erst überreicht haben, als er bereits unter dem Tisch lag.

Aus Anekdoten wie dieser hört man durchaus noch die Realität und den Alltag der Besatzungszeit heraus. Doch bei dem Versuch mancher Biografen, möglichst viel Heldenmut und Österreichertum in den Mythos Figl hineinzustopfen, entschwindet die Sache endgültig ins Reich rot-weiß-roter Phantasien. So schmückt Susanne Seltenreich, die passionierteste Figl-Verehrerin unter seinen Biografen, eine Begebenheit aus der Besatzungszeit in allen Farben einer echten Heldentat aus. Figl, so die Geschichte, wird auf einer Fahrt durch Österreich auf dem Semmering von dem russischen Wachposten gestoppt, weil er keinen Übertrittsschein vorzeigen kann. Der Postenkommandant stellt zwar bereitwillig einen neuen Schein aus, doch Figl zerreißt diesen tollkühn vor den Augen des Schwerbewaffneten: »Der österreichische Bundeskanzler braucht keinen Ausweis, wenn er von einem Bundesland in das andere fährt.« Während Figls Begleitung bereits die Knie vor Angst schlottern und man bereits die schwerwiegenden politischen Konsequenzen erörtert, passiert das, was jedem echten Helden widerfährt. Der Gegner würdigt seinen Mut und lässt ihn gewähren, wie es in folgender Anekdote berichtet wird: »Ein Offizier hat die Szene beobachtet und wieder einmal imponiert Figls Mut den Russen. Er gibt dem Bundeskanzler einen freundlichen Schlag auf die Schulter: ›Karascho!‹ – der Schlagbaum öffnet sich. ›Und ich hab' keinen Ausweis gebraucht‹, sagt Figl befriedigt und steigt ein.«

Doch der derart anekdotisch verklärte Figl beweist seinen Heldenmut nicht nur gegenüber irgendwelchen Militärs. Nein, er nimmt es glatt mit den Spitzen der Sowjetunion auf. Das wohl berühmteste Beispiel dafür ist die so genannte Maiswette. Chruschtschow persönlich soll auf einem Maisfeld – selbstverständlich in Figls Geburtsort Rust – dem Kanzler gegenüber angegeben haben, dass ein sowjetisches Feld mindestens zehnmal so viel Ertrag bringen würde wie das österreichische. Man wettet um ein Schwein. Obwohl man sich aus allen Erzählungen nicht so recht zusammenreimen kann, wer die Wette eigentlich gewonnen hat, wird nur eines überdeutlich – der klare moralische Sieger ist natürlich Figl, der als David den sowjetischen Goliath herausfordert und quasi austrickst. Was für einen österreichischen Helden wirklich zählt – und vor allem was nicht –, zeigt auch die angebliche Begegnung mit Außenminister Molotow in der sowjetischen Botschaft in Wien. Molotow kommt dabei auf Literatur zu sprechen, fragt Figl, ob er Ibsens Frühwerk »Brand« kenne – und prallt dabei auf blankes Unwissen. »Warum?«, so die Anekdote, soll der Kanzler forsch zurückgefragt haben, ohne sich über seine Ahnungslosigkeit irgendwelche Gedanken zu machen.

Macht man das Figl'sche Anekdoten-Schatzkästchen einmal zu und blickt wieder der harten politischen Realität ins Auge, dann taucht in den historischen Unterlagen ein ganz anderes Figl-Bild der Sowjets auf. Der Historiker Stefan Karner hat erst vor kurzem jene Aufzeichnungen veröffentlicht, in denen die sowjetische Besatzungsmacht über Jahre ihren Aufenthalt in Österreich dokumentierte. Darin finden sich auch ausführliche Beschreibungen der maßgeblichen österreichischen Politiker, natürlich auch eine Figls. Und der, das geht aus den Notizen mehr als deutlich hervor, war nach Ansicht der Russen vor allem eines, ein viel zu oft betrunkenes politisches Leichtgewicht, ein Mann, dem intellektuell nicht allzu viel zuzutrauen war. »Ein limitierter Akteur. In weiten Kreisen ist bekannt, dass Figl zu viel trinkt«, heißt es da etwa wörtlich in einem der Lageberichte, die kurz vor den Moskauer Verhandlungen angelegt wurden.

Genau so, wie es dieser Einschätzung entsprach, wurde Figl auch behandelt, wenn es weltpolitisch hart auf hart ging. In Berlin etwa, wo Figl Monate vor den Moskauer Verhandlungen in Begleitung von Kreisky mit den Sowjets zusammentraf, hinterließen weder der Schmäh noch die schönen Reden des Außenministers irgendeinen Eindruck bei den Sowjets. Von »Enttäuschung und Erbitterung« sprach Figl nach seiner Heimkehr. Er hatte erlebt, was ein sowjetischer Verhandler viele Jahre später dann zu Protokoll gab: »Die sowjetische Politik gegenüber Österreich wurde von Figl nicht beeinflusst.«

Nicht nur bei den Russen, auch bei Diplomaten und Politikern anderer Länder wurde der Bundeskanzler wohl eher als unterhaltsam denn als politisch bedeutend gehandelt – und Figl tat selbst einiges, um diesen Ruf zu verbreiten. Schon allein, dass er kein Wort irgendeiner Fremdsprache – mit der oft erwähnten Ausnahme des russischen »dawarisch« – sprach, machte seine Auftritte auf dem internationalen Parkett immer eher wackelig. Nebenbei verwechselte er die Namen und Funktionen seiner Gesprächspartner, so machte er einmal den König von Norwegen zum König von Schweden. Auch mit dem diplomatischen Protokoll stand Figl regelmäßig auf Kriegsfuß.

Im Reich der Figl-Anekdoten klingt auch das natürlich nicht nach Fehltritt, sondern vielmehr nach unbezwingbarem österreichischem Charme, dem man rund um die Welt einfach erliegen musste. Dass Figl etwa mit dem Schweizer Regierungschef Etter in Bern unverblümt Bruderschaft trank und mit ihm anschließend bis vier Uhr früh in seinem Hotelzimmer weiter feierte, liest sich auch nur in der sentimentalen Erinnerung einer Biografie als politische Großtat.

Nimmt man die heitere Harmlosigkeit des Figl-Bildes in der österreichischen Ahnengalerie ein bisschen näher in Augenschein, entpuppt sich die oft auch als politische Fahrlässigkeit. So nett wie der anekdotische Figl war der politische Figl oftmals nicht. Erschütternd, was der Bundeskanzler in aller Öffentlichkeit so an politischen Bemerkungen abgab. So sprach er gegenüber US-Militärs von den Russen als »asiatische Gefahr«, vor der die USA Österreich doch beschützen sollten. Schließlich würden doch auch die Touristen aus Amerika »nicht gerne in Österreich Schi fahren, wenn es ein asiatisches Land geworden ist«.

Dass Figl, wie bereits erwähnt, mit der Judenverfolgung und dem Holocaust bedenklich salopp umging, war auch eine Konsequenz politischer Taktik. Wie unbedarft er dem Thema aber tatsächlich begegnete, zeigt eine Debatte im Kabinett 1952 recht deutlich. Man rätselte über die tatsächliche Anzahl an ermordeten Juden. »Verhältnismäßig gering«, urteilte der Kanzler und fügte auch gleich eine erstaunliche Erklärung an: Die österreichischen Juden seien ja meistens schon fort gewesen, als die Massaker begonnen hätten. Den österreichischen Antisemitismus, damals ohnehin ein Tabuthema, schätzte der Kanzler als unbedeutend ein, es gäbe nirgendwo »so wenig Antisemitismus und so viel Duldsamkeit wie bei uns«. Figls Beleg: Er wisse von einem Juden in Bad Gastein, der damit prahle, schon 120.000 Schilling und vier Anzüge erwirtschaftet zu haben: »Das österreichische Volk ist nicht so geschäftstüchtig.«

Und weil der Antisemitismus schon einmal so gering in Österreich war, wollte Figl ihn auch gleich von der Heimat fern halten – mit zweifelhaften Methoden. Die Bitte von 512 in Rumänien gestrandeten Juden um Aufnahme in Österreich wies er einfach ab. Solche Neuzugänge würden nur zu »Überfremdung und Aufleben des Antisemitismus« führen.

Solche Ausrutscher aber fanden bei Figl in alle Richtungen statt. Auch für die vertriebenen Sudetendeutschen, die eben erst den grauenhaften Brünner Todesmarsch überstanden hatten und nun an der österreichischen Grenze um Aufnahme baten, hatte der eben ernannte Bauernbunddirektor kein Verständnis. Im Gegenteil, er zog mit seinen Bauern zur Grenze und verlangte dort von den sowjetischen Truppen niemanden hereinzulassen. Österreich könne sich ohnehin selbst nicht versorgen, außerdem hätten die Sudetendeutschen doch für Deutschland optiert.

Auf urösterreichische Weise funktionierten bei Figl auch die antideutschen Reflexe. Diese kamen ihm in den Nachkriegsjahren gelegen, um die vorerst ohnehin nur unter der Hand gestellte Frage nach Österreichs Mitverantwortung für die Nazi-Gräuel vom Tisch zu wischen. Die sieben Jahre nationalsozialistischer Herrschaft in Österreich waren für ihn nichts anderes als eine deutsche Besetzung – und die passte ohnehin lückenlos in den historischen Kontext des nicht enden wollenden Konfliktes mit dem bösen

Nachbarn: »Wir sind immer Österreicher geblieben, auch in der Zeit, als uns eine uns völlig wesensfremde und wesensfeindliche Tyrannei in Europa vertreten hat, gegen die wir nicht erst seit gestern und vorgestern, sondern gegen die wir bereits seit der Zeit Friedrichs von Preußen ... gekämpft haben ... Unser Österreich war der erste Staat in Europa ..., der seit dem Jahre 1932 und noch früher allein und als Erstes den Kampf gegen den größten und verbrecherischsten Imperialismus der Welt, den Hitlerfaschismus, führte.«

Dass Figl in diesem Zusammenhang den faschistischen Ständestaat als einsamen Kämpfer gegen Hitler anführt, passte natürlich auch in die Überzeugung des unter Dollfuß politisch geprägten Niederösterreichers. Für ihn war auch Jahre nach dem Krieg Dollfuß ein »wahrer Demokrat«, wie amerikanische Beobachter in ihren Aufzeichnungen ziemlich verwundert notieren. Dem Kanzler, so wird in den amerikanischen Militärakten vermerkt, »mangelt es an Präzision und Klarheit bei der Formulierung der grundlegendsten politischen Konzepte, vor allem, wenn er Begriffe wie Faschismus und Demokratie verwendet«.

Figl selbst hatte im Ständestaat zwar Karriere gemacht, blieb aber, im Gegensatz etwa zu Raab, politisch relativ unauffällig. Öffentliche Bekundungen gegen die Demokratie, wie sie Raab abgelegt hatte, belasteten Figl nach dem Krieg nicht.

Doch was ihn ohnehin über alle Zweifel an seiner aufrechten österreichischen Gesinnung erhob, das waren die Jahre im KZ und im Widerstand. Figl war tatsächlich durch alle Höllen des Nazi-Regimes gegangen. Er war jahrelang in Dachau und im letzten Kriegsjahr sogar in Mauthausen gesessen. Er war gefoltert worden und hatte eine Typhuserkrankung durchgemacht, die ihn beinahe umgebracht hätte. In den späteren Beschreibungen seiner Mithäftlinge finden wir auch hier einen typischen und wohl auch einigermaßen der Wirklichkeit entsprechenden Figl. Von seinem eisernen Optimismus wird erzählt und natürlich auch von seinem Humor. Beide Eigenschaften hätten nicht nur ihm, sondern auch einigen seiner Kameraden dabei geholfen das Schlimmste zu überstehen.

Im Laufe der Zeit und der bei Figl unweigerlich dazugehörigen Verklärung wurden auch die KZ-Jahre zu einem Teil des Mythos und natürlich entsprechend zurechtgerückt. Einer wie er musste, als ihn das Fieber ins Delirium geschickt hatte, wie selbstverständlich historische Worte von sich geben: »Macht's euch nix draus, es dauert nimmer lang«, soll er den Kameraden tonlos zugeflüstert haben. Ganz nach Figl-Art eben, einfach formuliert, aber mit Gewicht, auch durfte der Schmäh sogar beim Ringen mit dem Tod nicht fehlen.

Wie zu erwarten umgibt auch manche der Erzählungen aus den KZ-Jahren ein rot-weiß-roter Heiligenschein. So soll Figl vor allem deshalb von den Nazi-Schergen gefoltert worden sein, weil er es nicht lassen konnte, das streng verbotene Wort Österreich an Stelle des nationalsozialistischen Begriffes Ostmark zu verwenden.

Sogar Figls früher Tod – er starb an einem Krebsleiden – wurde von manchen Biografen auf abenteuerliche Weise mit seinem Leiden in den Konzentrationslagern in Verbindung gebracht. Bei der Prügelstrafe seien Stofffetzen in seine Haut gedrungen, die dort »den Keim für die Todeskrankheit« gelegt haben sollen. Dass auf diese Weise der österreichische Held sogar für seine Heimat quasi gestorben war, blieb aber immer ein Minderheitenprogramm für wirklich leidenschaftliche Anhänger.

Politisch wichtig sind die KZ-Jahre deshalb, weil sich aus ihnen ein Begriff ableitet, der quasi stilprägend für die ersten Nachkriegsjahre sein sollte: »Der Geist der Lagerstraße«. Tief geprägt von den gemeinsam überstandenen Schrecken in den Nazilagern sollen die Politiker der ersten Stunde des neuen Österreichs alle Feindschaft begraben haben, um gemeinsam die Heimat aufzubauen. Ein Bild, so stark und überzeugend, dass sich österreichische Politiker noch Jahrzehnte später seiner bedienten – natürlich um dann dem politischen Gegner genau den Verrat an diesem Geist der Lagerstraße vorzuwerfen. Und Figl steht natürlich auch im Mittelpunkt dieses Grundbausteins österreichischer Identität. Selbst SPÖ-Parteichef Alfred Gusenbauer warf 2002 dem damaligen Kanzler Schüssel vor, den von Figl so hochgehaltenen Geist der Lagerstraße zu verdrängen.

Doch der gemeinsame Geist, egal ob er jetzt von der Lagerstraße oder anderswo herkam, wehte nicht lange im Nachkriegsösterreich. Er wurde auch von Figl nicht immer hochgehalten. Gerade der spätere Kanzler spielte schon in den ersten Nachkriegsmonaten seine Zeit im KZ sehr gezielt gegen den politischen Gegner aus. Der war natürlich in diesem Punkt ein leichtes Ziel, waren doch die prominentesten Vertreter der SPÖ-Spitze tatsächlich niemals im KZ gewesen. Renner etwa hatte die Kriegsjahre friedlich beim Kartenspiel in seiner niederösterreichischen Heimat Gloggnitz verbracht.

»Von denen ist kein Einziger im KZ gesessen«, fiel Figl im September 1945 über die SPÖ-Kollegen in der Regierung her. Vizekanzler Schärf nannte er einen »schulmeisterlichen Bourgeois«, der während der gesamten Nazi-Zeit »doch sehr still geblieben ist«. Dessen Kollege, Oskar Helmer, sei schon stolz darauf, überhaupt einmal drei Tage von den Nazis inhaftiert worden zu sein, spottete der Bauernbunddirektor. Und überhaupt, man werde die lange Liste von ÖVP-Politikern, die im KZ gewesen waren, einmal mit der Aufstellung von damals inhaftierten SPÖ-Politikern vergleichen, die doch wohl ziemlich bescheiden sei.

Nicht nur die Nazi-Jahre und die mehr oder weniger ausgeprägte Opferrolle einzelner Politiker wurden im politischen Kleinkrieg eingesetzt. Die Sozialdemokraten, die auf ihrer Seite offensichtlich zu wenige KZ-Häftlinge vorzuweisen hatten, verwiesen dafür ausführlich auf die Zeit vor den Nazis, auf den Ständestaat und seine Verbrechen. Der tiefe Hass auf das Regime von Dollfuß und Schuschnigg sei der Grund, warum die österreichische Arbeiterschaft den Anschluss an Hitler-Deutschland so widerspruchslos akzeptiert habe, meinte der damalige Kanzler Renner und zielte damit genau auf Figl und seine Parteifreunde, für die ja, wie bereits erwähnt, Dollfuß ein wahrer Demokrat gewesen war. Der sozialistische Wiener Bürgermeister Theodor Körner lieferte sogar den unaufhörlich auf die Durchführung der Entnazifizierung drängenden Amerikanern ein überraschendes Kontra aus dieser Richtung: Er mache sich weniger Sorgen über die vielen Nazis in Wiens Stadtverwaltung, da diese ja ohnehin arme Teufel seien.

Ihm seien viel mehr die vielen Beamten aus dem Ständestaat ein Dorn im Auge.

Auch in aktuellen Fragen, ob es sich nun um das Verhältnis zu den Sowjets oder die Zusammenarbeit mit den alliierten Geheimdiensten in Österreich handelte, misstrauten sich beide Lager zutiefst.

Den Menschen draußen aber wurden diese kleinlichen und voll Gehässigkeit ausgetragenen Konflikte ihrer neuen Staatsführung nicht wirklich bewusst. Für sie war der Geist der Lagerstraße intakt, überzeugte Karl Renner in der überaus würdevollen Rolle als Vater zweier Republiken und blieb vor allem Leopold Figl weit über sein politisches Ende hinaus der »Poldl von Österreich«, der mit ihnen gemeinsam Österreich aus den Trümmern herausholte.

Figl war tatsächlich, daran zweifeln weder Zeitgenossen noch Historiker, ein Mann, der unglaublich schnell unglaublich viel Nähe zu seinen Mitmenschen aufbauen konnte. Bodenhaftung würde man heute wahrscheinlich das nennen, was Staatsvertrags-Verhandler Ludwig Steiner als »die unglaubliche Fähigkeit, mit den Menschen zu reden und ihnen zuzuhören«, beschreibt. Als »große soziale Intelligenz« beschreibt der Historiker Oliver Rathkolb ganz nüchtern das Wesen des Kanzlers, das schwärmerische Figl-Biografen in fast religiöse Verzückung geraten lässt: »Leopold Figls Weltbild ist das seiner Bauernahnen. Es ist nichts aus Büchern Angelesenes. Man muss seinem Wesen nachspüren und wird darin den Bauernbuben entdecken. Man spürt förmlich, wie bodenverwurzelt dieser Mann Leopold Figl in seinem Bauernvolke lebt.«

Abseits solcher schwüler Entgleisungen war Figl wohl tatsächlich der Typ, den sich Österreich in diesen Jahren so sehr wünschte: Ein Pragmatiker, der sich mit all den unangenehmen politischen Fragen, die man sich nach zwei Diktaturen wohl stellen hätte sollen, nicht weiter beschäftigte, ein ehrlicher und schlichter Charakter als Kontrapunkt zu all den grotesk pompösen Politikerinszenierungen des Ständestaates und der Nazi-Zeit und vor allem ein Spaßvogel. Gerade dieser Punkt galt in einer Zeit, in der Spaß zu haben alles andere als selbstverständlich war, als besonders publikumswirksam.

Doch die Legende Figl besteht aus mehr als einem österreichischen Original und etwas sentimentaler Verklärung. Sie ist eine raffinierte Konstruktion, zurechtgelegt, errichtet und ständig neu aufpoliert vor allem von einem: Figl selbst. Ob Heldentum, Schmäh, Keckheit oder allem voran die legendäre Trinkfestigkeit, der Kanzler des Wiederaufbaus schaute mit Bauernschläue genau darauf, dass all diese seine Eigenheiten auch mit dem richtigen Nachdruck in Umlauf gebracht wurden.

Gerade die »Politik mit dem Weinglas«, über die spätere Politikergenerationen in der ÖVP so demonstrativ die Nase rümpften, war allem voran eine Inszenierung für die Öffentlichkeit. Dass Figl regelmäßig und tief ins Glas schaute, ist eine unbestrittene Tatsache. Unbestritten ist auch, dass der Mann, der, wie sich gute Freunde erinnern, »unendlich viel vertragen hat«, mit den Jahren immer schlechter mit dem Alkohol zurechtkam. Lange bevor man ihn, wie bereits geschildert, in Moskau quasi ins Bett tragen musste, wird von Ausfällen des Kanzlers zu später Stunde berichtet. Er habe dann offizielle Termine nur noch mit einem seltsamen unverständlichen Kauderwelsch bestritten und damit sogar Staatsgäste schwerstens irritiert. Auch kam es immer öfter vor, dass Figl am Tag danach einfach »Grippe« hatte und für die Politik ausfiel.

In der Selbstdarstellung Figls nimmt dieses »für Österreich saufen« einen Ehrenplatz ein. Er war also richtig stolz darauf, Politik mit dem Weinglas zu machen, und brachte selbst abenteuerlich ausgeschmückte Legenden in Umlauf. Vor allem die Russen – wie in den schon erwähnten Verhandlungen um Lokomotiven – wurden in diesen Geschichten ständig unter den Tisch gesoffen, bis sie in irgendwelche Forderungen Figls einwilligten. Dass diese Geschichten, abgesehen vom Gegenstand der feuchten Verhandlungen – einmal sind es eben Lokomotiven, ein anderes Mal geht es um einen Evakuierungsbefehl –, fast wortgleich ablaufen, macht deutlich, wie sehr der Mann, der sie kolportierte, Figl selbst, beim Schnitzen von Legenden zur Wiederholung neigte. Die dazugehörigen Schlusspointen hören sich in Figls eigenen Worten ebenfalls nach handfester Propaganda an: »Ich hab' a heißes Bad g'nommen, hab' einen Häfen schwarzen Kaffee getrunken und um sieben Uhr früh war ich im Bauernbund, schaun, dass die Wiener was zum Essen haben ...«

Den größten Werbe-Effekt in dieser Angelegenheit erzielte Figl übrigens nicht mit seinen eigenen Erzählungen, sondern mit einem inhaltlich und stilistisch äußerst bescheidenen Gedicht, das ein gewisser Otto Zernatto für ihn verfasst hatte. Nach der Art einer ländlichen Marterlinschrift wird darin dem Kanzler gehuldigt, der »stets beflügelt durch den Wein« mit den Besatzungsmächten stritt: »Mit jenen aus dem Osten musst' er Wodka literweis verkosten, was sogar für den nicht leicht ist, der auf Heurigen geeicht ist!« Das seltsame Stück naiver Kunst schließt mit den Worten: »Denn er soff für Österreich!« Dass diese Worte rasch sprichwörtlich wurden und Figl von da an begleiten sollten, dafür sorgte der Kanzler persönlich, der das Gedicht nicht nur rasch und umfassend verbreiten ließ, sondern auch den Autor entsprechend würdigte. 40 Flaschen Wein standen kurz nach Veröffentlichung vor dessen Tür.

Doch Figl inszenierte nicht nur seine Trinkkultur selbst, er kümmerte sich auch darum, dass die richtigen Einzelheiten aus seinen öffentlichen Auftritten bekannt wurden. So kursieren einige Trinksprüche, die – alles andere als zufällig – die tiefe Gläubigkeit des Tullnerfelders demonstrieren sollten: »Macht's keine G'schichten. Wir ham's doch einfach, wir trinken auf unseren Führer Jesus Christus.«

Sogar bei seinem ein Leben lang liebsten Hobby, dem Jagen, achtete Figl akribisch darauf, sich auch im grünen Rock richtig und als echter Österreicher darzustellen. Wirklich gelegen kam ihm dabei ein historisches Vorbild, auf das er ausführlich und mit viel Sinn für öffentliche Wirkung Bezug nahm: Kaiser Franz Joseph. So jagte Figl nicht nur bevorzugt in den ehemaligen kaiserlichen Jagdgründen von Neuberg im Mürztal, er hatte sich obendrein einen Leibjäger zugelegt, der in seiner Jugend bereits den Kaiser begleitet hatte. Gerade die im politisch so schwer angeschlagenen

Nachkriegsösterreich heftig blühende Kaisernostalgie wurde so bestens bedient – und zwar ungewöhnlich modern in Wort und Bild. Figl und Sauprigl, so der sprechende Name des Kaiserjägers, wurden auf ihren Ausflügen regelmäßig auch von einem der engsten Mitarbeiter des Kanzlers begleitet, Kriminalinspektor Willi Durst. Der war bei solchen Anlässen verpflichtet worden, sich nicht mit der Waffe, sondern mit dem Fotoapparat zu bewaffnen, um den Kanzler auf kaiserlicher Jagd ausführlich für Öffentlichkeit und Nachwelt zu dokumentieren.

Für seinen guten Ruf war Figl sogar bereit, unglaubliche Lügengeschichten zu inszenieren und darin auch die Hauptrolle zu übernehmen. Dass er dabei nicht einmal davor zurückschreckte, sich seiner eigenen Vergangenheit im Konzentrationslager zu bedienen, zeigt eine sorgfältig vorbereitete »private« Begegnung auf einer Reise nach Norwegen. Ein ehemaliger Leidensgenosse aus dem KZ meldete sich, so die über die offiziellen Kanäle verbreitete Geschichte, völlig überraschend beim Sekretär des Bundeskanzlers. Und schon am nächsten Morgen fiel man einander mit einem tränenfeuchten »Servus« und vor der versammelten norwegischen Presse in die Arme. Bald saß man beim Whiskey und feierte das glückliche Wiedersehen zweier Überlebender aus der Nazi-Hölle. Im von Hitler-Deutschland ehemals besetzten Norwegen, in dem man vom König abwärts erbittert Widerstand gegen die Nazis geleistet hatte, ein perfekter Werbeauftritt. Dass der tatsächlich so perfekt ausfiel, war das Ergebnis detaillierter Planung, bei der man sich einer faustdicken Lüge bediente. Der alte Freund Arne, der von Figls Leuten, die einen solchen Auftritt für propagandawirksam hielten, mühsam in Norwegen gesucht worden war, erwies sich unglücklicherweise im letzten Moment als Fehlgriff. Er war nämlich, als Figl 1944 in Mauthausen eingetroffen war, längst in ein anderes Lager verlegt worden. Für Figl kein Problem. Er konnte sich trotzdem an den alten Freund erwartungsgemäß gut erinnern und wickelte das Treffen mit professioneller Sentimentalität ab.

Die mit Sicherheit größte und bravouröseste Lügengeschichte seines Lebens gelang Figl erst kurz vor seinem Tod. Mit ihr zementierte er eines der mit Sicherheit bewegendsten und wichtigsten

Details in seine Biografie ein: die Weihnachtsansprache des Jahres 1945.

Für viele Österreicher jenseits der dreißig (wie auch für die Autoren) ist sie seit der Kindheit Teil der Wohnzimmereinrichtung: auf Schallplatte gepresst und in irgendwelchen wuchtigen Sammlungen historischer Ansprachen versenkt (»Reden, die Österreich bewegten«). Allen anderen ist sie zumindest in einer von unzähligen TV-Dokumentationen über die Geschichte der Zweiten Republik begegnet, diese wahrscheinlich bewegendsten Worte, die einem österreichischen Politiker jemals ausgekommen waren: »Ich kann euch keine Gaben für Weihnachten geben, kein Stück Brot, keine Kohlen zum Heizen, kein Glas zum Einschneiden. Wir haben nichts. Ich kann euch nur bitten, glaubt an dieses Österreich.« Perfekt fügen sich das Kratzen der alten Tonträger und die brüchige, von Wehmut förmlich überwältigte Stimme Figls zum Bild der Republik Österreich in der Stunde null, unter Trümmern und mit nichts als der Hoffnung auf eine bessere Zukunft.

Doch diese bessere Zukunft war in Wahrheit längst da, die Trümmer schon lange weggeräumt, als der todkranke Figl diese Rede heimlich in ein Mikrofon krächzte. Drei Wochen vor seinem Tod fand dieser, sein letzter bedeutender Auftritt statt, hinter den verschlossenen Türen eines Studios im ORF-Funkhaus in der Wiener Argentinierstraße, im Jahr 1965.

Der Regisseur dieser Märchenstunde war der Journalist und spätere Sprecher von Bundespräsident Thomas Klestil, Hans Magenschab. Er wollte für eine Großveranstaltung zum 20. Jahrestag des Kriegsendes Figls Rede zum Bestandteil eines Multimedia-Spektakels machen – und konnte sie nirgendwo finden. Reden des Bundeskanzlers waren zu diesem Zeitpunkt nicht aufgezeichnet worden, Manuskripte existierten entweder nicht mehr oder waren überhaupt nicht ordnungsgemäß archiviert worden.

Magenschab begann also eine Rede zu basteln – aus allem, was er aus Ansprachen Figls aus der Zeit zusammentragen konnte. Eine ähnliche Wortwahl aber tatsächlich in einer Originalrede Figls zu finden, ist seither – trotz akribischer Suche – niemandem gelungen.

Ob wahrheitsgetreu oder brutal zurechtgebogen, diese Weihnachtsansprache Figls ist jedenfalls eine Inszenierung – eine perfekte. So nah er dem Tod damals auch schon war, Figl erkannte sofort, wie wunderbar sich diese letzte Rede in das Bild des »Poldl von Österreich« fügen würde, an dem er ein Leben lang gearbeitet hatte. Todkrank, erinnert sich Magenschab gegenüber dem »Profil«, habe er die Worte quasi im Nachhinein autorisiert: »Dann hat er gesagt, das ist meine Rede.«

Die Sehnsucht könnte einen packen, wenn man sich so zurückerinnert. Kein Gestank von Automobilen, keine Hektik, jeder Mensch hatte seinen Platz in einer geordneten Welt. Die Wienerstadt, ein Schmuckkasterl, über dem ein gütiger Kaiser thronte und dessen Dreck das effizienteste Kanalsystem seiner Zeit entsorgte. Sicherlich, die Zuckerguss-Stuckatur der Fassaden kommt uns heute etwas übertrieben vor und die Grundrisse der Gründerzeitwohnungen etwas unpraktisch, aber so war sie halt, die gute alte Zeit in Wiens »Goldenen Jahren«.

Die Herrschaften promenierten über die neu gebaute und herrlich ausgestaltete Ringstraße. Fröhliche Wäschermädeln trafen sich zum Zeitvertreib im Prater. Ein Vergnügen, das auch darin bestand, sich vom »Herrn Baron« in die – vermutlich gesunden, roten – Backen kneifen zu lassen. Wenn die Baronin wegsah, kniff der Baron dann noch die – vermutlich ebenso gesunden – Hinterbacken. Und die Wäschermädeln hatten das gern, sie hatten ja auch kaum andere Sorgen in einer Zeit, in der alles seine Ordnung hatte. Als man noch wusste, wo man hingehört.

Und ein herrlicher Anblick muss dieses Wien ohne Autos und Hektik gewesen sein. Die neu erbaute Ringstraße, das neue Rathaus (der Architekt Schmidt hat auch gleich noch den Stephansdom etwas verschönert) und die Wohnbauten, die sich bis weit nach Hernals hinauszogen. Burgtheater, Oper, Parlament, die Museen, Impulse für eine wachsende Stadt. Die Besten aus allen Teilen der k. u. k. Monarchie fanden ihren Weg in die Hauptstadt. Ein Völkergemisch sich ergänzender Talente, Migration ohne diese kleinlichen Konflikte, die heute die Stadt prägen. Negative Aspekte gab es natürlich auch. Aber wenn man einen Kassensturz der Gründerzeit macht, dann kommt unter dem Strich sicher Positives heraus. Die architektonisch prägende Zeit Wiens, die Gründerzeit, war auch die größte Blüte der Stadt.

Wien:

# Es gab keine schöne, alte Zeit

Ein Wien-Besucher gegen Ende des 19. Jahrhunderts fand eine Stadt vor, die so angelegt war, wie sie dem damaligen Weltbild entsprach. Im Zentrum wohnten, pardon, residierten Kaiser, Adel, Großbürgertum, rundherum gruppierten sich in spiralförmiger Anordnung die Wohnbezirke von Handwerkern und Kleinbürgertum, die sich jenseits des Gürtels in den Außenbezirken fortsetzten, die sich ihrerseits fast unmerklich in einem ländlichen, bäuerlichen Bereich verloren. Ein Abbild der gründerzeitlichen Gesellschaft mit ihrem geordneten Bevölkerungsaufbau. Dazwischen, fröhlich eingestreut, die Kasernen der k. u. k. Armee. Der Besucher konnte im spirituellen Zentrum der österreichisch-ungarischen Monarchie, im altehrwürdigen Stephansdom, stille Einkehr suchen. Die gotische Kathedrale in ihrer kühlen Weite schirmte, damals wie heute, gegen eine nervöse, moderne Welt ab.

Kaum verließ der Besucher den alten gotischen Dom, kam er in das Reich der »Demolierer«, in ein Wien der Neureichen, die in knapp einem halben Jahrhundert des baulichen Exzesses – ohne auf Kollateralschäden zu achten – das hinstellten, was wir heute als das gemütliche, »Alte Wien« betrachten. Die Hektik der neuen Zeit begann direkt an der Außenhülle von St. Stephan, wo Dombaumeister Schmidt die – vormals eher schmucklose – Fassade und die Strebepfeiler mit seiner Vorstellung von gotischen Architekturdetails verschönerte. Eine dekorative Vorgabe, die sich wie eine Hülle über den Rest von Wien legen sollte. Der Stephansplatz, ursprünglich kein Platz, sondern nur eine schmale Passage, wurde von lästigen gotischen Häusern gerade geräumt. Baulärm, ein hässliches Durcheinander von schreienden Fremdarbeitern und exzessiver Staubentwicklung vergällten dem Besucher den Aufenthalt am Stock-im-Eisen-Platz. Über gezimmerte Notsteige konnte man sich mühselig auf den Graben, die alte Geschäftsstraße Wiens, retten. Doch auch hier hatten die Demolierer das Sagen: »Was ist aus diesem Graben geworden«, klagte der Denkmalpfleger Hans Tietze 1907. »Jedes Haus ist ein Eckhaus geworden, jedes beteuert mit prahlerischen Gebärden, dass um die Ecke auch noch etwas zu sehen sei, jedes will mit Turm und Erker die anderen übertrumpfen, jedes die anderen überschreien. An Stelle der vornehmen Ruhe von früher ist das regellose Getöse eines Narrenhauses getreten.« Tietze beklagte die damals moderne – für uns heute altväterliche – Architektur der Gründerzeit als »Getöse«. Ihre Entstehung erzeugte noch mehr Getöse, sie verwandelte die Stadt Wien für ein halbes Jahrhundert in eine einzige Baustelle. Am Graben fiel schlicht und ergreifend jedes Alt-Wiener Haus der Spitzhacke zum Opfer und Wiens Einkaufsmeile wurde auf das Doppelte verbreitert. Brachte unser Besucher den Graben hinter sich, gelangte er via Kohlmarkt zum Michaelerplatz, der ebenfalls einer Runderneuerung zum Opfer fiel. Schon damals hob ein Lamento an, das den Verlust von Wiener Identität beklagte. Vor allem der Abriss des alten Burgtheaters verstörte die Wiener nachhaltig. Am Michaelerplatz entstand schließlich auch das Haus, das dem architektonischen Wien den Weg in die Moderne weisen sollte, das Looshaus. Ein Haus von so beeindruckend klarer Schmucklosigkeit, dass die Wiener Öffentlichkeit dagegen Amok lief und sich der alte Kaiser genötigt sah, seinen Wohnsitz endgültig nach Schönbrunn zu verlegen.

Dabei war es der Kaiser selbst, der am 22.12.1857 mit einem Handschreiben den Bau- und Umgestaltungsboom der Gründerzeit auslöste. »Es ist Mein Wille«, schrieb die apostolische Majestät, »dass die Erweiterung der inneren Stadt Wien mit Rücksicht auf eine entsprechende Verbindung derselben mit den Vorstädten ehemöglichst in Angriff genommen und hierbei auch auf die Regulierung und Verschönerung Meiner Residenz- und Reichshauptstadt Bedacht genommen werde. Zu diesem Ende bewillige Ich die Auflassung der Umwallung und Fortifikation der inneren Stadt sowie der Gräben um dieselbe.«

Hier sprach nicht der Kaiser, sondern vor allem der oberste Kriegsherr, der die Festung Wien in eine moderne Hauptstadt verwandeln wollte. Franz Joseph, dessen Regierungsstil als eher fantasielos galt, entwickelte dabei richtiggehend Visionen. In seinem Handschreiben skizzierte er schon die heutige Ringstraße: »Auf die Herstellung öffentlicher Gebäude, namentlich eines neuen General-Kommandos, einer Stadt-Kommandantur, eines Opernhauses, eines Reichsarchivs, einer Bibliothek, eines Stadthauses, dann der nöthigen Gebäude für Museen und Galerien ist Bedacht zu nehmen und sind die hierzu bestimmenden Plätze unter genauer Angabe des Flächen-Ausmaßes zu bezeichnen.« Der Kaiser nahm mit dieser Anordnung die moderne Stadtplanung vorweg. Er verlangte sinnvolle Flächenwidmungen, die von vornherein die Nutzung der frei werdenden Areale definierten. So flossen die unzähligen Eingaben, auf die das kaiserliche Handschreiben reagierte, kreativ ein. Für Franz Joseph, einen eher rückwärts gewandten Monarchen, das seltene Erlebnis, auf der Höhe der Zeit zu sein. Nur: Gelebt hat der Kaiser in dieser Stadt, die er kurz vor seinem geistigen Auge entstehen gesehen hatte, nie. Wie die meisten Zeitgenossen empfand er die Gründerzeit als ein nie endendes Provisorium. Denn statt einer Vision bekam man die »Dachdrehung«. Dieser technokratische Begriff beschreibt die Drehung der Dachgiebel parallel zur Straße. Davor hatte Wien eine vorrangig gotische Struktur, wo die Giebel zu Straße wiesen. Und die Wiener bekamen so gründlich »Dachdrehung«, dass sie ihre Stadt danach nicht mehr wiedererkannten. Denn mit der Dachdrehung kam auch die Moderne in die verschlafene Kaiserstadt.

Die Städte wuchsen und Wien war Mitte des 19. Jahrhunderts, nach Paris und London, die drittgrößte Stadt der Welt. Als Zentrum eines Reiches mit 50 Mio. Einwohnern und unzähligen Ethnien musste es obendrein eine Vielzahl von Kulturen und Lebensgewohnheiten integrieren. Wo in unserer kollektiven Erinnerung eine schöne, gründerzeitliche Stadt mit einem bunten Gemisch aus eleganten Damen, schneidigen Offizieren und böhmakelnden Volkstypen entstand, existierte in Wirklichkeit eine explodierende Großstadt, die sich im Zustand einer ewigen Baustelle befand. Das Wien der Gründerzeit war weder schön noch alt. Es war für damalige Verhältnisse eine moderne Stadt in der Entstehung. Das Zentrum eines auseinander strebenden Vielvölkerstaates. Eine Stadt, die an den Veränderungen der Industriellen Revolution zu scheitern drohte. Eine von billig hergestellten Neubauten überzogene Kulturwüste. Ein Hort des Rassismus, dominiert von einer in die Minderheit gedrängten Urbevölkerung. Oder war Wien einfach doch nur ein dynamisches Zentrum, auf dem Weg ins 20. Jahrhundert?

In der Gründerzeit etablierte sich ein Wesenszug der Wiener Volkskultur, der sich bis ans Ende des zweiten Jahrtausends halten sollte: die vermeintliche Erinnerung an die gute, alte Zeit. Denn so, wie wir uns von Verkehrsproblemen und modernem Stahlbetonbau abwenden und uns lieber an die, vermeintlich so putzige, Gründerzeit erinnern, erinnerten sich die Menschen der Gründerzeit an ein Alt-Wien des Biedermeiers und des Josephinismus. Jede neue Kulturepoche definierte die vorhergehende als wärmer, menschlicher und anheimelnder. In unseren Tagen, im rauen Klima der Globalisierung, beginnen die Wiener das »Rote Wien« der Gemeindebauten und väterlichen Bezirksvorsteher zu verkitschen und Bruno Kreisky hat gute Chancen auf die Rolle des »Alten Kaisers«.

Als es den echten »Alten Kaiser« noch gab, empfanden die Menschen ihre Gegenwart ähnlich komplex bis zur Unverständlichkeit wie wir heute. Mit der Französischen Revolution wurde ein Prozess in Gang gesetzt, der die Emanzipation weiter Teile der Bevölkerung ermöglichte. Mitte des 19. Jahrhunderts hatte das Bürgertum den Adel in vielen Bereichen abgelöst. Beamtentum, die in Österreich so hoch angesehene Armee und vor allem die Wirtschaft waren fest in bürgerlichen Händen. Weiters durften die Juden nach einem Jahrtausend der Unterdrückung erstmals an allen gesellschaftlichen Prozessen teilnehmen. Herkunft war nicht mehr so wichtig, wenigstens nicht allein ausschlaggebend. Gleichzeitig formierte sich die nächste gesellschaftliche Emanzipationswelle, das städtische Proletariat. Die entrechteten Arbeiter in ihren Elendsquartieren drängten zum Licht der Moderne. Doch dafür war die Gesellschaft der Gründerzeit vorerst blind. Das Bürgertum etablierte sich, seine ästhetischen Vorstellungen und seine Lebensart, die sich stark an der englischen Gentry orientierten. Bis zur Mitte des Jahrhunderts war das ein kontinuierlicher Prozess, der Geist wurde noch von einem starken Korken in der Flasche gehalten. Dieser Korken hieß in Österreich Fürst Metternich und ging mit Einschränkungen der Freiheitsrechte einher. In der bürgerlichen Revolution von 1848 unterwarf der militärische

Herrschaftsapparat zwar die emanzipatorischen Kräfte, in der darauf folgenden Phase des Neoabsolutismus erkannte aber auch das erzreaktionäre Haus Österreich, dass der Sieg von 1848 gegen jede gesellschaftliche Realität war. Sieger und Besiegte, Habsburger und Bürgertum, koalierten und gaben sich einem vordergründig völlig unpolitischen Prozess hin, der Modernisierung Österreichs. Die Modernisierung des Reiches, die ihren Niederschlag auch im Ausgleich mit Ungarn fand und in weiterer Folge mit der Konstitutionalisierung der Monarchie einherging, bedeutete auch Modernisierung der Hauptstadt. Vorbild war Paris, das von dem Stadtplaner Georges Eugène Haussmann mehr oder minder dem Erdboden gleichgemacht und nach den Vorstellungen Napoleon III. neu errichtet wurde. Überall wurden die alten Festungsanlagen in den Metropolen geschliffen, die mittelalterlichen Strukturen verschwanden, man suchte nach einer neuen Form von Stadt. Eine Stadt musste her, die Millionen von Menschen beherbergen konnte, die neuen Verkehrsströme bewältigte und in der man es schaffte, die hygienischen Erkenntnisse der modernen Medizin umzusetzen.

Die Gesellschaft sollte durchlüftet werden, Veränderung war in allen Lebensbereichen angesagt, die Zeichen standen auf Optimismus, und wer nicht mitmachen wollte oder konnte, dem fiel eine Rolle zu, für die erst über hundert Jahre später ein Wort erfunden werden sollte, die des Modernisierungsverlierers. Die Entwicklung war, gerade im damals schon verzopften Habsburgerreich, überfällig. Und wie so oft, war das Tempo der ersehnten Veränderung, als sie dann endlich kam, für die meisten zu schnell. Hinter den gerade erst entstehenden, reich verzierten Fassaden der Gründerzeit begann es schon zu gären.

Das sich verändernde Wien fand seinen Kristallisationspunkt in der charismatischen Persönlichkeit des Bürgermeisters Karl Lueger. Der »fesche Karl«, wie ihn die Wiener nannten, vereinigte die Sehnsucht nach einer idyllischen Vergangenheit und nach Modernität in einem völlig neuen politischen System. »Karl Lueger war der erste bürgerliche Politiker, der mit Massen rechnete und die Wurzeln seiner Macht tief ins Erdreich senkte«, zollte die

»Arbeiterzeitung« in ihrem Nachruf dem antisemitischen Volkstribunen Respekt. Lueger war ein radikaler und unberechenbarer politischer Underdog, der die »kleinen Leute« zu mobilisieren verstand. Die Ängste der Veränderung befielen ja vor allem das Wiener Kleinbürgertum. Handwerker, kleine Beamte und Händler sahen ihre Felle davonschwimmen. Mit der Industrialisierung drängten die neuen Massenhersteller das noch immer wirtschaftlich kleinräumig agierende Wiener Bürgertum an den Rand. Die Auswirkungen dieser ökonomischen Entwicklungen sind mit der heutigen Globalisierungsproblematik durchaus zu vergleichen, die Reaktionen darauf auch. Die Regeln, die das Leben bestimmten, veränderten sich für die meisten Menschen zu schnell. Einerseits musste man sich anpassen und auch Federn lassen, andererseits wurde in einem fort gepredigt, dass die Veränderungen fortschrittlich, gut und auf jeden Fall zu bejahen seien. Kein Wunder, dass sich viele sehr bald an die, angeblich bessere, Vergangenheit zu erinnern begannen. Das Virtuosentum des Politikers Lueger bestand darin, scheinbar mühelos den Spagat zwischen Modernisierung und Reaktion zu schaffen. Der »fesche Karl« erzeugte kraft seiner Persönlichkeit und seiner Begabung für die theatralische Geste ein Bild vom Wiener, mit dem sich bald eine Mehrheit identifizieren konnte. In einer Arbeit über das gründerzeitliche Wien mit dem bezeichnenden Titel »Political Crisis« heißt es: »Ihren vollkommensten materiellen wie symbolischen Ausdruck aber fand Luegers imaginierte Bürgergesellschaft in der Anlage des Lainzer Versorgungsheims. Auf einem riesigen Hietzinger Areal waren am Stadtrand die 29 Pavillons eines kommunalen Altersversorgungs- und Armenhauses errichtet worden, versehen mit modernster Technologie wie Lichtsystemen, elektrischen Aufzügen, topaktuellen Telefon- und Signalnetzwerken und einer alle Pavillons verbindenden Kleinbahn zum Essens- und Lastentransport. Das symbolische Herzstück der Anlage aber ist«, heißt es weiter bei Boyer, »die nach dem heiligen Borromäus benannte und in einem neoromanischen Stil errichtete Kirche. Die Wände der Kirche sind mit Emblemen der Zünfte als Repräsentanten der alten, korporierten Bürgergesellschaft ausgestattet. Hinter dem Hauptaltar befindet sich ein massives Triptychon, dessen Seitenbilder an prominenter Stelle Karl Lueger darstellen, in altdeutscher Tracht gewandet und vor der Heiligen Jungfrau kniend.« In diesem Bild kann man alles erkennen, was Karl Lueger war und woraus sein politisches System bestand. Ein mittelalterliches Wienbild mit der damals modernsten Technologie vom Telefon bis zum elektrischen Aufzug kombiniert und mittendrin ein Bürgermeister im Faschingskostüm, in Verbindung mit der Heiligen Mutter Gottes und der katholischen Kirche. In Karl Lueger artikulierte sich das mittelständische und kleinbürgerliche Wien, also nach damaligem Wahlrecht die Mehrheit, denn noch galt der Zensus und ein Großteil der Bewohner Wiens hatte kein Mitspracherecht.

Fesch, fortschrittlich und reaktionär, gelang es dem Aufsteiger Lueger, nicht nur die Stadt Wien zu prägen, sondern sogar seine Vorstellungen Kaiser Franz Joseph und mehreren Reichsregierungen aufzudrängen. Karl Lueger, Sohn eines Hausmeisters am Polytechnikum, war der erste Aufsteiger der österreichischen Politik. Er absolvierte das Elitegymnasium Theresianum, studierte Jus, praktizierte allerdings nur kurz bei einem Rechtsanwalt und zog 1875 mit der liberalen Fraktion in den Gemeinderat ein. Schon bald schloss er sich den Demokraten an und profilierte sich als ausgewiesener Antikapitalist. Lueger trat vehement für die Verstaatlichung der Bahn ein und spielte gegen die privaten Eigentümer, die Rothschilds, erstmals die antisemitische Karte. Zusammen mit Victor Adler, später Gründer der Sozialdemokratie, wirkte er an der Erstellung des Linzer Programms Georg von Schönerers mit. Nach dem Börsenkrach von 1873 war es politisch eine »lauwarme, trübe und unentschlossene Zeit, in der die Kleinbürger durch die Versammlungslokale irrten«, wie Felix Salten in seinen Erinnerungen festhielt. In diesen Versammlungslokalen traf der irrende Kleinbürger auf Karl Lueger. »Lueger raffte alles zusammen, was unterhalb der Großbourgeoisie und oberhalb des Proletariats nach Befreiung rang und befähigt schien, ihn als Befreier zu betrachten«, schrieb Friedrich Austerlitz in seinem Nachruf in der »Arbeiterzeitung«. »Diese disparaten Schichten, die keine Gleichartigkeit ökonomischer oder kultureller Interessen verband, die bedrängten Handwerker und Kleinkaufleute, die kleinen Beamten, die Handlungsgehilfen schmolz er zusammen zu einer Partei, er organisierte und disziplinierte sie, er machte aus dem von liberalen Protzen hochmütig verachteten ›Kleinen Mann‹ den Herren dieser Stadt. Das negative Programm war der Antisemitismus, das positive der Klerikalismus.«

Der wohl nach wie vor legendärste Bürgermeister Wiens war bereit, einen sehr hohen Preis für die Einigkeit seines Wahlvolkes zu zahlen. Er schürte gezielt Ressentiments gegen andere Bevölkerungsgruppen. Nicht nur Luegers legendärer Antisemitismus, der sich vor allem gegen jüdische Zuwanderer aus Galizien richtete, sollte Programm werden, er hetzte auch gegen Ungarn. Diese Magyarophobie war auch ausschlaggebend dafür, dass Kaiser Franz Joseph seine im Wiener Stadtstatut verankerten Rechte gebrauchte und Lueger dreimal die kaiserliche Bestätigung als Wiener Bürgermeister versagte. Der Kaiser wollte das heikle Staatsgebilde Österreich-Ungarn nicht durch einen populistischen Bürgermeister gefährdet sehen. Die Wahl wurde in einem Jahr viermal wiederholt, dann war der Kaiser mürbe und Lueger der uneingeschränkte Herr in Wien. Lueger beendete mit diesem Erfolg, bei dem er immerhin den Kaiser in die Knie gezwungen hatte, seine politischen Ambitionen und strebte kein weiteres politisches Amt an. Felix Salten hielt in »Das österreichische Antlitz« fest: »Man merkte, dass wirklich ein Gedanken in diesem Mann nach Ausdruck gerungen hat, nicht bloß der Gedanke an den eigenen Erfolg; dass er von einem Traum erfüllt war, nicht bloß vom Traum des eigenen Aufstiegs: Wien!«

Lueger war zu seiner Zeit Wien! Er war im positiven Sinn absolutistisch. Er durchdrang die Stadt und formte sie in einer Weise, dass die heutige Wiener Stadtverwaltung immer noch davon geprägt ist. Kernstück der luegerschen Reformen war die so genannte Kommunalisierung. Privatwirtschaftliche – und oft ausländisch kapitalisierte – Betriebe wurden von der Stadt übernommen beziehungsweise eröffnete die Stadt Konkurrenzunternehmen zur Privatwirtschaft, wie die Zentralsparkasse oder kommunale Lebens- und Rentenversicherungsanstalten. Diese Kommunalisierungsprojekte waren symbolisch und emotional hoch aufgeladen und wurden als Sicherungsprojekte für die Wiener propagiert. Luegers Vorstellungen waren dabei sehr weit reichend und drängten sich in alle Lebensbereiche. Wie auch immer man diese Politik der Kommunalisierung bewerten will, sie wurde bis heute beibehalten, sicherte sie doch den Wiener Bürgermeistern einen hohen Grad an finanzieller Unabhängigkeit vom Zentralstaat. Die Gewinne der Gemeindebetriebe wurden für das städtische Budget abgeschöpft und stellten einen substanziellen Teil der jährlichen Haushaltseinnahmen der Kommune dar. Das in weiterer Folge vorrangig sozialdemokratisch regierte Wien setzte diese Kommunalisierungspolitik fort und ergänzte sie um den gemeindeeigenen Wohnbau. Die prestigeträchtigsten Bauten waren die Stadtbahn, die zweite Hochquellwasserleitung und der Bau des Zentralfriedhofes. Luegers kleinbürgerliches Wien ergänzte damit Ende des Jahrhunderts den Bauboom, der mit einem kaiserlichen Dekret rund 50 Jahre zuvor ausgelöst wurde.

»Zur Hintanhaltung der belästigenden und gesundheitsschädlichen Staubentwicklung bei dem Abbrechen von Gebäuden ist angeordnet worden, dass in Zukunft der bei solchen Demolierungsarbeiten sich ergebende Schutt von den oberen Gebäudetheilen entweder in Schläuchen, welche ringsum gehörig verwahrt, an der Ausmündung mit einem Tuche entsprechend verhüllt sind, und bis auf das Straßenniveau reichen, oder wo diese Einrichtung nicht thunlich ist, in Kübeln mittelst eines Zuges behutsam herabzulassen und bei dem Aufladen nur allmählich von der Schaufel in die zum Wegführen bestimmte Truhe zu leeren ist. Derselbe darf ferner von jenen Stellen, wo die Demolierungsarbeiten vorgenommen werden, bis zu den Schläuchen oder Kübeln nicht geworfen, sondern nur getragen oder geführt werden, und ist bei der Ablagerung, sowie bei dem Aufladen unausgesetzt zu begießen.« Neben der sprachlichen Raffinesse, mit der der Verfasser dieser so genannten Demolierungsverordnung versucht, den Abriss eines Hauses unter amtsdeutsche Kontrolle zu bringen, zeigt dieses Dokument von 1866, wie es um die Wiener Wohnqualität stand, nämlich schlecht. Staub, Dreck, Lärm! Die Reichen hatten keine Wohnqualität, weil ihre Viertel der Erneuerung zum Opfer fielen, und die Armen litten schlicht und ergreifend an Wohnungsnot. Denn das Wien der Gründerzeit war eine explodierende Großstadt, am ehesten mit einer heutigen Metropole der Dritten Welt vergleichbar. 1815 hatte Wien noch 230.000 Einwohner, schon hundert Jahre später erreichte es mit 2,2 Millionen Menschen die höchste Einwohnerzahl. Ein Wachstumsboom, der sich vor allem auf das letzte Drittel des 19. Jahrhunderts konzentrierte. Nach der Eingemeindung der Vorstädte, also aller heutigen Wohnbezirke innerhalb des Gürtels, wurde die Steuerbefreiung für Bautätigkeit auch auf diese Gebiete ausgeweitet. Die soundso schon boomende Bauwirtschaft der Ringstraßenzeit bekam einen neuen Schub. Doch der Bauboom verlangte nach neuen, vor allem billigen Arbeitskräften. Diese Arbeitskräfte mussten ihrerseits wieder wohnen und heizten einen noch kosteneffizienteren Wohnbau an. Elendsquartiere entstanden rund um die Ziegelteiche. Die Quartiere für die namenlosen Massen, die das gründerzeitliche Wien in Handarbeit errichteten, spotteten jeder Vorstellung. Die, die eine der Zimmer/Küche-Wohnungen in Hernals, Ottakring oder Meidling ergattern konnten, schätzten sich glücklich. Dort entstanden am Reißbrett geplante Vorstädte mit Infrastruktur, Kanalisation und zumindest ein bisschen Wohnqualität, die schnell hochgezogen wurden. Trotzdem kamen die Bauherren nicht nach. Das Wien seiner Majestät, des Kaisers, wurde von Untertanen auf der Suche nach dem Glück förmlich überrannt. Dort, wo es noch alte vorstädtische Strukturen gab, beispielsweise in Mariahilf, machte sich durch Überbelegung der alten Bausubstanz ebenfalls das Elend breit. Unterernährung, Alkoholismus und Tuberkulose schraubte, abgesehen von den trostlosen hygienischen Verhältnissen, die Lebenserwartung nach unten. Ein berühmtes Beispiel wurde der so genannte Ratzenstadl, ein winkelig verbautes Wohngebiet am Magdalenengrund zwischen Gumpendorferstraße und Wienfluss, das vor allem von Taglöhnern bewohnt wurde. Durch den stark verunreinigten Wienfluss und einen durch die Hanglage bedingten Wassermangel litt der Ratzenstadl vor allem an

hygienischen Problemen. Noch ernster war das Problem der Ob-
dachlosigkeit. Traditionell wohnten die Obdachlosen in den Forti-
fikationen des Linienwalls, dem heutigen Gürtel – schon Nestroy
erwähnt den »Linienschlummer« im »Talisman«. Doch die breite
Verelendung großer Bevölkerungsteile ließ auch das neue Wiener Kanalnetz zu einer gefragten Unterkunft werden. Wien gab
ein Bild ab wie das heutige Mexico City: Ein prosperierendes
Zentrum, umgeben von Elendsquartieren mit entsprechender Kri-
minalitätsrate. Am Ratzenstadl zeigt sich auch die Zwiespältigkeit,
mit der die Wiener die Runderneuerung ihrer Stadt angingen.
Einerseits musste der Ratzenstadl als Beispiel dafür herhalten, wie
notwendig die bauliche Erneuerung Wiens war, andererseits wurden Aquarellmaler losgeschickt, um ein letztes Mal die verwin-
kelten Gässchen und die kleinteilige Architektur des vorgründer-
zeitlichen Wiens einzufangen. Das Elendsquartier als idealisierte
Idylle für die bürgerlichen Verweigerer der Moderne.

»Seit die neue Bau-Aera mit ihrem Verschönerungs-Vandalismus
über Wien hereingebrochen ist, bleibt man immer länger stehen
in den engen Gassen und sieht immer zärtlicher hinauf zu den
alten Häusern, die man kennt und vielleicht schon nächstens nicht
mehr sehen wird. So ist das Spazierengehen jetzt auch ein fortwäh-
rendes Abschiednehmen«, schrieb Daniel Spitzer 1879 wehmütig
und ordnete sich dabei in eine Erneuerungsfeindlichkeit ein, die
fast zeitgleich mit der Erneuerung selbst einsetzte. Schon 1845
tobte Franz Gräffer: »Die neuen Häuser! Wir mögen sie nicht; sie
sind uns, möchte ich sagen, nicht legitim genug; wir können sie
nicht leiden; wir mögen sie nicht umsonst! Nie werden wir uns
mit ihnen befreunden! Die kahlen, flachen, monotonen Dinger,
ohne Höfe, ohne Räume, ohne Licht und Luft; mit ihrer egoisti-
schen Enge, und ihrer filzigen, zinsträgerischen Öconomie.« Diese
Reihe der Lamentos lässt sich bis in die Gegenwart fortsetzen.
An Wien-Nostalgie litten bedeutende Dichter wie Hermann Bahr,
Felix Salten und Hugo von Hofmannsthal ebenso wie die Wiener
Volksseele, die das vergangene Wien gerne im Wienerlied besingt.
Seit 150 Jahren war es früher besser. Es würde Hermann Bahr in

Erstaunen versetzen, wenn er erfahren würde, dass das von ihm kritisierte gründerzeitliche Wien das alte Wien der heutigen Zeit ist. Karl Kraus sagte es schon 1907 und es behielt seine Gültigkeit: »Ich muss den Ästheten eine niederschmetternde Mitteilung machen: Alt-Wien war einmal neu!« Doch klares Denken war nie eine Voraussetzung für nostalgische Gefühle und so wurde der scharfzüngige Karl Kraus in unsere – neueren – nostalgischen Erinnerungen an ein »Altes Wien« ebenso aufgenommen wie Adolf Loos, dessen Haus am Michaelerplatz einst als »Mistkiste, Schuppen oder Kanalgitterhaus« verunglimpft wurde. Die Erinnerung an die gute alte Zeit gleicht noch jeden Konflikt aus und von der Gründerzeit, diesem Exzess der Veränderung und Erneuerung, bleibt heute die operettenselige Monarchie.

Große Veränderungen sind selten willkommen. Schon das Wien des Biedermeiers, das ebenfalls die Stadt umbaute, tat dies in einem Spannungsfeld aus Kritik und Enthusiasmus. Die baulichen Veränderungen Wiens unter Joseph II., die der Stadt immerhin ein Krankenhaus in der Größe eines Stadtteils bescherten, blieben auch nicht ohne Widerspruch. Die Gemeindebauten der Zwanziger- und Dreißigerjahre, heute denkmalgeschütztes Kulturerbe, lösten wahre Entrüstungsstürme aus. Und welche nostalgischen Gefühle die Satellitensiedlungen an den heutigen Stadträndern – im Moment der Inbegriff der städtebaulichen Todsünde – einmal auslösen werden, bleibt noch der Fantasie überlassen. Die Wiener der Gründerzeit lehnten das neue, größere Wien aber mit ähnlichen Argumenten ab, wie das heute geschieht. Aquarellisten und Fotografen strömten durch die Stadt und versuchten, die Vergangenheit festzuhalten. Bei der »Internationalen Ausstellung für Musik und Theaterwesen« im Jahr 1892 erreichte die Wien-Nostalgie ihren ersten Höhepunkt. Im Wiener Prater wurde diese Ausstellung den »Schönen Künsten« gewidmet. Eine der Attraktionen war der Nachbau des Hohen Marktes, nicht als Modell, wohlgemerkt, sondern im Maßstab 1:1. Die Wiener bauten einfach die Stadt aus Holz und Pappe ein paar hundert Meter von der Stelle entfernt wieder auf, an der die Demolierer gerade Stadterneuerung betrieben. Ein abgegrenztes Areal, dessen Außenseite vollständig als Werbefläche genutzt wurde – die profane, neue Welt der Gründerzeit kalkulierte realitätsbezogen – und dessen Inneres der nostalgischen Erinnerung diente. Im »Illustrierten Führer« der Theaterausstellung war zu lesen, dass man über einen »verjüngten Katzensteig« und eine »verkürzte Judengasse« direkt auf den Hohen Markt käme, wie er vor 200 Jahren ausgesehen habe. Viele Konjunktive, und das zu Recht, denn dieses »Alte Wien« war eine ähnlich theatralische Rekonstruktion wie die unzähligen Wienerlieder, die es besangen. Aber Alt-Wien war ein Bombenerfolg! Vor allem deswegen, weil es sich um den ersten durchorganisierten Themenpark handelte. Die Illusion war perfekt. Der Hohe Markt wurde in Richtung Wipplingerstraße und Marc-Aurel-Straße von illusionistisch gemalten Bildern abgeschlossen, die auf den ersten Blick den Eindruck von tatsächlich weiterführenden Gassen erweckten. Traditionelle Wiener Firmen wie Lobmeyr oder Demel hatten Dependancen eingerichtet und umfassende Konsumationen bis zum Schuh- und Schmuckkauf waren möglich. Das Personal war durchgehend historisch kostümiert, zwei Alt-Wiener Harfenisten spielten und in der Nacht sangen Nachtwächter die Stunde aus. »Die modernste Art der Beleuchtung, jene mit elektrischen Lampen, wendet man in Alt-Wien so an, dass trotz des hellen Lichtes am Abend der traulich-altertümliche Eindruck nicht nur nicht gestört, sondern im Gegentheile sogar verstärkt wird.« Der Alt-Wien-Führer prahlte mit dem Einsatz modernster Technik, schränkt aber sofort ein, dass sie nur dafür gebraucht würde, um den altertümlichen Charakter zu betonen. Der Autor würde sich damit im besten Einvernehmen mit dem »feschen Karl« befinden, der fünf Jahre später die Geschicke der Stadt übernehmen sollte.

Die Rekonstruktion des »Alten Wiens« kam dermaßen gut an, dass man das Projekt bei den Weltausstellungen in Chicago und Paris gleich wiederholte. Ein wiederum erfolgreicher Versuch, ein nostalgisches Selbstbild zu exportieren, das sich in den Köpfen der Menschen festsetzte und sich immer wieder weiterentwickelt. Es scheint fast, dass mit der Wiener Theaterausstellung ein Prozess in Gang gesetzt wurde, der Wien dazu verurteilte, für immer alt zu bleiben. Als das »Neue Wien« der Gründerzeit in die Jahre kam, wurde es ebenfalls zum »Alten Wien« und somit Teil einer Nostalgiemaschinerie, die scheinbar die Welt des Apfelstrudels, der Fiaker und der Kaffeehausliteraten für ewig bewahren will. Gerade diese Kaffeehausliteraten begannen sich vehement gegen die Behauptung zu wehren, dass Wien eine unmoderne Stadt ist. Allen voran Karl Kraus, der es schaffte, Zukunftspessimismus mit Nostalgieverachtung zu vereinen. Seine Erkenntnis, dass Alt-Wien einmal neu war, wurde von den Intellektuellen seiner Zeit mitgetragen. Egon Friedell schrieb, ihn störe die Tendenz, »diese Stadt mit dem Begriff ›Alte Kultur‹ zu assoziieren und sich vorzustellen, sie bilde in unserer Welt eine Art Enklave jener versunkenen Lebensschönheit, nach der so viele Menschen sich zurücksehnen«. Selbst Felix Salten, ein ausgewiesener Nostalgiker, regte sich auf: »Wien wird dargestellt als Jux von einer Stadt, als Scherz, als Spielerei, an der sich allerdings viele Menschen beteiligen, an die aber keiner in besonnenen Stunden so recht glaubt.« Salten, der Autor von »Bambi«, weist in diesem Artikel, der als zornige Antwort auf einen Berliner Artikel über das altväterliche und vormoderne Wien geschrieben wurde, darauf hin, dass Wien neben seinen rückwärts gewandten Tendenzen eben auch aufgeschlossen für Neues sei. Dabei beschreibt er die großen Wahlrechtsdemonstrationen der sozialdemokratischen Arbeiter, die in Wien, im Gegensatz zu Berlin, nicht niedergeknüppelt wurden: »Dass bei uns zweimalhundertfünfzigtausend Arbeiter mit aufgerollten roten Fahnen über die Ringstraße ziehen durften, ohne dass unser Bürgertum Fraisen und ohne dass unser Militär Marschordnung bekam, während in Berlin das bloße Gerücht von einem beabsichtigten Umzug der Sozialisten hinreichend Anlass war, den Lustgarten wie die Linden mit Garderegimentern und mit Kanonen zu sperren, regt unsere Besserwisser zu keinem Vergleich an.«

Felix Salten spricht dabei die sozialen Missstände der gründerzeitlichen Gesellschaft an. Karl Luegers satte Mehrheit, mit der er die Stadt regierte, rührte von einem ungleichen Wahlsystem her. Das Zensus-Wahlrecht schloss weite Teile der Bevölkerung, die eigentliche Mehrheit, von der politischen Mitbestimmung aus. In den Elendsquartieren hauste ein völlig neuer Menschentyp, das städtische Proletariat. Hier trafen mehrere Probleme des Wiens um 1900 zusammen: Migrationsprobleme, die Folgeprobleme aus der Industriellen Revolution und das latente Demokratiedefizit.

Noch einmal zurück zum Ratzenstadl. Die Ratten, wienerisch »Ratzen«, haben dem Elendsviertel am Magdalenengrund den Namen gegeben. Eine andere Erklärung führt den Namen auf serbische Gemüsehändler zurück, die dort gewohnt haben. »Raizen«, wienerisch »Ratzen«, war ein gebräuchlicher Ausdruck für Serben. Sie bildeten eine kleine serbische Enklave mitten in Wien, so wie jede der vielen Ethnien der österreichisch-ungarischen Monarchie eine Enklave in der Hauptstadt hatte. Wien war ein Schmelztiegel, ein buntes Völkergemisch mit unterschiedlichen Sprachen, Traditionen und auch Religionen. In der Leopoldstadt sammelten sich die orthodoxen Ostjuden, in Ottakring die Böhmen und in Simmering die Ungarn. Ruthenen, Vojvoden, Bosnier, Polen, Rumänen und Italiener, alle strömten nach Wien. Dort bestand nämlich die Möglichkeit, den beengten Verhältnissen ihrer Heimatdörfer zu entkommen. Der Preis war kulturelle Entwurzelung, Fremdenhass und Lohnabhängigkeit ohne die geringsten gesetzlichen Regulative. So entstanden die Elendsviertel und somit auch die Basis für eine politische Kraft, die nach Karl Lueger noch einmal das optische Erscheinungsbild der Stadt und die österreichische Gesellschaft an sich verändern sollte: die Sozialdemokratie. Sie machten aus dem bunten Völkergemisch eine Einheit, indem sie die Identitätsfrage von der Herkunft abkoppelten und den Kampf für den sozialen Ausgleich zum verbindenden Thema machten. Die soziale Frage formte den neuen Wiener.

Die alten Wiener sahen das mit Misstrauen. Denn das Anschwellen Wiens auf die fast zehnfache Größe ging mit rassistischen Ausfällen und der Ausbildung tief verwurzelter Ressentiments einher, die im politischen Antisemitismus und damit letztendlich in den Gaskammern des Dritten Reiches endeten. Zu Beginn des 20. Jahrhunderts war ein Viertel der Wiener Bevölkerung auf dem Gebiet des heutigen Tschechien geboren. Die »Böhm« wurden von den Wienern noch mehr gehasst und wohl auch gefürchtet als die ebenfalls zahlenmäßig starken jüdischen Migranten. Schließlich sprachen die Juden immerhin Deutsch, während man die Zuwanderer aus den Sudetenländern kaum verstand. Von den »Böhm« und den »Zwiefel- und Knofelkrowoten«, den Südslawen, versuchte man sich möglichst abzugrenzen. »Die Müller, die Huber, die Meier, die Schmid / die sein längst verschwunden aus unserer Mit' / Marchetti, Mestrozzi, die sterb'n alle aus / jetzt liest man auf jedem Haus / den Kreutschek, den Tschitschek, den Wlassak, uh je / beim Aussprechen tut einem die Zunge fast weh«, so heißt es im Wienerlied »Pfüat di Gott du alte Zeit«. Diese Abgrenzungstendenzen fanden in Karl Luegers christlicher Sammelbewegung eine politische Heimat und verloren erst an Bedeutung, als das allgemeine und gleiche Wahlrecht eingeführt werden sollte. Denn mit dem Fall des Zensus-Wahlrechtes bekamen die Zuwanderer Mitbestimmungsrechte und verschoben die politischen Mehrheiten dramatisch.

Das Wienerlied war nicht nur künstlerisches Transportmittel für soziale und ethnische Spannungen, sondern reflektierte auch die bauliche Veränderung Wiens: »Wie's in Wean d'Häuser bauen, das ist a Pracht / fertig wird a Palais fast über Nacht / schlagt man in d'Mauer a Drahtstiften ein / wackeln die Düppelbaum / das ma glaubt, 's Haus fallt z'samm / denn die Chaluppen tut baufällig sein.« Interessant ist, dass sich in dieses Wienerlied bereits das tschechische Wort »chaloupka« für Hütte eingeschlichen hat. Trotz des xenophoben Grundtenors begannen sich die Migrantenströme zu integrieren. Das Volk veränderte sich und das Volk kritisierte die neue Pracht. Dabei haben sich die Planer so angestrengt. Doch die Erinnerung an ein altes und besseres Wien war allgegenwärtig. Auch bei denen, die es gar nicht mehr gekannt haben oder die erst später zugewandert sind.

»Neu-Wien, ach geht mir doch! Es ist die Schäkerei einiger Ziegelbrenner von Inzersdorf, nichts weiter«, spottete der Zeitgenosse Ferdinand Kürnberger. Die Veränderung der Reichs- und Residenzstadt geschah zwar auf Befehl des Kaisers, getragen, organisiert und finanziert wurde sie aber von den neuen Herren, den Industriellen, den modernen Menschen. Die Ziegelbrenner und andere Bauherren, darunter Brauereibesitzer Dreher oder das Bankhaus Schoeller, wurden einerseits für ihre Durchsetzungskraft bewundert, andererseits sah das Establishment der Monarchie auf die – vergleichsweise – ungeschliffenen und ungebildeten Aufsteiger herab. Den Grundstoff für den Bauboom der Gründerzeit lieferten Männer wie Heinrich Drasche, der Besitzer der Wienerberger Ziegelbrennerei. Sie bewältigten die Aufgabe, die Grundstoffe bereitzustellen, mit denen Neu-Wien überhaupt erst gebaut werden konnte, sie bemühten sich den Schmutz, den sie unter den Fingernägeln hatten, und das Stroh, das ihnen noch aus dem Kragen stand, möglichst schnell loszuwerden. »Der alleruntertänigst Gefertigte besitzt einen Sohn und eine Tochter«, schrieb Drasche an den Kaiserhof, »deren allfällige Verbindung mit hochadeligen Kreisen ihm die Erfüllung seiner Bitte um Standeserhöhung wünschenswert macht«. Die neuen Herren wollten sich legitimieren, und das Kaiserhaus, bei allem Gottesgnadentum und rückwärts gewandter Abstammungsverliebtheit, bewies genug praktischen Sinn, die Menschen zu erheben, die die Fähigkeit besaßen, das alte Kaiserreich in die neue Zeit zu führen. Der Ziegelkönig wollte Baron werden. Geadelt wurden auch die Architekten, die das »Neue Wien« bauten. Wagner, Ferstel, Hansen, Schmidt, Semper, der Ritterstand winkte den Erfolgreichen.

Die bauliche Revolution setzte schon im Biedermeier ein. Joseph Kornhäusel, dessen absurd anmutender privater Wohnturm in der Judengasse steht, errichtete schon 1825 die ersten fünfstöckigen Wohnhäuser in der Seitenstettengasse und schuf damit einen Straßencharakter, der so gar nicht zum kleinteiligen, biedermeierlichen Wien passte. Schon gegen Ende des 18. Jahrhunderts wurde reguliert, verschönert und umgebaut. Über ein halbes Jahrhundert baute sich ein Druck zum Umbau der Stadt auf, der sich mit dem kaiserlichen Handschreiben machtvoll entlud. Neben den noch heute bekannten ausführenden Architekten, wie Theophil Hansen oder Otto Wagner, gab es auch Theoretiker, die sozusagen den ideologischen Boden für die Runderneuerung Wiens schufen. 1859 veröffentlichte Rudolf von Eitelberger unter dem Titel »Die preisgekrönten Entwürfe zur Erweiterung der inneren

Stadt Wien« die Wettbewerbsergebnisse für die Wiener Ringstraße mit einer ausführlichen Abhandlung über städtebauliche Fragen. Eitelberger, der einen Lehrstuhl für klassische Philologie innehatte, kommentierte als Nicht-Architekt die architektonischen Entwürfe. Dabei beurteilte Eitelberger weniger einzelne Entwürfe als vielmehr die Bedeutung des städtebaulichen Vorhabens. In seinen Schriften stellte er den Städtebau in einen geisteswissenschaftlich-historischen Zusammenhang und entwarf erstmals einen kulturtheoretischen Zugang zu diesem Thema. Eitelberger war ein gehasster Mann. Durch seine »Einmischung« in ein Thema, für das er eigentlich nicht qualifiziert war, schuf er sich mächtige Feinde. Allerdings setzte sich der Theoretiker mit seinem Thema durch. Eitelberger, der als intrigant und auf seinen eigenen Vorteil bedacht galt, brachte die Stadt in einen Zusammenhang mit der aristotelischen Staatstheorie, die die Stadt »als Ausdruck von gesellschaftlichen Gesamtinteressen« betrachtete. »In einer Stadt soll es, wie in einem Haus, wohnlich sein«, schrieb Eitelberger, »und damit sie wohnlich genannt werden kann, müssen die Formen und Anlagen wohlthuend auf unser Gemüth wirken.« Erstmals stand damit eine Forderung im Raum, die verlangte, dass eine Stadt nach den Bedürfnissen ihrer Bewohner bewusst gestaltet werden sollte. Eitelberger blieb bis zu seinem Tod einer der bedeutendsten Theoretiker des sich verändernden Wiens. Der Mann, der der zentrale Philosoph des gründerzeitlichen Städtebaus werden sollte, Camillo Sitte, wies mehrfach darauf hin, dass ihm Eitelberger »das ruhige, klare Bild der Geschichte« vor Augen geführt und damit den Weg gewiesen habe. Camillo Sitte, der bei Heinrich von Ferstel Architektur studiert hatte, schuf mit seinem Hauptwerk »Der Städtebau nach seinen künstlerischen Grundsätzen« den für lange Zeit verbindlichen Kodex für Städtebau, der im Gegensatz zu Modernisten wie Wagner und Loos stand. Der Salzburger Sitte, der als intellektueller Chaot und origineller Denker galt, wurde durch eine Studienreise in süddeutsche und italienische Städte geprägt. Sitte schöpfte, wie sein Mentor Eitelberger, aus der Geschichte: »Das Leben der Alten war eben der künstlerischen Durchbildung des Städtebaus entschieden günstiger als unser mathematisch abgezirkeltes modernes Leben, in dem der Mensch förmlich selbst zur Maschine wird.« Ein moderner anthropozentrischer Ansatz, der von Sittes größtem Gegenspieler, Otto Wagner, in Grund und Boden verdammt wurde. Wagner verlangte nach »Uniformität«, nach »genauester Erfüllung des Zweckes« und setzte sich mit seiner dogmatischen Städtebauidee durch. Für die rücksichtslose Ellbogengesellschaft der Gründerzeit war Camillo Sitte wahrscheinlich etwas zu individualistisch. Sitte schwebten unregelmäßig geführte Straßenzüge vor, die den Eindruck des historisch Gewachsenen vermitteln sollten. »Würden diese Vertreter des Malerischen die Augen öffnen, so wären sie schon lange zur Überzeugung gekommen, dass die gerade, reine, praktische  Straße, zeitweilig unterbrochen von Monumentalbauten, mäßig großen Plätzen, schönen, bedeutenden Perspektiven, Parks etc., die uns in kürzester Zeit ans Ziel führt, auch weitaus die schönste ist«, konterte Otto Wagner Sittes Vorstellung der modernen Stadt.

Den zwei wohl bedeutendsten Architekten der Gründerzeit, Otto Wagner und Adolf Loos, schwebte ein weit umfassenderer Umbau der Stadt vor. Vor allem Otto Wagner konzipierte Wien am Reißbrett als moderne Metropole für 4 Millionen Einwohner. Wagner erweiterte Wien in der Theorie in immer weiteren Ringen, die sich um die vorhandene Stadt ziehen sollten. Ein System von Zonen- und Radialstraßen begrenzten jeweils Bezirke für 100.000 bis 150.000 Bewohner. Das so entstandene Netzwerk erlaubte sozusagen eine serielle Erweiterung zur unbegrenzten Großstadt. Sobald ein Bezirk die prognostizierte Bevölkerungsdichte erreichte, würde ringförmig der nächste Bezirk angelegt werden. Die Bezirke in sich sollten wie kleine Städte mit Zentren und großzügigen Grünanlagen funktionieren. Eine Ahnung von solchen künstlichen Stadtteilen bekommt man in einigen Teilen von Hernals, wo man gründerzeitlichen Wohnbau im Raster regelmäßig angelegter Straßen findet. Aus der endlos wachsenden Metropole Wien wurde, nach dem Zusammenbruch des Kaiserreiches, nichts. Ein Treppenwitz der Architekturgeschichte Wiens ist, dass sich die »Modernisten«, die sich meist im Gegensatz zum »gesunden Volksempfinden« befanden, selbst auch rückwärts orientiert haben. Selbst Adolf Loos, der übrigens die Ringstraße als »potemkinsche Stadt« empfand, orientierte sich am selben »Alten Wien«, dem fast alle Bewohner der »Großbaustelle Wien« am Ende des 19. Jahrhunderts nachtrauerten: dem Wien des Biedermeiers. Der Historismus, also der Versuch, Baustile der Vergangenheit nachzuempfinden, wurde – nicht nur von der Bevölkerung – als angeberisch und im Endeffekt unästhetisch empfunden. Doch während sich die Bevölkerung in die Schaubuden der Themenparks flüchtete, formulierten innovative Geister neue Konzepte. »Etwas Unpraktisches kann nicht schön sein«, stellte Otto Wagner kategorisch fest. Der Jugendstiltheoretiker Adolf Barthels forderte in seiner Schrift »Was ist zeitgemäße Kunst?«, dass man an die Kunst zwei Fragen stellen müsse: »1. Entspricht sie dem nationalen Charakter? 2. Ist sie zeitgemäß?« Erstaunlicherweise sah die Avantgarde um 1900 beide Forderungen in der Wiener Biedermeierzeit erfüllt und befand sich damit in einem unerhörten Einklang mit der Bevölkerungsmehrheit. Denn für die Menschen der Gründerzeit lag die »gute, alte Zeit« im Biedermeier. Die einen hatten ihre Themenparks, die anderen – z. B. Josef Hoffmann und Koloman Moser – gründeten die Wiener Werkstätte und schufen damit die Moderne des Jugendstils, die heute als gute, alte Zeit herhalten muss.

Alle Erneuerer Wiens – seien es die Erbauer der Ringstraße mit ihrem überbordenden Historismus, die Architekten der Secession oder eben Adolf Loos mit seinem angefeindeten Haus am Michaelerplatz – wurden mit Spott, Hohn und Verachtung bedacht. Einige flüchteten auf Grund der massiven Kritik an ihren Bauwerken sogar in den Selbstmord. Die Rathausbeamten klagten ab ihrem Einzug in das neugotische Gebäude über die Unzumutbarkeit des Aufenthalts in dieser Konstruktion. Die schmalen Butzenfenster ließen nicht genug Licht durch. Die Oper wurde selbst vom – sonst zurückhaltenden – Kaiser als »tief liegender Kasten« bezeichnet. Allgemeine Kritik betraf die zu steile Parlamentsrampe und die schlechte Akustik in den Sitzungssälen. Man behauptete sogar, dass sich der Verhandlungsstil der österreichischen Parlamentarier vergröbert habe, weil die Abgeordneten gezwungen seien, sich schreiend zu verständigen. Auch dem neuen Burgtheater, viel größer als das alte Haus am Michaelerplatz, wurde vorgeworfen, akustisch nicht zu funktionieren. Ein beliebter Kalauer der damaligen Zeit lautete: »Im Parlament hört man nichts, im Rathaus sieht man nichts und im Burgtheater hört und sieht man nichts.« Neu-Wien fiel beim Publikum durch, musste nachsitzen und wurde erst in Gnade angenommen, als es sich zu Alt-Wien gewandelt hatte.

Die Verwandlung des lauten, staubigen, von sozialen Problemen und städtebaulichen Kraftakten durcheinander geschüttelten Wiens der Gründerzeit ins schöne »Alte Wien« des Walzers, des Kaisers und der unwiederbringlich verlorenen Gemütlichkeit geschah ebenfalls in atemberaubender Geschwindigkeit. Die Schrecken des Ersten Weltkrieges und des – von vielen als Trauma empfundenen – Zusammenbruchs des Habsburgerreiches verwandelten die Erinnerung an die gründerzeitliche Moderne, die man einst so vehement abgelehnt hatte, in die Memoiren an eine gründerzeitliche Idylle. Der Blick auf die Straße schien einem zu bestätigen, dass es früher nur besser gewesen sein konnte: Arbeiterumzüge und Volkswehren, grassierende Arbeitslosigkeit und ein rapider Bevölkerungsrückgang. Und dann die neuen Häuser, die Gemeindebauten, die von der neuen Stadtregierung durch die – als ungerecht empfundene – Wohnbausteuer errichtet wurden. Den Barackensiedlungen wurde der Kampf angesagt und wieder formierte sich der Widerstand gegen die neuen Bauten. War es nicht offensichtlich, wie glatt und schmucklos die »Protzbauten des Roten Wiens« daherkamen, wie wenig sie gegen die Ästhetik des Looshauses oder gar die Prachtbauten am Ring zu bieten hatten? Musste nicht die Kaiserzeit ungleich besser gewesen sein als diese neue, enge, kleine Republik? Nostalgische Romane hatten Hochkonjunktur, die Wiener Operette kam zu einer neuen Blüte und der Wiener Walzer hatte eine Neuauflage. Die Neuauflage hatte der Walzer dringend nötig, denn andere, meist amerikanische Tänze hatten längst die Gunst des Publikums erobert. Doch auf jede neue Bewegung folgte unweigerlich eine Ge-

genbewegung, die den alten Glanz wieder entstehen lassen woll-
te. Der Modetanz, der den Retro-Walzerboom auslöste, war der
Shimmy. Anton Kuh schreibt im Zusammenhang mit der durch
den Shimmy ausgelösten Walzernostalgie: »Ein paar schreibende
Hofräte waren damals auf den Einfall gekommen, ihr Missbeha-
gen über gewisse Verfassungs- und Lebensformen der neuen Zeit
auf das Gebiet der Kulturelegik zu überpflanzen. Sie spielten den
Dreivierteltakt gegen den Shimmy aus. Der Donauwalzer war ihr
Kriegslied.« Das Unbehagen mit dem Hier und Jetzt erschuf das
Bild vom schönen, alten Wien. Das Bild sollte dauerhaft werden,
denn das Unbehagen hielt weiter an. Auf die Wirren der Ersten
Republik folgte der Ständestaat, danach die Naziherrschaft, der
Horror des Zweiten Weltkrieges und schließlich ein Trümmerfeld,
in dem die Zweite Republik begann. Das Bild vom alten Ka-
kanien mit seinen liebenswerten Marotten, schönen Bauten und
geruhsamen Abläufen überdeckte die Wirklichkeit der Gründerzeit nachhaltig. Ein Höhepunkt dieser Nostalgie waren die »Sissi«-
Filme, in denen Kaiser Franz Joseph sogar zum romantischen Held
stilisiert wurde. Ein Rollenbild, das den trockenen Bürokraten am
Kaiserthron, der einst mit einem Handschreiben die Demolierung
des barocken und biedermeierlichen Wiens eingeleitet hat, wahrscheinlich höchst verwundert hätte.

Man gestattet sich das leichte Tremolo in der Stimme eigentlich immer seltener. Zu oft wurde man schon von der guten, alten Zeit enttäuscht. Aber das Burgtheater verlangt nach diesem Tremolo, nach theatralischer Erinnerung. Kaum eine Institution hat sich im Auf und Ab der Werte so gut gehalten wie die alte Tante am Ring. Eigentlich erstaunlich, dass eine Nation, der man so viel Leichtlebigkeit nachsagt, über den Wechsel der Geschichte hinweg gerade einem Sprechtheater, noch dazu einem Sprechtheater mit höchsten künstlerischen Ansprüchen, so konsequent die Stange hält.

Den matten Glanz verbleichenden Elfenbeins vermeint man in den legendären Größen des Burgtheaters zu erkennen. Entrückte Mimen, nur der Sprache und der Kunst verpflichtet. Nun ja, getragene Sprechchöre, sperrige Klassiker und literarische Höhepunkte haben sicher etwas für sich. Aber es braucht schon ein ganz eigenes Temperament, damit diese Dinge Popularität erringen. Am Burgtheater zeigt der Österreicher die ganze Tiefe seines Volkscharakters. Da ist er erhaben über die Untiefen seichter Unterhaltung, da strengt er sich an, da findet er seine wahre Identität. Es muss eben irgendetwas geben, das nicht vom banalen Alltag angekleckert wird. Es muss etwas geben, das herausragt – und es wäre nicht Österreich, wenn nicht gerade das die hohe Kunst wäre.

Das Burgtheater:

# Hollywood der Gründerzeit

D as Mädchen braucht eines Führers dringend, es fehlt noch an allen Ecken und Enden«, konstatierte Alexander Starkosch, als er die Jungschauspielerin Clara Rabitow am Braunschweiger Hoftheater entdeckte. Eine nicht allzu hohe Meinung über die Bühnenreife der jungen Dame. Starkosch besuchte als – heute würde man sagen – Talentscout des Burgtheaters alle deutschen Bühnen. Ein ausgewiesener Theaterfachmann seiner Zeit und klar in seinem Urteil. Doch dann wird sein Schreiben enthusiastisch: »Das Bild zeigt eine dicke Taille. Nein! Nein! Das Kleid ist eben norddeutsch schlecht gemacht!«

Neben den offensichtlich damals schon in Blüte stehenden Ressentiments in Bezug auf Geschmack und Lebensart unserer nördlichen Nachbarn kam Starkosch in seinem Brief schnell auf den eigentlichen Punkt: Fräulein Rabitow war offensichtlich eine Schönheit und hatte, dem damaligen Ideal entsprechend, eine zarte Taille. So stellte man sich den Nachwuchs für das Burgtheater vor. Was das schauspielerische Können betraf, das würde sich schon ergeben. Hauptsache, die Taille passte – und derer würden sich die fähigen Wiener Schneider schon annehmen.

1870 beschwerte sich der Dichter Friedrich Hebbel: »Warum bittet man die Theaterfachleute noch ins Theater, statt nicht lieber gleich die Modedesigner und Haute Couturiers herbeizurufen.« Der bedeutende Dichter wurde übrigens zeitlebens von der Direktion ignoriert. Schließlich kam es auf Dichtung nicht an, wenigstens nicht in erster Linie.

Das Burgtheater der Gründerzeit war ein Ort modischer Raserei. Ein Treffpunkt der Modetoren. Ein Rummelplatz der Eitelkeiten und der Oberflächlichkeit. Und auf der Bühne tummelten sich keine Schauspieler im heutigen Sinn, sondern Stilikonen – ihres Zeichens durchaus mit den heutigen Hollywoodstars vergleichbar. »Tapezierer Dramaturgie«, nannte dies der Ex-Burgtheaterdirektor Heinrich Laube, selbstverständlich erst nach seinem Abgang. Die Burgschauspieler waren das modische Maß, in erster Linie die weiblichen Ensemblemitglieder. Die Diva wurde am Burgtheater erfunden! Und sie hatte einen Namen: Charlotte Wolter – vergleichbar mit Marlene Dietrich, Marilyn Monroe oder Madonna. Charlotte Wolter war die Person, die das Burgtheater verkörperte, und das hatte nur in zweiter Linie mit Schauspiel zu tun.

Dabei fing alles so idealistisch an. Wie so oft stand Joseph II am Anfang einer wichtigen österreichischen Entwicklung. Der Kaiser öffnete Ende des 18. Jahrhunderts sein Hoftheater der – vorerst adeligen, aber bald schon bürgerlichen – Öffentlichkeit. Mozart hatte dort Uraufführungen der »Entführung« und des »Don Giovanni«. Ansonsten war das Repertoire, vor allem die Sprechstücke, eher schlecht, was den Kaiser sogar veranlasste die Preise zu senken, um das Volk ins Theater zu holen. Das Volk kam gern, weniger wegen der Stücke als wegen des »Kaiser-Schauens«, denn der aufgeklärte Monarch erschien jeden Abend. Der erste Burgtheaterboom geht also auf den Kaiser zurück, was den Anschein erweckt, dass sogar das Theaternarrentum der Wiener von der Obrigkeit verordnet ist.

Die lausige Qualität der Stücke änderte sich lange nicht. Man versuchte Goldoni und Lessing – der sich über die vielen Dialekte, die am Burgtheater zu hören waren, mokierte – an Wien zu binden, scheiterte aber. Schillers Zeitgenosse Iffland versorgte später das Publikum mit einer Unmenge, von den Wienern spöttisch »Jammerstücke« genannten, Bühnenwerken. Aber als Sprechbühne fasste das Burgtheater erst im revolutionären Wien von 1848 Fuß. Ganz ohne Kaiser verlangte man: »Shakespeare für alle!« Seitdem bekam man das aufstrebende Bürgertum nicht mehr aus dem Theater. Das Bürgertum setzte sich mit seinen Vorstellungen auch noch durch, nachdem die österreichische Revolution niedergeknüppelt war und der Kaiser wieder in der Hofloge Platz genommen hatte.

Das Burgtheater, damals noch immer eine gemischte Theater- und Opernbühne, musste sich sein Publikum für Sprechstücke erst schaffen. Ein Chronist notierte: »Allgemeine Begeisterung, die man bei der Oper so oft wahrnimmt, sah ich im Schauspiele nie. Es gibt in Wien zu viele Menschen, die nicht Deutsch verstehen; Italiener, Polen, Ungarn, Kroaten, Franzosen, Griechen, Engländer findet man allenthalben.« Das Burgtheater als Instrument der

Assimilierung? Als Erziehungsinstrument sicherlich. Als bei einer Vorstellung das Publikum zu sehr störte, brach der Schauspieler Joseph Weidmann das Stück einfach ab und setzte sich zur Belehrung auf die Bühne: »Ein Dichter schreibt ein Stück; er hat Talent und gibt sich alle mögliche Mühe, denn er muss von solchen Arbeiten leben. Es kommt zur Aufführung, und die Acteure tun ihre Schuldigkeit. Die Zuschauer aber sind nicht bei Laune und verdammen das Stück, noch ehe sie es ganz kennen.« Sprach's, stand auf und spielte weiter! Das Stück, aber vor allem der Schauspieler, erhielt Applaus und die Wiener gewöhnten sich daran, auf ihre Schauspieler zu hören.

Es war ein hungriges Publikum. Ein Publikum, das belehrt werden wollte. Ein Publikum, das fühlte, dass es zum wichtigsten Faktor im Staat heranwuchs, aber keine Vorstellungen von Stil und Benehmen hatte. Ein Publikum, das sich seine eigene Kultur erst erschaffen musste. Die Bürger wollten sich definieren und dabei mindestens so stilvoll werden wie der Adel, den man gerade verdrängte. Die tonangebenden Leute waren Aufsteiger.
Man hat sich daran gewöhnt, das 19. Jahrhundert in der ersten Hälfte als biedermeierliche Idylle und in der zweiten Hälfte in seiner gründerzeitlichen Gesetztheit in Erinnerung zu haben. Doch das Biedermeier war eine Zeit der Umbrüche, die in der blutigen Niederschlagung der Revolution von 1848 endete, und die Gründerzeit dreht die gesellschaftliche Struktur vollständig um. Was auf uns so altväterlich wirkt, war eine soziale Revolution: Die Industrialisierung wurde zum bestimmenden Faktor; eher ungebildete Leute aus der Provinz häuften Millionenvermögen an; der Adel wurde zum Militär abgeschoben, bevor er endgültig in die Bedeutungslosigkeit verschwand; Wien schwoll zur Millionenmetropole an; es entstand ein städtisches Proletariat und damit der Vorbote der nächsten sozialen Revolution. Alles war in Bewegung. Die bürgerliche Lebensart war nur eine äußere Schale, die diese ungeheure Unruhe verbergen sollte. Man gierte nach dieser Patina, man verzehrte sich nach Gesetztheit. Und man bekam genau das auf der Bühne des Burgtheaters vorgespielt.

98

Adolf von Sonnenthal, einer der großen Schauspieler seiner Zeit, wurde im Sprechen, im Auftreten und in der Garderobe von mehreren Generationen kopiert. »Einer, der uns vorspielen kann, was er will, ist doch mehr als wir alle«, dichtete Sonnenthal-Protegé Arthur Schnitzler im »Grünen Kakadu« über seinen Gönner. Aber es waren vor allem die Diven, um die es sich drehte: Erst Charlotte Wolter und später Stella Hohenfels, zwei Frauen, die Burgtheater und Modewelt regierten.

»Unser Fuß stockt an der Schwelle, ehe wir das Allerheiligste – das Studierzimmer Charlotte Wolters – betreten«, schreibt Moritz Ehrenfeld anlässlich ihres 25-jährigen Bühnenjubiläums. »Nur schwer trennen wir uns von hier. Doch was schimmert dort milchweiß durch das Dunkel – an der Wand scheint eine weiße Flamme zu zucken; das Ganze nimmt allmählich feste Gestalt an, und wir neigen uns in doppelter Scheu vor zwei Meisterwerken – Messalina – von Makart gemalt.«

Wovor sich Ehrenfeld in »doppelter Scheu« neigte, ist ein Monumentalschinken aus der Werkstatt Hans Makarts, der Charlotte Wolter in einer ihrer bedeutendsten Rollen zeigt, als römische Kaiserin Messalina. Wir erinnern uns an Laubes »Tapezierer Dramaturgie«, das war damit gemeint. Charlotte Wolter hatte die Zeichen der Zeit früh verstanden und setzte auf eine Allianz mit dem von den Wiener Parvenüs als Universalgenie gefeierten Eventkünstler Hans Makart. Das Modediktat von der Bühne war zu Wolters Zeiten schon längst Usus, aber sie perfektionierte es. Sie ließ sich ihre großen Toiletten und historischen Kostüme von Hans Makart entwerfen und machte Mode damit nicht nur populär, sondern erschuf sie. Eine Parallele zu heutigen Stars. Immer wieder erfährt eine staunende Öffentlichkeit, dass Filmstars, Sängerinnen und sogar Mannequins auch als Designer tätig sind. Die Schneiderzunft geht in Demutshaltung und vollzieht mit, was die Diven bestimmen. In den letzten Jahren wurden sicher einige Modetrends von der Sängerin Madonna gesetzt, Charlotte Wolter hat dieses System erfunden.

Den Boden bereiteten zwei Burgtheaterdirektoren: Franz von Dingelstedt und sein Nachfolger Adolf Wilbrandt. Nachdem die bürgerliche Revolution niedergeschlagen war, übernahm Heinrich Laube das damals noch am Michaelerplatz befindliche Burgtheater. Das Kaiserhaus war klug genug einen bekannten Demokraten und Vertreter der bürgerlichen Revolution zu bestellen – und es funktionierte. Seine eigene Parole von »Shakespeare für alle!« setzte Laube zwar nicht um, aber er erschuf ein profiliertes Sprechtheater, das obendrein noch kosteneffizient geführt wurde – und er erschuf den zweiten großen Burgtheaterboom. Laube gab dem Publikum, was es wollte: Er spielte leichte Konversationsstücke, gelegentlich Grillparzer und verzichtete vollständig auf den wahrscheinlich bedeutendsten Dichter seiner Zeit, Friedrich Hebbel. Er setzte ein letztes Mal auf etwas, das schon in der Biedermeierzeit von den Dichtern gefürchtet wurde, den »Wiener Schluss«. Allzu tragische und unglückliche Verstrickungen wurden einfach in brauchbare Happy Ends umgeschrieben: »Die Leute mögen's halt.« Laube erfand auch den Claqueur und praktizierte es »höchstselbst«. Jeden Abend war er in seiner Loge und applaudierte an den ihm geeignet erscheinenden Stellen so lange, bis das Publikum es nachmachte. Der Dichter Eduard Bauernfeld warf ihm das sogar öffentlich vor: »Du lachst und klatschst, zu viel und zu heftig.« Die Burgtheaterclaque gab es übrigens noch in der Zwischenkriegszeit und war ein beliebter Studentenjob. Laube machte aus dem Burgtheater einen Ort, wo etwas los war, wo man einfach sein musste. Bei seinem, keineswegs freiwilligen, Abschied vermerkte er: »Achtzehn Jahre lang hat das kaiserliche und königliche Hofburgtheater unter meiner artistischen Direktion keinen Kreuzer Defizit gehabt.« Und das entsprach der Wahrheit.
Durchlüftet und auf die rückhaltlose Bedienung eines unterhaltungswilligen Publikums eingeschworen, übernahm endlich Franz von Dingelstedt das Ruder für die nächsten elf Jahre und sollte einen Stil entwickeln, von dem sich das Burgtheater erst nach dem Zweiten Weltkrieg mühsam zu lösen begann: Das Burgtheater als umfassendes pathetisches Ereignis, als Spiegelbild und Inspirationsquelle der Zeit.

In Goethes Theaterroman »Wilhelm Meisters Lehrjahre« meint der Titelheld über seinen Wunsch, Schauspieler zu werden: »Es ist mein Bestreben, selbst zur öffentlichen Person zu werden und in einem weiteren Kreise zu gefallen und zu wirken. Denn auf den Brettern erscheint der gebildete Mensch so gut persönlich in seinem Glanz als in den oberen Klassen.« Der Schauspieler als Konkurrent zum Adel! Das war ein Konzept, welches dem Wiener Publikum gefallen musste, da der alte Adel verbürgerlichte oder sich in den kaiserlichen Kasernen versoff. Also mussten neue Inszenierungen her. Das Burgtheater bemühte sich, genau das zu bieten. »Tapezierer Dramaturgie«, knurrte Laube und Makart eroberte die Bühne.

Aufgebahrt wurde Charlotte Wolter im Kostüm einer ihrer Paraderollen, der Iphigenie, der antiken Verkörperung von Reinheit und Unschuld. Wirklich geliebt wurde sie allerdings als Messalina, vor deren Makart-Abbild sich Moritz Ehrenfeldt in späteren Jahren »in doppelter Scheu« beugen sollte. Iphigenie und Messalina sind auch die zwei Frauenbilder, die die Gründerzeit verkörpern. Nach Iphigenies Reinheit strebte man, Messalinas wildes, gewalttätiges Wesen spürte man in sich und versuchte es tunlichst zu unterdrücken. In einem Nachruf der »Kölnischen Zeitung« wird ihre Darstellung der »heroischen Entartung weiblicher Natur« gerühmt. Wohlgemerkt *Darstellung*, denn über das erwünschte Verhalten der weiblichen Natur entwickelte man zusehends strengere Ansichten. Charlotte Wolter fing auch mit einer »zarten Taille« an, bevor sie zur vergöttlichten Ikone wurde. Ihre Geschichte ist die einer Aufsteigerin aus ärmlichen Verhältnissen. Und das passte: Denn der gesellschaftliche Aufstieg war die Passion der Zeit. Aber nach dem Aufstieg hieß es, die eigenen Wurzeln kappen. Den Kindern der Modernisierungsgewinner der Industriellen Revolution, hart arbeitende oder zumindest hart spekulierende Ellenbogenmenschen, wurde eine Erziehung verpasst, die die – nach damaliger Ansicht – unfeine Herkunft überdecken sollte. Klavierlehrer, Tanzlehrer und Modistinnen sollten eine neue Herrschaftsklasse formen, die Normen dafür wurden auf der Bühne des Burgtheaters erstellt. Man strebte nach Höherem und orientierte sich gerne an der Antike.

Eine zeitgenössische Kritik vermerkt: »Charlotte Wolter hat den Faltenwurf der alten Römer und Griechen, wie derselbe von den berühmtesten Bildhauern und Malern gedacht und in wahrhaft klassischer Weise entworfen wurde, für unser Theater erst erfunden.« Der Faltenwurf als Blüte der Schauspielkunst. Das spätere, neue Burgtheater wurde spöttisch als »Modejournal am Franzensring« bezeichnet. In der damals sehr beliebten Zeitschrift »Familienblätter« erschien dazu folgender Artikel: »So wollen wir denn in diesen Blättern getreulich verfolgen, was die Wienerinnen tragen, jene Damen der Wiener Gesellschaft, jene Wiener Bühnenkünstlerinnen, deren Geschmack allen anderen tonangebend voraus zu eilen pflegt und die aus dem Gewirre der gebotenen Neuheiten mit unfehlbarer Hand stets das herausgreifen, was allen ihren Mitschwestern sympathisch sein wird. Was sie tragen und wie sie es tragen, das entscheidet die Mode Wiens, und diese entscheidet heutzutage vielleicht die Weltmode.« Die Weltmode entschied Wien zwar nicht und auch das Designerduo Wolter/ Makart holte sich die Impulse für Trends aus Paris, aber für den lokalen Bereich der Donaumonarchie wurde von der Bühne des Burgtheaters aus ein Modediktat errichtet, durch das sich das Modejournal »Wiener Mode« zu einem zähneknirschenden Angriff veranlasst sah: »Die Frauen – der Wahrheit die Ehre – lieben es wirklich, die Moden von der Bühne verkündet zu sehen. Aber die Schauspielerinnen sind es, die dieses gleißnerische Prophetentum an sich gerissen haben, die sich als Priesterinnen der Mode gebärden.« So wie Hebbel beklagte, dass das Theater von der Modeindustrie okkupiert wurde, beklagte sich die Modeindustrie über die unlautere Konkurrenz durch die Schauspielerinnen. Es ging um das, »was man trägt und wie man es trägt«, sowie darum, was das Publikum von Stars wie Charlotte Wolter, später von Stella Hohenfels oder Adele Sandrock, erfahren wollte. Dabei kam es auch zu unerwarteten, wenn auch unabsichtlichen Formen der Volksbildung. Die Damen bemühten sich gar nicht mehr selbst ins Theater, sondern schickten ihre Schneiderinnen, um die

Toiletten zu kopieren. Die Schneiderinnen hatten sicher wenig Zeit sich mit den Stücken auseinander zu setzen, denn in einer durchschnittlichen Gesellschaftskomödie wurde eine Parade von sechs bis sieben Toiletten vorgeführt. Eine geschmackvoller als die andere, versteht sich.

Kostümbildner gab es zwar, aber es wurde von den Schauspielern erwartet, dass sie ihre eigenen Kostüme mitbrachten.

Als historische Grundausstattung für weibliches Bühnenpersonal wurde nach einem zeitgenössischen Ratgeber Folgendes empfohlen: »Griechisches Kostüm, ärmellose Tunika in blassrosa, hellblau oder weiß, Sandalen und Armspangen; spanisches Kostüm mit langer schmuckbesetzter Plüschschleppe, Stuartkragen, Mantilla und Haarkämmen; Gretchenkostüm mit Haube; Rokokokostüm und ein bescheidenes Biedermeierkleidchen.« Zum historischen Grundstock kamen dann noch Gesellschaftskleider, Stadttoiletten, Strandtoiletten, Besuchstoiletten, Bummeltoiletten, Dinertoiletten, Balltoiletten, Toiletten für Konzert, Oper oder Pferderennen, Seebad- und Landsitztoiletten sowie solche für die Reise und die diversen Sportarten. Die Schauspielerin musste modisch auf der Höhe der Zeit sein. Wenn man sich die Mode der Gründerzeit mit ihren teuren Applikationen und dem großen Aufwand an Stoffen und Spitzen vor Augen hält, erkennt man schnell, dass die Aufrechterhaltung einer entsprechenden Garderobe ein Full-Time-Job war. Dieses »comme il faut« musste erst finanziert werden, denn die Garderobengelder der Theater deckten natürlich nur einen Teil dieses gewaltigen Aufwandes ab. Das Burgtheater stellte, im Gegensatz zu den meisten anderen Bühnen, wenigstens die historischen Kostüme. Die modischen Exzesse, die Superstars wie Charlotte Wolter bis zur Virtuosität steigerten, mussten allerdings auch von schlechter bezahlten Schauspielerinnen an jeder noch so kleinen Provinzbühne zumindest nachempfunden werden. Also war man entweder vermögend, selbst eine gute Schneiderin oder man hatte eben einen Gönner.

Der Kritiker S. D. Gallwitz fasste das Problem so zusammen: »Das Theaterpublikum sieht den Toilettenaufwand der Schauspielerinnen und findet Vergnügen daran, zu konstatieren, dass derselbe unmöglich von der Gage bestritten werden könne.« So wandelt sich, um bei den zwei Paraderollen der Charlotte Wolter zu bleiben, die reine Iphigenie, die die Mode von der Bühne verkündete, zur wilden Messalina voll »weiblicher Verwerflichkeit«.

Emilie Tureczek, berühmt geworden als Fiaker-Milli, wurde in den Polizeiregistern nicht als Schauspielerin geführt, sondern als Prostituierte. Theaterprinzessinnen und Schauspielerinnen, deren Talent meistens nicht in der darstellenden Kunst zu finden war, wurden – von ihren Gönnern bestens ausstaffiert – von den Theaterdirektoren mit offenen Armen aufgenommen. Als lebende Modepuppen tanzten sie meist eine Saison über die Bühne und befriedigten das Bedürfnis des Publikums nach Luxus und Glamour.

Auch auf der ersten Bühne des Landes waren reiche Gönner eine Selbstverständlichkeit. Noch im Jahr 1911 schreibt die damals junge Annie Rosar an Direktor Berger: »Wenn ich mich veranlasst fühlte nichts zu tun, dann nur darum, Ihnen, verehrter Direktor, erklärlich zu machen, wieso ich bei der Gage Dame bleiben konnte. Ich bin fest überzeugt, dass es Ihnen möglich ist, mir eine Gage zu bieten, die nicht jedes Vertrauen auf Beschäftigung in mir erstickt und mich künstlerisch ungemein deprimiert.« Junge Künstlerinnen gerieten durch die Kostümparagrafen und die – für Frauen – schlechteren Gagen immer wieder in Zwangslagen, die ihnen fast keinen anderen Ausweg boten, als sich – zumindest in gewisser Weise – zu prostituieren oder vom Theater abzugehen. Je kleiner und unbedeutender die Theater wurden, desto schlimmer wurde diese Zwangslage und die daraus folgende »künstlerische Depression«. Das Burgtheater bot schon sehr früh für seine Mitglieder ein gewisses, der Zeit vorauseilendes Absicherungssystem, und wenn man lange genug durchhielt, konnte man sogar mit einer kaiserlichen Pension rechnen. Es war auch ein Burgtheaterdirektor, Max Burckhard, der 1902 einen Entwurf zu einem Theatergesetz vorlegte, das die Situation der rechtlosen Schauspieler entscheidend verbessern sollte. Es blieb der Republik vorbehalten, diesen Entwurf 1922 endlich umzusetzen.

Doch davor war die Situation, vor allem für die Frauen, erbarmungslos. Neben den Kostümparagrafen war vor allem die Anzeigepflicht bei Heirat eines weiblichen Bühnenmitglieds ein Mittel der Tyrannei. Noch im Jahr 1900 entschied das Schiedsgericht des Deutschen Bühnenvereins: »Ein Bühnenleiter soll nicht gezwungen werden dürfen, ein weibliches Mitglied, das er als unverheiratet auf eine bestimmte Zeit für seine Bühne verpflichtet hat, zu behalten, wenn sich das Mitglied verheiratet.« Denn man erkannte, »dass die natürlichen Folgen der Verheiratung das weibliche Bühnenmitglied längere Zeit an der Ausübung des Berufes hindern und manchmal dauernd physisch schädigen«. Die »zarte Taille«, das oberste Kriterium für viele Herren, ist nach einer Schwangerschaft eben oftmals dahin. Schauspieler und vor allem Schauspielerinnen waren nicht nur Brennpunkte von Fantasien, sondern auch Produkte. Darin unterscheiden sie sich nicht von ihren heutigen Kolleginnen, die ihre »zarte Taille« – oder was gerade als wichtig erachtet wird – mit Mitteln der kosmetischen Chirurgie erhalten müssen, wenn sie als »Produkt« gefragt bleiben wollen.

Charlotte Wolter, die eine ungeheuer willensstarke und zielbewusste Person gewesen sein muss, hielt sich in dem Rattenrennen um die Vormacht an der Burg bis ins hohe Alter ausgezeichnet. An ihr scheiterten Legionen von jungen Schauspielerinnen und erst mit ihrem Tod 1897 wurde der Weg für neue Kräfte frei. Eine handfeste Neigung zur Intrige und ein ausgeprägtes Machtbewusstsein ermöglichten es ihr, an den Rollen ihrer Jugend festzuhalten. So entstanden Situationen, dass die sechzigjährige Charlotte Wolter etwa in einer Inszenierung von »Maria Stuart« die jugendliche Titelrolle gab, während die Rolle ihrer Gegenspielerin, die alternde Königin Elisabeth, von einer Fünfundzwanzigjährigen gespielt wurde. Die Theaterfachleute hatten es irgendwann satt: »Wir wissen es, das Herz dieser bewunderungswürdigen Frau ist jung geblieben und das Blut kreist noch immer mit derselben stürmischen Gluth durch die Adern wie in jenen frühlingsgrünen Tagen, da sie Laube an das Burgtheater gebracht hatte. Aber wenn auch Frau Wolter noch reich an Illusionen ist, das Publikum ist es nicht mehr. Es geht nicht an, eine Maria Stuart, eine Jeanne d'Arc, eine Hero oder eine Sappho von einer Matrone darstellen zu lassen.«

Sie irrten. Das Publikum hielt weiter auf Charlotte Wolter, denn seit Hebbel wissen wir, dass die Theaterfachleute im Burgtheater nicht mehr erwünscht waren und die Kritiken der Wolter erfreuten die Modisten weiterhin.

»Silbern oder mit buntfarbigen Blumen bestickter Seidentüll rieselt über ein Unterzeug mit Perlenstickerei«, hieß es in einer (Theater!!!-)Kritik. Oder: »Wenn die Trägerin ungestüm auf- und niederwandelt oder sich in heftiger Gemütsbewegung auf das Sofa wirft, teilen sich plötzlich die tief gelegten Hohlfalten längs der vorderen und der Seitenbahn und lassen die schreitende Schmerz-durchwühlte Goldstickerei des Tüllunterkleides sehen.« Die Schneiderinnen im Publikum haben die Beschaffenheit des Unterkleides sicherlich ebenso eifrig notiert wie der Theaterkritiker. Wer es zu einer »Schmerz-durchwühlten Goldstickerei des Unterkleides« gebracht hat, der hat die Anforderung der »zarten Taille« hinter sich gelassen und darf die Jugendrollen bis zum Tod spielen, was Charlotte Wolter auch tat. Begraben wurde sie im Kostüm der Iphigenie, der jungfräulichen Tochter des Agamemnon, Messalina blieb verborgen.

Der offensichtliche Gleichklang zwischen heutigen Stilikonen wie Madonna und Charlotte Wolter ist nicht zufällig. Beide sind Ausdruck der Zeit, beide sind durchsetzungsfähige und intelligente Frauen, die sich dieser Mechanismen bewusst bedienen.

Charlotte Wolter war für das Theaterpublikum der Gründerzeit nicht nur die Bestätigung seiner Ideologie vom gesellschaftlichen Aufstieg hin zur Veredelung, sondern auch die Manifestation seiner uneingestandenen erotischen Wünsche. Messalina, die macht- und sexhungrige erste Gattin des Kaisers Claudius, gelangte über Jahrzehnte (von 1874 bis 1897) immer wieder mit Charlotte Wolter zur Aufführung. Der Autor von »Arria und Messalina«, Adolf von Wilbrandt, später selbst Burgtheaterdirektor, glaubte allen Ernstes, die tugendhafte Arria in den Mittelpunkt seines Historiendramas gesetzt zu haben. Aber was das Publikum immer wieder sehen wollte, war die verwerfliche Messalina, die sich zum Schluss um Gnade winselnd auf dem Boden wand. Alles was die Gesellschaft des gründerzeitlichen Wiens aus ihrem Alltag verbannte, fand sich in der Figur der Messalina wieder. Ein auf die Bühne gebrachter Verdrängungsprozess, der zeitgleich zur Entwicklung der Psychoanalyse durch Sigmund Freud stattfand.

Aber bevor eine Theaterwelt, die »Schmerz-durchwühlte Goldstickerei« kannte, sich unter der Direktion von Max Burckhard vorsichtig ins 20. Jahrhundert vortastete, bedurfte es eines fulminanten Höhepunktes mit anschließendem Niedergang.

Das alte Hofburgtheater am Michaelerplatz konnte den Andrang an Zuschauern nicht mehr bewältigen. Nach jahrelangem Hin und Her rang man sich endlich durch, ein neues Haus am Ring zu bauen. Zum Abschied trafen sich noch einmal alle, denen das Haus am Michaelerplatz Modejournal, Theater, Kinderstube und Universität war. Frauen, die sich schon früh am Morgen angestellt hatten, fielen in Ohnmacht. Die Passage unter dem Burgbogen war von Menschenschlangen so verstellt, dass die Fiaker umkehren mussten. Ein Bäckerlehrling machte mit Wolter-Brezeln, Sonnenthal-Stangerln und Hohenfels-Kipferln das Geschäft seines Lebens. Der Verteilungskampf um die Karten war eine Schlacht mit zerrissenen Kleidern, Prellungen und blauen Augen. Die vierhundert Glücklichen, die es ins Innere schafften, sahen die Wolter als »Iphigenie«, hörten noch einmal Haydns »Gott erhalte«, das Jahrzehnte davor ebenfalls seine Uraufführung im Burgtheater hatte, und zerlegten im Theaterrausch, nach Abgang der kaiserlichen Familie, die Inneneinrichtung in Souvenirgröße. Die Möbel wurden zerschlitzt, Zierrat abgebrochen, Bühnenteile zerstückelt. Die Ernüchterung kam im neuen Haus. Der Burgschauspieler Ludwig Gabillon notiert: »Niemand hat's gefreut. Weder die Schauspieler noch das Publikum.« Abgesehen von dem interessanten Umstand, dass im Burgtheater die Schauspieler bei der Freude vor dem Publikum kommen, spiegelt Gabillons Notiz eine allgemeine Enttäuschung wider. Egon Friedell schreibt: »Die Innendekoration mit ihren stupiden Allegorien, ihrem plebejischen Samtgeprotze und ihrem lärmenden Marmorschwindel ist eine Orgie der Geist- und Geschmacklosigkeit.« Und weiter über die Qualität des Theaters:

»In geradezu genialer Weise hat es der Architekt verstanden, die beiden Partner, Schauspieler und Publikum, auseinander zu bringen. Um in den hinteren Parterrereihen oder gar auf der Galerie gehört zu werden, muss der Darsteller ununterbrochen schreien oder fuchteln.« Man empfand das Haus am Ring als monumentalen, neureichen Protzbau, als »von Millionären für Millionäre erbaut«. Die baulichen und akustischen Mängel wurden erst zehn Jahre später teilweise behoben, nachdem viele Abonnements zurückgelegt worden waren. Wirkliche Abhilfe schufen erst die elektronischen Möglichkeiten der Stimmverstärkung. Das Gebäude kreierte einen neuen Stil, die pathetische Deklamation, die das natürlichere Spiel der alten Burg ablöste. Wie man sieht, schon damals galt: »Früher war alles besser!«

Doch die alten Stars wie Sonnenthal und Wolter passten sich an und das Burgtheater begann in einer unzeitgemäßen Pose zu erstarren, während die Berliner Theater die Moderne entdeckten. Erst unter Max Burckhard, einem Direktor, dem man bei seinem Amtsantritt unterstellte, dass er erst siebenmal im Theater gewesen war, gelang es, die Burg der modernen Literatur zu öffnen. Doch der deklamatorische Stil blieb erhalten, die Bühne am Ring wurde von »erhabenen Frauen« und »bedeutenden Mimen« bevölkert und der schrille Stil, die nicht enden wollende Modeschau der Theatergöttinnen wich zusehends einer professoralen Theaterauffassung, die »der Würde des Hauses« gerecht werden wollte. Damit erreichten die Mitglieder des Burgtheaters einen neuen Status der Erhabenheit. Sie wurden endgültig zu Kulturträgern und das Haus, um nicht zu sagen das »Hohe Haus« am Ring, verlor den letzten Bezug zu den Theaterwurzeln auf dem Jahrmarkt. Die Erziehungsanstalt Burgtheater prägte die Menschen in ihrem Auditorium. Und es prägte neue Theatergenerationen. »Ich bin auf der Galerie des Burgtheaters geboren. Dort erblickte ich zum ersten Mal das Licht der Bühne, dort wurde ich genährt mit den reichen Kunstmitteln des kaiserlich-königlichen Institutes. Dort sangen an meiner Wiege die berühmtesten Schauspieler jener Zeit ihre klassischen Sprecharien«, erinnert sich Max Reinhardt. Mit dem Singen von klassischen Sprecharien sollte der Theaterpionier gehörig aufräumen. Der Begriff des Burgtheaterdeutsch hielt sich aber noch lange. Erst als Inbegriff der sprachlichen Höhe, dann als Synonym für verzopfte Deklamation. Das Burgtheater erlebte noch viele Booms. Nach dem Zweiten Weltkrieg wurde es identitätsstiftend für die junge Republik und unter der Direktion Peymann sorgte es sogar für Schlagzeilen in der Boulevardpresse, aber diese »herrlich unkünstlerischen Niederungen«, die das so genannte kultivierte Wien der guten, alten Zeit in einen rasenden Mob verwandelte, erreichte es nie mehr wieder.

Die Erinnerung an den guten, alten Kaiser Franz Joseph ist klar und deutlich: Ein würdiger Greis, der seine Einwilligung in den Ersten Weltkrieg nur widerwillig und auf Drängen einer entfesselten Generalität gab. Ein leidgeprüfter Vater, dessen Sohn und Thronfolger Selbstmord beging. Ein zu senilen Marotten neigender Opa, der in eine Art Dauerstarre der Güte verfallen schien. Aber war da nicht noch etwas anderes? Natürlich: Franz Joseph war auch ein junger Mann, ein von Liebe gebeutelter, emotionsgeladener Jung-Kaiser, der sich über die Wünsche seines verknöcherten Hofes einfach hinwegsetzte, um die Liebe seines Lebens zu heiraten. So wild und so ungestüm waren der Franzl und seine Sisi, Kaiser und Königin der Herzen.

Und dann dieser fast fugenlose Übergang ins Greisenalter. Heute noch junger Spund und Herzensbrecher der bayerischen Cousine, gleich darauf alt und weise. Fast scheint es, als ob sich Kaiser Franz Joseph die Mühen der Ebene eines normalen Erwachsenenalltags erspart hätte. Oder wurde er von einem bösen Fluch des Hauses Habsburg eingeholt und um die besten Jahre durch Hexenwerk betrogen? Nein, so kann es nicht gewesen sein! Irgendwann muss der Sohn, der ihn durch seinen Freitod so unglücklich gemacht hat, ja aufgewachsen sein. Und ist in seiner Regierungszeit nicht die Ringstraße entstanden? Das muss ja seine Zeit gedauert haben. Wie war das noch mit der bürgerlichen Revolution von 1848? Wahrscheinlich haben die Herren Aufrührer ein Einsehen gehabt und sich widerwillig dem guten, alten Kaiser gefügt. Aber nein, da war er ja noch der junge, gute Kaiser. Warum kennt man den Mann eigentlich nur in Uniform? War das Sparsamkeit? Was tat der Kaiser nun eigentlich, nachdem er seine Sisi endlich geheiratet hatte?

Franz Joseph I.:

# Der gute, alte Massenmörder

Wenn die Monarchie untergeht, so soll sie wenigstens anständig untergehen«, vertraute der greise Kaiser seinem Generalstabschef Conrad von Hötzendorf an. Mit »anständig« meinte er in einem Krieg. Denn der Krieg, so sah es Kaiser Franz Joseph, hatte eine reinigende Wirkung und »sein« Österreich bedurfte dringend der Reinigung. Dass der Verfall der österreichisch-ungarischen Monarchie nicht mehr aufzuhalten war, war dem damals dienstältesten Herrscher Europas völlig klar. Für einen »anständigen« Abgang, einen Untergang mit dem blanken Säbel in der Hand, nahm er Millionen Tote in Kauf. Alles schien besser als dieser schleichende Übergang in eine demokratische Staatsform. Im Laufe seines langen Lebens hat Franz Joseph mit ansehen müssen, wie ihm seine von Gott gegebenen Rechte langsam abhanden gekommen sind und wie sich eine profane, ökonomisch orientierte Welt der eigentlichen Herrschaft bemächtigt hat. Im Krieg wäre das Kaiserreich noch Kaiserreich gewesen. Der Krieg war die letzte uneingeschränkte Domäne des Herrscherhauses. Man kann Franz Joseph I. nicht unterstellen, dass ihm das Ausmaß und die Dauer des Ersten Weltkrieges bewusst waren. Was aber Krieg bedeutete und zu welch bestialischem Massensterben es dabei kommen würde, musste ihm allerdings klar gewesen sein. Denn Krieg und die Beschäftigung mit dem Krieg bestimmten sein gesamtes Leben. Christian Dickinger beschreibt in seinem Buch »Franz Joseph – die Entmythisierung« den Einstieg in die militärische Laufbahn Franz Josephs: Der junge Erzherzog war zu seinem 13. Geburtstag auf Anregung seines Onkels Ludwig von Kaiser Ferdinand »in Anbetracht seiner guten Gesinnung für unser durchlauchtigstes Kaiserhaus und bewährten Anhänglichkeit an dasselbe« zum Oberstinhaber des Dragoner-Regimentes Nr. 3 (mit gleichzeitiger Beförderung zum Oberst) ernannt worden. Franz Joseph versicherte dem Kaiser, dass »dieser Augenblick einer der glücklichsten meines Lebens ist und mir somit gewiss unvergesslich bleiben wird.« Seit diesem Zeitpunkt zeichnete der junge Erzherzog seine Briefe mit »Franz Oberst«. Am aufschlussreichsten ist hier ein Brief von Erzherzogin Sophie, die ihrem Schwager Ludwig über die Freude des Sohnes schrieb: »Franzi ist ein sehr glücklicher Oberst. Nie werde ich den

Ausdruck unaussprechlichen Glückes vergessen, mit welchem er später in seiner Uniform zu mir hereintrat. Als er das erste Mal in seiner Uniform die Treppe hinunterging, lief das ganze Haus zusammen, um ihn zu sehen, selbst die Köchin der Kinder im tiefsten Negligé.« Bereits im nächsten Jahr wurde »Franz Oberst« auf Anordnung seines Vaters erstmals zu Manövern seines Regimentes einberufen. Hellauf begeistert schrieb er seiner Mutter: »Ich unterhalte mich hier bestens, und was das Beste ist, ich bin den ganzen Tag in Uniform.«

Was Dickinger da beschreibt, ist die Erfüllung eines Bubentraumes. Ein 13-Jähriger darf echter Feuerwehrhauptmann werden, respektive Inhaber eines Regimentes schwerer Reiterei. Er erhielt de facto das Kommando über eine Armeeeinheit.

Die europäischen Monarchen stützten sich seit jeher auf ihre Armeen, der bewaffnete Arm der Herrscher richtete sich gegen äußere Bedrohungen, aber auch gegen das eigene Volk. Die Armeen waren eines der vielen Werkzeuge, die Herrschern zur Verfügung standen. Erst mit dem Aufstieg des korsischen Offiziers Napoleon Bonaparte wurde die Uniform auch für Herrscher schick. Nach dem Wiener Kongress verlagerten sich die meisten gesellschaftlichen Belange von den Höfen weg. Wissenschaft, Technik, Kunst, alles verbürgerlichte, nur die Armee und die Verwaltung blieben Domänen der Herrscher. Für die alten Herrscherhäuser, die das Heraufdämmern einer neuen Welt misstrauisch beäugten, war die Armee ein angenehmer Ort. Dort funktionierte der altbewährte Ablauf aus Befehl und Gehorsam, der von Herrschenden sehr geschätzt wird, noch ausgezeichnet. Besonders angenehm war das Erlebnis natürlich, wenn man am obersten Ende der Befehlskette stand. Doch bei Franz Joseph war die Lust am Befehlen nicht ausschlaggebend, generell waren persönliche Eitelkeiten für den späteren Kaiser nicht wichtig, er war beseelt von einer eigenartigen Liebe zur Armee an sich. Es ist aus den Tagebüchern seiner Mutter überliefert, dass Franz Joseph schon im Alter von 18 Monaten zwischen Offizieren und Soldaten unterscheiden konnte und fleißig den Paradeschritt übte. Im Umfeld einer Herrscherfamilie, die in der Armee den wichtigsten Verbündeten zur Aufrechterhaltung ihrer Herrschaft sah, wurde diese Begeisterung auch noch gefördert. Franz Josephs ehrgeizige Mutter, die ihren Sohn schließlich auf den Kaiserthron hob, ließ schon für den einjährigen Franzi eine Uniform und ein kleines Gewehr anfertigen. Auch die Momente, in denen der eher als trocken beschriebene Monarch Rührung zeigte, standen stets im Zusammenhang mit der Armee. Wurde Franz Joseph selbst erst mit 13 Jahren Inhaber eines Regimentes, sollte es sein Sohn Rudolf besser haben. Der Kronprinz trat schon bei seiner Geburt der Armee bei. »Ich will, dass der durch Gottes Gnade mir geschenkte Sohn von seinem Eintritte in die Welt an meiner braven Armee angehöre«, schrieb die kaiserliche Majestät und verpasste dem Kronprinzen ein eigenes Infanterieregiment. Im Gegensatz zum Vater schätzte Rudolf den Kommiss allerdings nicht. Franz Joseph war bei der Armee immer am glücklichsten, er bewies persönlichen Mut, unterwarf sich mit Freuden der militärischen Disziplin und fand zu alten Haudegen, wie Feldmarschall Radetzky, einen guten persönlichen Zugang. »Ich habe zum ersten Male die Kanonenkugeln um mich pfeifen gehört und bin ganz glücklich«, schrieb er seiner Mutter aus dem Feldzug gegen Sardinien-Piemont. Er liebte die Armee einfach.

Franz Josephs liebevolle Beziehung zum Militär lässt auf gute Instinkte schließen, denn ohne den entschlossenen Einsatz von Truppen wäre er vielleicht nie auf den Thron gekommen. Schon früh war klar, dass Franz Josephs Onkel, Ferdinand der Gütige, im Volksmund auch Gütinand der Fertige genannt, weder die Kraft zum Herrschen aufbringen noch einen Thronfolger zeugen würde. Franz Joseph wurde von seiner Mutter Sophie, die als der Mann im Haus galt, gezielt zum Herrscher erzogen. Er war auch der erste Thronfolger, der eine systematische militärische Ausbildung bekam. Der Stundenplan war stupide, auf schlichte Repetition ausgelegt und selbst der robuste Franz Joseph hielt ihn körperlich nicht durch. Aber mit 18 Jahren musste er ein fertiger Herrscher sein, also galt es, sich ranzuhalten. Diese harte Zucht schien Franz Joseph sein Leben lang als wichtige Erfahrung verstanden zu haben und wollte sie seinem Sohn »verbessert« weitergeben. Der sechsjährige Rudolf erhielt eine Steigerung dieses Zuchtprogrammes. Der sadistisch veranlagte Graf Gondrecourt wurde zu seinem Erzieher bestimmt. Er traktierte das sensible Kind damit, es nachts mit Pistolenschüssen aufzuwecken und mit Kaltwasserkuren »abzuhärten«. Militärische Abhärtung in ihrer pervertiertesten Form war oberste Erziehungsmaxime. Erst ein Ultimatum der Kaiserin Elisabeth beendete diesen Wahnsinn, Rudolf blieb noch lange Zeit Bettnässer.

Franz Joseph erschöpfte diese Art von Erziehung zwar, aber sie zerbrach ihn nicht. Nachdem er endlich für diese Tortur mit einem Kaiserthron belohnt werden sollte, beschloss das Volk die Republik einzuführen. Ausgehend von Paris kam die Revolution ins biedermeierliche Wien. Die Stadt revoltierte, Studenten besetzten den Niederösterreichischen Landtag und forderten das Ende der Zensur. Es gab die ersten Toten, der Druck auf das Kaiserhaus wuchs. Schließlich wurde Fürst Metternich, die Symbolgestalt für das Überwachungssystem des Vormärzes, aus seinem Amt entlassen. Die Demission des greisen Staatsmannes, der nur durch die Hilfe der Familie Rothschild nach England fliehen konnte, verschaffte den Habsburgern etwas Luft, obwohl es eigentlich den Falschen traf. Österreich wurde auf Grund der Führungsschwäche von Kaiser Ferdinand von der Staatskonferenz regiert, der einige Erzherzöge, darunter Franz Josephs Vater Franz Karl, Fürst Metternich und Anton Graf Kolowrat angehörten. Metternich war zwar für Außenpolitik zuständig, über die inneren Angelegenheiten und damit auch über Zensurfragen entschied allerdings Kolowrat im Alleingang. Das revolutionäre Wien etablierte schnell ein lebendiges Gesellschaftsleben und koordinierte anfangs die revolutionären Kräfte geschickt. Die Arbeiterschaft aus den Vororten eilte den Studenten zu Hilfe, doch die Teilung der Macht mit republikanischen Kräften kam für die Habsburger nicht in Frage. Kaiser Ferdinand versprach eine Verfassung, die reaktionären Kräfte sammelten die Truppen. Feldmarschall Radetzky, Fürst Alfred zu Windischgrätz und Josef von Jellacic waren die drei Heerführer, die dem revolutionären Wien ein brutales Ende setzten. Den Weg zur Macht ebnete das Militär. Aber der

Weg zum Thron war schon innerhalb des Herrscherhauses nicht leicht, musste doch Franz Joseph erst seinen Vater Franz Karl davon überzeugen, dass dieser auf eine Nachfolge Ferdinands verzichtete. Nach den Regeln der Legitimität wäre eigentlich Franz Karl an der Reihe gewesen. Franz Joseph »putschte« also gegen etwas, das für sein weiteres Leben sehr bedeutend sein sollte, das Hausgesetz der Habsburger. Der Vater klammerte sich ergebnislos an die Legitimität, seine Ehefrau Sophie, »der Mann« in der Familie, erledigte die Überzeugungsarbeit für »Franz Oberst«. Wahrscheinlich war Franz Karl ganz froh den Thron nicht besteigen zu müssen, denn das Reich war am Zerfallen. Bei der Krönung zeigte Franz Joseph zum ersten Mal Profil gegen seine Mutter. Nach allgemeinem Wunsch sollte er als Franz II. das Kaiserreich übernehmen. Er wählte allerdings Franz Joseph I., wahrscheinlich um das noch immer gärende Volk an den Reformkaiser Joseph II. zu erinnern. Die Militärs hatten einen leichten Sieg erfochten, denn das revolutionäre Wiener Bürgertum hatte gegen die militärische Übermacht keine Chance. Bis Franz Joseph aber wirklich fest im Sattel saß, musste ein wahres Blutbad an den eigenen Untertanen angerichtet werden. Da die Thronbesteigung nicht den Regeln des ungarischen Wahlkönigtums entsprach, also aus dem Blickwinkel Ungarns ungesetzlich war, riefen die Magyaren die Republik aus. Aus ganz Europa eilten Freiwillige herbei, um der jungen Republik unter Lajos Kossuth zu helfen. Wien kannte nur eine Antwort, man setzte die Militärmaschine in Bewegung. Fürst Windischgrätz erlangte nur kleine Erfolge und es gelang den Habsburgern nicht, die Ungarn zu unterwerfen. Erst mit Hilfe Russlands, der alternde Zar hegte für Franz Joseph väterliche Gefühle, konnte die junge Republik in die Knie gezwungen werden. Franz Joseph erwies sich als grausamer Sieger. »Es ist meine heilige Pflicht, äußerste Strenge walten zu lassen«, äußerte er sich und befahl Massenhinrichtungen, die im Blutgericht von Arad ihren brutalen Höhepunkt fanden. Die republikanischen Anführer wurden allesamt hingerichtet. Franz Josephs Thron stand nun fest, allerdings auf einer Blutlache. Die Ungarn haben ihrem späteren König diese Vorgehensweise nie verziehen, es brauchte sehr viel

Sisi-Charme, um endlich, im Jahre 1867, die formelle Krönung Franz Josephs zum legitimen König von Ungarn über die Bühne zu bringen.

»Wer weiß! Gäb's keine Fürsten / Gäb es auch keinen Krieg / Aus wär' das teure Dürsten / Nach Schlachten und nach Sieg / Und sollten sie entscheiden / Die Republik muss sein / So willige mit Freuden / in ihren Wunsch ich ein«. Dieses Gedicht stammt von keinem Revolutionär, sondern von Kaiserin Elisabeth. Eine schwärmerische Hinwendung zum republikanischen Prinzip, das ihrem Mann nur ein weiteres Kopfschütteln über die exaltierte Frau entlockt hätte, die er einerseits nicht verstand, andererseits abgöttisch liebte. Die Gedankenwelt des Kaisers Franz Joseph kreiste um eine Art magische Bestimmung des Hauses Habsburg. Als Kaiser und König war er Erbe von Kräften und von durch von Gott verliehene Fähigkeiten, die sich aus den Tiefen des Mittelalters und aus den christlichen Fundamenten des Kaisertums erhalten hatten. Als Erbe germanischer Königswürden sprach man dem Habsburger die Fähigkeit zu, durch Handauflegung zu heilen, als Erbe des – inzwischen aufgelassen Römischen Reiches – war er neben dem Papst Stellvertreter Gottes auf Erden und apostolische Majestät. In der Wiener Schatzkammer kann man immer noch den »Heiligen Speer« bewundern, das älteste Symbol habsburgischer Legitimität – ein weiterer magischer Ritualgegenstand, der der Legitimierung des Erzhauses dient. Wie alle mittelalterlichen Fürsten haben sich auch die Habsburger eine Ahnentafel zusammenfantasiert, die bis zu den homerischen Helden zurückreicht. Kaiser Maximilian hat schließlich noch eine Verbindung zu den Merowingern hergestellt, die als genetische Legitimation dienen musste. Diese Sammlung aus fabelhaften Abstammungserzählungen war die Basis, auf die Franz Joseph das Gottesgnadentum seiner neoabsolutistischen Herrschaft stellte. Wie sehr sich der nüchterne Praktiker dabei in solchen Geschichten verfing, ist nicht überliefert, sein Verhältnis zur katholischen Kirche ging aber über ein Zweckbündnis hinaus. Die apostolische Majestät machte Gott allgegenwärtig und verband das Schicksal seines Hauses untrennbar mit der christlichen

Religion. Joseph Roth beschreibt im »Radetzkymarsch« trunken von Nostalgie einen Fronleichnamsumzug Franz Josephs: »Zwischen den langsamen Klängen der Hymne flogen die Hochrufe auf, wie weiße Fähnchen zwischen wappengeschmückten Bannern. Der Lipizzanerschimmel kam tänzelnd einher, mit der majestätischen Koketterie der berühmten Lipizzanerpferde, die im kaiserlich und königlichen Gestüt ihre Ausbildung genossen. Ihm folgte das Hufgedonner der Halbschwadron Dragoner, ein zierlicher Paradedonner. Die schwarz-goldenen Helme blitzten in der Sonne. Die Rufe der hellen Fanfaren ertönten, Stimmen fröhlicher Mahner: Habt acht, habt acht, der alte Kaiser naht! Und der Kaiser kam: Acht blütenweiße Schimmel zogen seinen Wagen. Und auf den Schimmeln in goldbestickten schwarzen Röcken und mit weißen Perücken ritten die Lakaien. Sie sahen aus wie Götter und sie waren nur Diener von Halbgöttern. Zu beiden Seiten des Wagens standen je zwei berittene Arcierenleibgarden mit silbernen Helmen und je zwei ungarische Leibgarden mit gelb-schwarzen Pantherfellen über den Schultern. Sie erinnerten an die Wächter der Mauern von Jerusalem, der Heiligen Stadt, deren König der Kaiser Franz Joseph war. Der Kaiser trug den schneeweißen Rock, den man aus der ganzen Monarchie kannte, und einen mächtigen grünen Papageienfederstrauß über dem Hut. Sachte im Wind wehten die Federn. Der Kaiser lächelte nach allen Seiten. Auf seinem alten Angesicht lag das Lächeln wie eine kleine Sonne, die er selbst geschaffen hatte.« Das Fronleichnamsritual des Kaiserhauses hatte Joseph Roth offensichtlich nachhaltig beeindruckt. Kaiser Franz Joseph legte viel Wert auf aufgebauschte Rituale, die seinem sonst eher trockenen Wesen widersprachen. Er betrachtete sich als ein demütiges Gefäß, in das eine göttliche Würde gelegt wurde. Wenn er sich verteidigte oder die Interessen seines Hauses durchsetzte, tat er es nicht für sich, sondern für diese göttliche Würde. Krieg blieb bis zum Schluss ein probates Mittel.

Kriege gab es genug, Erfolge allerdings wenige: 1854 wandte er sich im Krim-Krieg gegen Russland und gegen den Zaren, der ihm seinen Thron verschafft hatte. 1859 verloren die Österreicher bei Solferino gegen die Piemontesen. 1866 verursachte die verlorene Schlacht von Königgrätz ein Trauma für den militärischen Apparat der Monarchie. 1914 willigte der Kaiser schließlich in eine Strafaktion gegen Serbien ein, die das Gefüge der großen Militärbündnisse in Bewegung setzte und schlussendlich auch zum Untergang der Habsburger als Herrscherhaus führte.

Franz Joseph war sicher kein Monster, aber der engherzige Herrscher mit der kindlichen Liebe zum Militär war letztendlich für Millionen Tote verantwortlich. Aus der Sicherheit eines göttlichen Sendungsbewusstseins entschied er sich zeitlebens für die »ultima ratio regis«, die letzte Möglichkeit des Königs, den Krieg.

Manchmal hat man, wie man in Wien so sagt, halt ein Pech. Und manchmal hat man so ein Pech, dass dieses Pech sogar noch Geschichte schreibt. Und genau so eines war Königgrätz. Wer hätte denn ahnen können, dass ein überehrgeiziger deutscher Kleinstaat namens Preußen die ruhmreiche k. u. k. Armee besiegen würde? Standen wir doch damals, wie man beim Generalstab in Wien gerne sagte, mitten im »dritten Heldenzeitalter« der Monarchie. Siege über Siege hatten unsere Braven nach Hause gebracht, angeführt von großen Feldherren wie Radetzky. Und außerdem, seien wir doch ehrlich, waren sie einfach fescher als die ganzen anderen Armeen, die sich da in braun und dunkelblau auf Europas Schlachtfeldern herumtrieben.

Natürlich haben die Preußen auf unerlaubte Mittel zurückgegriffen, sie waren sozusagen gedopt. Was sie an strategischer Hirnleistung oder schlicht an tollkühnem Soldatenmut nicht mitbrachten, kompensierten sie mit Technik. Denn der Sieg hatte einen Namen: Zündnadelgewehr. So wie heute die Amerikaner mit Hilfe der Technik alles flach machen, gingen es auch die Preußen an. Das unmenschliche, deutsche Tötungsinstrument konnte einfach schneller nachgeladen werden, nur das brachte den Sieg. Die Eleganz des k. u. k. Reiches musste mitleidloser deutscher Gründlichkeit weichen.

Allerdings nur beim Kriegführen! Beim Schmäh haben wir immer noch gewonnen. Schließlich gab es da noch den Kapellmeister Johann Gottfried Piefke. Der komponierte unerhörterweise einen Siegesmarsch für Königgrätz. Zwar wurde er damit nicht berühmt, aber in Österreich von da an zumindest sprichwörtlich: der Piefke eben!

Königgrätz:

# Ein Gewehr als lahme Ausrede

Ludwig Benedek war früh auf an diesem Julimorgen. Die Sonne war gerade erst aufgegangen, da hatte der General schon seinen Adjutanten rufen lassen. Der saß jetzt, kurz vor fünf Uhr, bereits am Schreibtisch und hatte alle Mühe, das endlose Telegramm, das ihm Benedek diktierte, halbwegs korrekt zu Papier zu bringen. Es war der 3. Juli und im österreichischen, wie auch im preußischen Hauptquartier herrschte an einer Tatsache kein Zweifel mehr: Dieser regnerische Sommertag würde die Entscheidung bringen – über Sieg und Niederlage in einer der bisher größten Schlachten der Weltgeschichte, der Schlacht von Königgrätz.

Aufgekratzt trampelte Benedek unaufhörlich in dem kleinen Zimmer des Gasthofes »Zur Stadt Prag« auf und ab. So schnell schossen ihm die Gedanken durch den Kopf, dass er sie selbst kaum festhalten konnte. Doch was den Oberbefehlshaber der kaiserlichen Nordarmee in diesem Moment beschäftigte, war nicht der Aufmarsch- oder Angriffsplan für diesen so geschichtsträchtigen Tag, es war der Versuch einer Erklärung. »Ich will Rechenschaft ablegen über die bisherigen Ereignisse«, so begann das Schreiben an den noch ahnungslosen Kaiser in Schloss Schönbrunn, um nur wenige Zeilen später alles mit einer Offenheit klarzustellen, in der für Höflichkeit oder Respekt gegenüber dem obersten Kriegsherren kein Platz mehr war: »Ich bitte Sie, Frieden um jeden Preis zu schließen. Eine Katastrophe für die Armee ist unausweichlich.«

Benedek machte sich an diesem Morgen nicht mehr die Mühe, seinem Kaiser irgendwelche strategischen Überlegungen anzuvertrauen. Er wollte nur noch abrechnen, mit all jenen, die seiner Ansicht nach an dieser nun unvermeidlichen Katastrophe und am erbärmlichen Zustand der kaiserlichen Armee schuld waren. Der Krieg, führte Benedek aus, sei derart misslungen, weil die Monarchie nicht genügend Eisenbahnlinien gebaut habe, um rasche und verlässliche Truppenbewegungen zu ermöglichen, weil die Geheimdienste geschlafen hätten und weil die Verbündeten allesamt nur mit halbem Herzen und natürlich entsprechend schwachen Truppen dabei seien. Wütend attackierte der General aber auch den vermeintlichen politischen Hauptfeind der Armee, das Parlament. Dort, so argumentierte der altgediente Infanterieoffizier, säßen jene Demokraten, deren einziges Ziel es sei, die dem Kaiser verpflichteten Truppen zu schwächen.

Nur ein Mann kam in dem Schreiben ungeschoren davon, wurde von Ludwig Benedek vielmehr noch ausdrücklich in Schutz genommen. Es war der Mann, den viele Historiker für einen der Hauptschuldigen an der Katastrophe von Königgrätz halten, Benedeks Generalstabschef Alfred von Henikstein. »Es trifft mich ins Herz, einen tapferen Mann wie Henikstein so schutzlos und vor den Augen der Öffentlichkeit verurteilt zu sehen«, reagierte Benedek gereizt auf die seit Wochen aus Wien tönenden Bedenken gegen den Sohn eines millionenschweren Bankiers. Seinen persönlichen Freund, den er, wie er selbst einmal so markig festgestellt hatte, vor allem als »Gigolo, Vielfraß, Spieler und Frauenheld« schätzte, wollte er nicht diesen »blaublütigen Affen und Bücherwürmern« in Wien opfern. Für die waren ja Strategie und Planung das einzig Wichtige. Alles graue Theoretiker, die Benedek, der am liebsten vom Schlachtfeld aus kommandierte, zutiefst zuwider waren.

Der von seinem Freund so leidenschaftlich verteidigte Henikstein war an diesem tragischen Morgen damit beschäftigt, zu retten, was noch zu retten war. Allerdings nicht, wie man es bei einem Generalstabschef erwarten würde, für die von ihm geführte Armee, sondern schlicht und einfach für sich selbst. Auch Henikstein diktierte einen Brief nach Wien, gerichtet an den kaiserlichen Generalstab. Im Gegensatz zu Benedek erklärte er nicht, wer an der Katastrophe schuld sei oder sogar was man zumindest danach noch tun könne. Nein, er beschränkte sich schlicht darauf, dass er auf jeden Fall nicht verantwortlich gemacht werden könne: »Ich bin in der tragischen Position, vor der ganzen Welt für Irrtümer und Missgeschicke verantwortlich gemacht zu werden, die nicht mein Fehler sind.«

Als ahnte er bereits, was ihm bei der Heimkehr nach Wien drohte, erkundigte sich Henikstein ängstlich nach seinen Aussichten: »Wird die Sache wirklich vor ein Militärgericht kommen? Bitte lassen Sie es nicht in Wien einberufen. Könnte man die Sache nicht in irgendeiner Provinzfestung einberufen? Werde ich danach meine Uniform nicht mehr tragen dürfen? Werde ich bezahlen müssen?« Ans Ende all dieser peinlichen Fragen setzte Henikstein die Antwort, die ihm, wie auch ihm klar war, der etwas strenge Ehrbegriff der kaiserlichen Offiziere quasi vorschrieb: »Wenn ich mich doch nur einfach erschießen könnte!«

Dass den Lebemann in Uniform aber in Wahrheit ganz andere, weit sachlichere Überlegungen beschäftigten, beweist eine Fußnote, die Henikstein offensichtlich zuletzt persönlich ans untere Ende des Briefes gekritzelt hatte: »Meine Pension?«

Während die Spitzen der kaiserlichen Armee an diesem Morgen also mit der Aufarbeitung eigener und fremder Schuld beschäftigt waren, tasteten sich die preußischen Spähtrupps durch den Nebel am Ufer der Elbe. »Wo ist die österreichische Armee?«, hatte ihr Oberbefehlshaber General Helmuth von Moltke noch schlaflos in der Nacht zuvor gefragt. In diesem Moment aber war auch diese Frage beantwortet. Vor den Augen der Preußen tauchten die Zelte der Nordarmee aus dem Nebel auf. Als die österreichische Position wenig später Moltke gemeldet wurde, kam dem sonst so nüchternen Militär ein Jauchzer aus: »Gott sei Dank«, rief er: »Wer hätte sich gedacht, dass sich Benedek freiwillig in eine solche Falle, in einen solchen Kessel setzt?«

Der Kessel wurde zur Todesfalle an diesem 3. Juli 1866, in die Benedek und seine Offiziere rat- und vor allem planlos taumelten, so, wie sie in diesen ganzen Krieg getaumelt waren. Vorteile, und die hatte man im Laufe der Monate immer wieder gehabt, wurden gnadenlos verspielt. Einfach, weil niemand wusste, wohin man mit der Armee und diesem ganzen Feldzug eigentlich sollte: Benedek und seine ohnmächtigen Handlanger nicht, der Generalstab in Wien nicht und der Kaiser in der Hofburg ebenfalls nicht. Am Abend des 3. Juli waren 40.000 kaiserliche Soldaten tot, fünfmal mehr als auf preußischer Seite. Je weiter der Tag vorrückte, desto sinnloser waren sie in den fast sicheren Tod gelaufen. Von ihren Offizieren dichter und dichter zusammengedrängt, waren sie mit aufgepflanztem Bajonett gegen die preußischen Linien gestürmt, ohne diese je zu erreichen. Manche Regimenter schafften gerade einmal 100 Schritte in Richtung Feind, dann war bereits die Hälfte der Soldaten tot, schwer verletzt oder in schierer Panik davongelaufen. »Es war wie bei Napoleons Übergang über die Beresina«, schilderte ein erschütterter Augenzeuge das Grauen.

Die Niederlage beendete nicht nur endgültig Österreichs Einfluss in Deutschland, sie machte vor allem Schluss mit militärischen Grundsätzen, die dem Industriezeitalter, seinen modernen Waffen und Transportmitteln nicht mehr standhalten konnten. Lediglich der halsstarrige Kaiser in Wien, der die Moderne so fürchtete wie die Demokratie, hatte gemeinsam mit seinem ebenso konservativen Generalstab daran festgehalten. Auf dem Schlachtfeld von Königgrätz mussten Zehntausende für diese Ignoranz ihr Leben lassen, doch auch die Monarchie sollte sich nie wieder von diesem Schlag erholen.

Von Preußen und seinem bedingungslos zum Krieg entschlossenen Kanzler Bismarck politisch in die Enge getrieben, hatte man bereits im Februar 1866 mit der Mobilisierung begonnen. Man wusste in Wien, dass Berlin seine viel moderner organisierten Streitkräfte viel rascher unter Waffen und in Bewegung setzen konnte, also prügelte man die Truppen regelrecht in Eilmärschen nach Böhmen und Mähren. Als es dann Frühjahr geworden war, stand die kaiserliche Armee tatsächlich so günstig, dass Moltkes Aufmarschpläne, egal in welche Richtung sie führten, leicht zu durchkreuzen gewesen wären. In Berlin wurde man zunehmend nervös. Obwohl Moltke überzeugt war, »dass ohnehin kein Plan den ersten Zusammenstoß mit dem Feind überlebt«, wurde Kritik an ihm laut. Ältere Generäle führten vor allem ständig den Namen Benedek ins Treffen, hatte der Österreicher doch bei ihnen einen Furcht erweckend guten Ruf, wurde sogar als der »österreichische Blücher«, der Säulenheilige der preußischen Offiziere, gehandelt.

Der mehr als ein halbes Dutzend Mal schwer verwundete General galt als Kriegsheld ersten Ranges, der vor allem eines besaß: unerschütterlichen Mut. Benedek, Sohn eines Arztes, war tatsächlich einer jener Typen von Offizieren, aus denen man seit jeher militärische Legenden schnitzt. Im Krieg bestand er darauf, immer an vorderster Front dabei zu sein, was ihn vor allem bei den einfachen Soldaten beliebt machte. Dass er tatsächlich an der Seite Radetzkys gekämpft hatte und von diesem sogar mit besonders schwierigen Kommandos betraut worden war, machte ihn in der Wiener Gesellschaft, die wie immer mit Hingabe früheren glorreichen Zeiten nachtrauerte, zum Helden. Für den Draufgänger Benedek ein Freispiel für ein süßes Leben. Der fesche Held tanzte auf allen Wiener Parketten, genoss teure Getränke und ebenso teure Damen und warf sein Geld mit Bravour und beiden Händen beim Fenster hinaus. Seine öffentlichen Auftritte dekorierte er mit prahlerischen Sprüchen über Tapferkeit, die doch all den Bücherwürmern, die nichts täten, als sich auf einem Feldherrenhügel zu verkriechen, abginge. Er selbst, so gestand er mit eitler Geste, habe seit seinem Abgang von der Militärakademie nichts mehr gelesen.

Auch dank dieser persönlichen Imagepflege waren seine Einsätze in Italien, wo er grundsätzlich den Rückzug verweigert hatte, zu Legenden geworden. In Solferino, wo die Österreicher ohnehin eine schwere Niederlage erleiden mussten, hatte Benedek eine Katastrophe verhindert, indem er mit einer einzigen Brigade den Rückzug der anderen deckte. Ein Husarenstreich, den die kaiserliche Propaganda, die ja ohnehin einen an der eigenen Unfähigkeit gescheiterten Feldzug schönreden musste, weidlich ausschlachtete. Fast unweigerlich wurde der auf diese Weise zum Nationalhelden und »zweiten Radetzky« stilisierte Haudegen Benedek mit öffentlichem Druck nach oben gehievt, ganz nach oben, bis dorthin, wo ihm sein ganzer Mut nichts mehr nützte und seine Unfähigkeit als Stratege voll und ganz zum Tragen kam. Franz Joseph ernannte ihn 1860 zum Generalstabschef.

Dann, sechs Jahre später, saß dieser Generalstabschef in seinem Hauptquartier im mährischen Olmütz und wusste nicht ein noch aus.

Monatelang hatte er sich gegen diese Berufung gewehrt, hatte persönlich beim Kaiser protestiert. Nur in Italien, so Benedek, kenne er sich aus, sei quasi mit jedem Baum und jedem Hügel vertraut, in Böhmen aber könne er nichts ausrichten. Er hatte um Pensionierung gebeten, Krankheiten ins Treffen geführt, hatte die Armee, der er ja vorstand, vor dem Kaiser abgeurteilt. Es nützte alles nichts. Der Generaladjutant des Kaisers suchte ihn eines Abends unangemeldet in seinem Wiener Hotelzimmer auf. Als der Morgen dämmerte, hatte sich Benedek gebeugt – dem Willen des Monarchen und unzähligen falschen Versprechungen: 800.000 Mann sollte er nach Böhmen führen, überflüssig zu erwähnen, dass gerade einmal ein Viertel davon tatsächlich in Königgrätz auf dem Schlachtfeld stand.

Im Wiener Kriegsministerium aber ließ man sich von den Tatsachen ohnehin schon lange nicht mehr irritieren. Dort saß nämlich ein gewisser Karl Franck, den vor allem eines auszeichnete: bedingungslose Ablehnung jeglicher Neuerungen in der kaiserlichen Armee.

Zwei Jahre vor Königgrätz hatte sich der Kaiser, selbst konservativ bis ins Mark, eines unangenehmen Reformers dort entledigt. Hatte dieser Mann namens Degenfeld doch tatsächlich Fortbildung samt entsprechenden Prüfungen für Offiziere gefordert. Für Franz Joseph, wie er selbst entsetzt einwandte, ein »Verstoß gegen die Tradition der Armee« – vor allem aber ein Verstoß gegen die bei Hof so beliebte Beförderung adeliger Sprösslinge an die Spitze irgendwelcher Regimenter.

Franck dagegen kümmerte sich ohnehin nicht um solche Störungen der Tradition, er ließ lieber markige Siegesparolen für den Feldzug ausgeben. »Wir jagen die Preußen mit nassen Fetzen nach Berlin«, ließ er verlautbaren, »und werden ihnen dort den Frieden diktieren!« Von seinen eigenen Ankündigungen offensichtlich in einen Siegesrausch versetzt, ließ Franck anordnen, dass die Soldaten die Galauniform für die Siegesparade in Berlin in ihre Tornister packen sollten.

Ob Galauniform oder nicht, Benedek wusste ohnehin nicht so recht, was er jetzt, da er in Olmütz saß, mit seinen Soldaten anfangen sollte. Also beschränkte er sich das ganze Frühjahr hindurch auf eine unablässig wiederholte Routine: Truppeninspektionen,

Märsche, gesetzte Arbeitsessen, bei denen gut gegessen und wenig beraten wurde. Die Zeit verging, der Vorteil, den man mit der frühen Mobilisierung vielleicht tatsächlich gehabt hätte, wurde konsequent verspielt.

Völlig irritiert notierte einer der Kommandanten Benedeks Ende Mai in sein Kriegstagebuch: »Meine Truppe wurde in Eilmärschen hierher nach Mähren beordert – und ich habe noch immer nicht die geringste Ahnung, warum eigentlich.«

Wochen über Wochen notiert besagter Kommandant lediglich seine täglichen Besuche in einem örtlichen Wirtshaus, wo er Wein trinke und Karten spiele. Gelegentlich aber keimt auch in ihm regelrechte Unruhe: »Ich habe noch immer nichts von Benedek gehört.«

Verständlich, denn Benedek ließ auch nichts von sich hören, zumindest nichts Militärisches. Er vertrieb sich die Zeit mit Vergnügungen, die eher an einen Kuraufenthalt als an einen Feldzug erinnerten. Ein Olmützer Beamter war über das Betragen der Offiziere so irritiert, dass er sogar in die Akten einen Kommentar eingehen ließ: »Fast alles fesche Burschen ... sie hatten eine wirklich schöne Zeit hier, besuchten Konzerte und promenierten durch die Stadt.« Statt Strategien zu wälzen und Befehle an seine Kommandanten auszugeben, produzierte Benedek, auch um seine Ruhe- und Ratlosigkeit zu übertünchen, lediglich seine üblichen markigen Sprüche: »Wenn ich jemals besiegt werden sollte, reißen Sie diese Seite heraus«, trug er in das offizielle Gästebuch des Rathauses einer böhmischen Kleinstadt ein. Da war es bereits Mitte Juni, Moltkes Truppen waren in Sachsen einmarschiert und das Unheil nahm seinen Lauf. Aber noch immer war man in Berlin vorsichtig. Als der preußische Geheimdienst immer mehr Berichte über Benedeks Untätigkeit und die sinnlosen Märsche, die seine Truppen auslaugten, lieferte, glaubte der Generalstab Kaiser Wilhelms zuerst tatsächlich an einen Trick. Gerüchte über einen Geheimplan der Österreicher kursierten, schlicht deshalb, weil man sich einfach nicht erklären konnte, warum Benedek nichts Sinnvolles tat.

Der Einzige, der in diesen Tagen im Hauptquartier der österreichischen Nordarmee etwas tat, war General Krismanic. Der von Benedek zutiefst verachtete Kroate war auf den Kriegsschauplatz beordert worden, weil man sogar in Wien allmählich begriff, dass Benedek ratlos und Henikstein ohnehin unfähig war. Krismanic war Militärhistoriker und Professor für Strategie an der Kriegsschule in Wien. Für ihn war der Krieg, der sich da gerade anbahnte, nichts als eine Wiederholung einstiger Kriege zwischen Preußen und Österreich. Ausgerüstet mit Archivmaterial nahm er sich einen Feldzug von 1788 als Vorbild. Damals hatten sich die Österreicher in der Festung Olmütz verbarrikadiert und der Armee Friedrichs des Großen den Weg nach Wien versperrt. Beeindruckt von den Befestigungen und den schweren Kanonen hatte der Preuße damals kalkuliert, dass eine Belagerung zu langwierig und verlustreich sein würde, und schließlich kampflos den Rückzug angetreten.

Genau so, meinte Krismanic, sollte man es diesmal machen. Er arbeitete eine defensive Strategie aus. An den gut besetzten Festungen, so mutmaßte er in völliger Verkennung der Lage, würden sich die Preußen nicht vorbeitrauen, da man ihnen schließlich nachher einfach den Weg abschneiden könne. Ebenfalls aus der Militärgeschichte kramte Krismanic die vermeintliche Marschroute der Preußen heraus. Doch die war ebenso ein fataler Irrtum wie seine Hingabe für Festungen. Diesen Irrtum bekamen die Soldaten zu spüren, als sie in den Tagen vor der entscheidenden Schlacht verspätete und überhastete Märsche, oft ohne Verpflegung, antreten mussten. Nächte ohne Schlaf und die morastigen Wege kosteten die Soldaten ihre letzten Kräfte und trugen so zur Niederlage bei. Als sie halb verhungert und ohne jegliche Marschordnung am Vorabend der Schlacht bei der Festung Königgrätz eintrafen, verweigerte deren Kommandant ihnen den Einlass. Benedek, so verlangte er, müsse zuerst Ordnung in seiner Truppe herstellen, bevor man Hilfe leisten könne. Doch dieser Benedek war zu diesem Zeitpunkt, wie ein Offizier sich später erinnerte, »ein physisch und moralisch gebrochener Mann«, gescheitert an seiner eigenen Ratlosigkeit und Krismanics verstaubten strategischen Überlegungen.

Doch Krismanic war nicht allein damit, der gesamte Generalstab der k. u. k. Armee übte sich gewissermaßen in Militärgeschichte. Nachdem Kaiser Franz Joseph alle Neuerer erfolgreich aus dem Weg geräumt hatte, mangelte es dem Generalstab in den Jahren vor Königgrätz empfindlich an Ideen – also holte man sich die aus der Vergangenheit, vom Napoleon-Bezwinger Erzherzog Karl. Der hatte sich mit seinem Sieg bei Aspern – es war immerhin der erste über den Franzosen – seinen Platz in der Militärgeschichte gesichert. Mit diesem Ruhm ausgestattet, widmete er sich im Alter der Theorie. Basierend auf seinem – in Wahrheit eher zufälligen – Sieg entwarf er Strategien, die er als »Gedanken« zu Papier brachte. Lange Zeit unbeachtet, holte man sie erst in den Sechzigerjahren des 19. Jahrhunderts wieder heraus und veröffentlichte sie. Die k. u. k. Armeeführung, die ohnehin nicht wusste, wo sie ihre Militärdoktrin hernehmen sollte, bediente sich bei Karl – und damit eines ein halbes Jahrhundert alten Konzepts.

Einer der sympathischsten Züge dieses Konzepts ist übrigens seine überzeugte Friedensliebe. Krieg, so formuliert es Karl, sei das schlimmste Übel, das einem Staat passieren könne. Ganz anders hören sich da die Überlegungen des preußischen Chefstrategen Carl von Clausewitz an. Krieg sei ohnehin nur eine Fortsetzung der Politik mit anderen Mitteln, sein Ziel müsse daher immer die vollständige Vernichtung seiner Streitkräfte sein. Diese so gegensätzlichen Überzeugungen ziehen sich wie ein roter Faden durch die strategischen Planungen beider Seiten. Die Österreicher rüsteten sich zur Verteidigung, bauten, egal ob in Italien oder in Böhmen, ihre Festungen aus – so lange, bis sie ihnen uneinnehmbar schienen. Millionen wurden in Mauerwerk investiert. Da man sich ja gerne an der Geschichte orientiert, stellte man nun dieses Mauerwerk genau dorthin, wo einst die Preußen zur Zeit Maria Theresias durchmarschiert waren.

Die Preußen dagegen wussten längst, dass eine moderne Armee solche Bauten ohne Mühen einfach umgehen konnte. Um sie zu umgehen, brauchte man Straßen und Eisenbahnen – und genau die ließ Berlin für seine Armee bauen, ganz gemäß der Forderung Moltkes: »Jede neue Eisenbahn ist ein militärischer Vorteil, ein paar Millionen in ihre Fertigstellung sind weit besser angelegt als in einer Festung.«

Während also die Preußen ihr altes Mauerwerk verfallen ließen, bemühte der Kaiser in Wien alle politischen Mittel, um ja genug Geld für die Festungen seiner Armee aufzubringen. Ein pensionierter Generalstabsoffizier wurde eigens beauftragt, die Abgeordneten im Reichsrat in Wien von einer neuen Millionenanleihe für den Festungsbau zu überzeugen. Das Geld wurde nach langem politischen Gerangel genehmigt, es sollte später bei weit notwendigeren Militärausgaben fehlen.

Doch nicht nur die großen strategischen Konzepte des kaiserlichen Generalstabes waren veraltet. Auch bei der schlichten Kampftechnik war man in der napoleonischen Ära stecken geblieben. »Stoßtaktik« hieß das Prinzip, mit dem der Franzosenkaiser viele seiner Schlachten gewonnen hatte, und das Prinzip war einfach und brutal: In dichten Reihen gestaffelt ließ er seine Truppen einfach auf den Feind zulaufen, sobald der seine Reihen aufgestellt hatte. Gerade einmal eine Salve konnten die aus ihren ohnehin unzuverlässigen und wenig zielgenauen Gewehren abgeben, da hatten sie die französischen Soldaten schon überrannt und mit dem Bajonett niedergemacht.

Den kaiserlichen Generalstabsoffizieren kam diese Taktik wunderbar entgegen. Der einfache Soldat zählte in ihren Überlegungen nicht viel, wurde als Menschenmaterial betrachtet, das man dicht gedrängt und ohne Rücksicht auf Verluste gegen die feindlichen Linien schicken konnte. Wie »Rindvieh«, notierte ein österreichischer Historiker, würden die Generäle ihre Regimenter zusammentreiben.

Aus allen Ecken des Reiches wurden die kaiserlichen Regimenter zusammengestoppelt. Je ärmer die Regionen, umso mehr Rekruten gab es zu holen. Es handelte sich dabei um die agrarischen, unterentwickelten Länder der Monarchie von Galizien bis zur Bukowina. Diese Bauernkinder stopfte man vorzugsweise in jene Einheiten, deren Hauptrolle in der so zynischen und menschenverachtenden Strategie der Generäle die des Kanonenfutters war. In den Infanterieeinheiten, die in der erwähnten Stoßtaktik ins feindliche Feuer geschickt wurden, fand sich eine deutliche Mehrheit mit nicht deutscher Muttersprache.

Die Kommandosprache aber war Deutsch. Befehle beim Exerzieren oder im Gefecht wurden also in Deutsch erteilt und oft von den Soldaten gar nicht verstanden. Erschüttert erinnerte sich ein kaiserlicher Offizier an den Italienfeldzug und den panikartigen Rückzug bei Solferino. »Halt« habe er lauthals seiner galizischen Truppe zugebrüllt, doch die habe ihn schlicht nicht verstanden. Weder akustisch noch sprachlich. Zwar war jeder Offizier verpflichtet die Sprache seines Regimentes, also die der Mehrzahl der Rekruten, innerhalb von drei Jahren zu erlernen, den meisten aber war das »Rindvieh«, das sie zu befehligen hatten, diese Mühe nicht wert. Brauche ein galizischer Bauer, wie ein alter Spruch bei der Armee lautete, nicht ohnehin erst einmal drei Jahre, um ein Mensch zu werden, und dann noch fünf weitere Jahre bis zum Soldaten?

Beinahe zynisch wirken da die pathetischen Verse Franz Grillparzers, die dieser über die Vielsprachigkeit der Armee verfasst hatte: »Die Gott als Slav' und Magyaren schuf, sie streiten um Worte nicht. Sie folgen, ob deutsch auch der Feldherrenruf, denn: Vorwärts! ist ungarisch und böhmisch.«

Mehrsprachig gab man sich bei der Armee nur bei den schriftlichen Anweisungen und Vorschriften. So trug jeder Soldat ein auf Wachsleinwand gedrucktes Schreiben bei sich, auf dem die wichtigsten Erläuterungen zur Benützung seines Gewehres zu finden waren: in neun Sprachen!

Doch auch diese Maßnahme half den armen Teufeln nicht gerade viel, waren doch viele Analphabeten. Wie viele der Rekruten in den slawischen Einheiten tatsächlich lesen konnten, lässt sich heute nur schätzen. Wer aber weiß, dass in Galizien damals nur 30 Prozent der Erwachsenen lesen und schreiben konnten – in Dalmatien überhaupt nur 22 Prozent –, kann sich ungefähr ausrechnen, was diese armen Bauernkinder mit dem möglicherweise lebensrettenden Zettel anfangen konnten.

Allzu viel Zeit, sich an ihr Gewehr zu gewöhnen, hatte man ihnen ohnehin nicht gegönnt. Eine der ersten Sparmaßnahmen infolge der Budgetknappheit bei der Armee war eine beinahe vollständige Einstellung der Schießübungen. So kam es, dass viele der Soldaten, die 1859 in den Italienfeldzug zogen, einfach nicht wussten, wie sie ihr Gewehr benutzen sollten. Da half ihnen der skurrile mehrsprachige Beipackzettel auch nichts mehr. Dutzende Infanterieregimenter lernten in diesen Jahren einfach nie schießen, aber auch nicht sich zu decken oder in kleinen selbstständigen Einheiten zu kämpfen. Diese einfachen Bauern, so befand man im Generalstab, könnten ohnehin nie lernen, Entfernungen zu messen und auf bewegliche Ziele zu schießen. Alles Dinge, die Moltke in diesen Jahren ganz oben auf den Ausbildungsplan für die preußischen Soldaten gesetzt hatte. Selbst jene österreichischen Einheiten, die das Schießen erlernten, brachten es auf gerade einmal 20 Übungsschüsse pro Jahr, bei den Preußen waren es mehr als 100 Schüsse. Während die Österreicher den immer gleichen Kommandos folgend auf fix montierte Scheiben schossen, wurden die preußischen Rekruten angehalten, aus der Bewegung heraus Schüsse auf bewegte Ziele abzugeben, die Flugbahn und Treffgenauigkeit zu beobachten und alle Einzelheiten in Hefte einzutragen, mit deren Hilfe sie dann ihre Schießkünste perfektionierten.

Ob in Solferino oder ein paar Jahr später in Königgrätz – welches Gewehr die kaiserlichen Truppen in ihren Händen hielten, sollte keine allzu große Rolle spielen; die meisten Soldaten hätten es ohnehin nicht wirklich bedienen können. Ihre Kommandanten wollten sie viel lieber gegen den Feind anrennen als schießen sehen. Dass die Bauernbuben damit zu Tausenden in ihren Tod rennen würden, das wurde bei den Schulterklappenträgern in Wien als militärische Tradition hochgehalten.

Im Generalstab hatte kaum jemand Interesse an Gewehren und Schießkünsten, wo doch die Stoßtechnik erstens simpler und zweitens viel billiger war. Reformer wie Major Laaba von Rosenfeld, die darauf drängten, die Soldaten doch besser auszubilden und menschlicher zu behandeln, wurden ignoriert.

Ungewöhnlich grausam waren auch Strafen und Disziplinierungsmaßnahmen bei der Armee. Das gefürchtete Krummschließen, stundenlanges Anbinden oder das tagelange Fasten bei Wasser und Brot waren Alltag. Kein Wunder, dass die kaiserliche Armee über Jahrzehnte die mit Abstand höchste Selbstmordrate aller europäischen Streitkräfte zu beklagen hatte.

Doch auch jene, die brav ihren Dienst verrichteten, wurden kurz gehalten. Hunger war nicht nur in Kriegszeiten, sondern auch in den Kasernen an der Tagesordnung. Die Menage für die einfache Mannschaft bestand aus einem Seidel Suppe, in das etwas Brot hineingeschnitten worden war, einem Stück Rindfleisch und etwas Gemüse – für den Rest des Tages musste dann trockenes Brot genügen. »Wie kann diese Mahlzeit«, fragte sich ein verständnisvoller Offizier, »einem Mann genügen, der in der Entwicklung ist?« Die Löhnung betrug sechs Kreuzer pro Tag. Was nach Abzweigung von Wasch- und Reinigungsgeld noch übrig blieb, reichte – wie ein Soldat bitter vermerkte – »kaum noch für das eine oder andere Glas Bier«.

Den einfachen Offizieren ging es allerdings auch nicht viel besser. Sie, die ja finanziell ähnlich kurz gehalten wurden, mussten dann das wenige Geld dafür aufwenden, den schönen Schein zu wahren, der in der k. u. k. Armee ja immer besonders hochgehalten wurde. »Drei volle Tage habe ich schon nichts gegessen als zur Jause ein Glas Bier, zwei Salzstangerln und ein Stückchen Käse, das Diner respektive Souper am Donauufer eingenommen. Dazu täglich vor- und nachmittags starke Übungen.«

All dem zu Grunde lag das seltsame Selbstverständnis einer Armee, die ihre Offiziere seit jeher für »hoffähig« erklärte, sie also zumindest der Form nach zum Adel zählte. So konnte jeder auch noch so subalterne Offizier am Ende seiner Dienstzeit offiziell einen Adelsrang beantragen. Was man damit wettzumachen versuchte, war vor allem die völlig unzureichende Bezahlung der meisten Offiziere, die sich daher das standesgemäße Leben, das von ihnen erwartet wurde, einfach nicht leisten konnten. Nicht umsonst war ein Leutnant, der nicht bis über beide Ohren verschuldet war, in der Armee eine absolute Ausnahme.

Oft war die Heirat die einzige Möglichkeit, den Offizieren eine etwas solidere finanzielle Basis zu geben. Natürlich kam da nur eine so genannte »gute Partie« in Frage. Wenn das Mädel aus gutem Haus den Diener seiner Majestät tatsächlich haben wollte, musste der Vater eine mehr als ordentliche Kaution bezahlen. Nur in solchen Fällen bekam er überhaupt eine Ehe-Erlaubnis von seinem Kommandanten. War es einem Offizier trotzdem in den Sinn gekommen, ein armes Mädchen zur Frau zu nehmen, musste er sofort seinen Dienst quittieren.

Dass gerade Franz Joseph auf dieses etwas unrealistische Standesbewusstsein seiner Armee so viel Wert legte, hatte allerdings auch politische Gründe. 1848 hatte er, gerade erst gekrönt, die Aufstände in Österreich und Böhmen blutig niedergeschlagen und Tausende Zivilisten danach erschießen lassen. Die Angst vor einer neuen 48er-Revolution aber sollte ihn sein Leben lang begleiten. Nur die Armee, da war sich der überzeugte Antidemokrat sicher, konnte ihn vor diesen Revolutionen beschützen. Die prunkvollen Paraden und Uniformen, die mächtigen, burgähnlichen Kasernenbauten an den strategisch wichtigen Ecken Wiens, das alles waren mehr als nur Äußerlichkeiten oder alter Glanz, wie ihn unverbesserliche Monarchie-Nostalgiker heute noch herbeisehnen, es war eine Demonstration politischer Macht. Die Armee war kaisertreu und verstand sich daher auch als Schutzschild gegen jene Klasse, die Franz Joseph, gerade wegen 1848, nie ganz geheuer war: das auch in Österreich aufstrebende Bürgertum. »Je unähnlicher allen bürgerlichen Klassen der Soldatenstand ist, umso mehr hat er vom Rittertum, dem er nachfolgte, das eine durch den gleichen Beruf von allen anderen Ständen abgeschlossene Körperschaft bildet.«

Natürlich verstanden es die echten Adeligen in der Armee, sich von diesem Kasernenhof-Adel gebührend zu distanzieren. Dass ein paar Schulterklappen nivellieren würden, wie man in der Armee gerne sagte, traf natürlich auf all jene, die einen blaublütigen Stammbaum mit sich herumtrugen, keineswegs zu. All die Windisch-Grätz' und Schwarzenbergs, die zum stockkonservativen Landadel gehörten, machten sich mit irgendeinem dahergelaufenen Leutnant natürlich nicht gemein.

Das machte sich natürlich auch in Geldangelegenheiten bemerkbar. Höhere Offiziere wurden vom Hof wie selbstverständlich mit politisch motivierten Pöstchen und Privilegien versorgt. Jahr für Jahr stieg die Anzahl an Provinzkommandanten, Pensionären und supernumerären Offizieren, also Schulterklappen-Trägern, für die man in Wahrheit gar keine militärische Verwendung hatte. Vor allem in den Jahren nach 1848, als Franz Joseph absolutistisch, also ohne jegliche demokratische Kontrolle, regierte, wurde die Armee, auch als Dank für ihre Treue in den Revolutionsjahren, sehr reichlich bedient. Dass sie es nicht dafür nützte, um besser kriegstauglich zu werden, belegen Zahlen aus diesen Jahren. Für Bürokratie und Verwaltungsgebäude veranschlagte das Kriegsministerium weit mehr Geld als für die kämpfende Truppe, für Waffen oder Übungen.

Es gab unzählige Wege, sich zu bereichern. Im kleinen Stil, etwa durch Bezug von Pferde- und Stallgeld, obwohl man beides gar nicht besaß, bis zu Korruption im großen Stil. Schlagzeilen machte in den Jahren vor Königgrätz vor allem der Fall Eynatten. Der Feldmarschall war für Ausrüstung, Verpflegung und Nachschub der Truppe in Italien verantwortlich, und er hatte diese Truppe nicht nur unzureichend versorgt, sondern dabei auch noch Unsummen in die eigene Tasche erwirtschaftet. Als der ganze Millionenbetrug aufflog, erhängte sich Eynatten. Auch den Hintermann, der diese ganzen Transaktionen politisch gedeckt hatte, hatten die Medien bald ausfindig gemacht. Es war niemand geringerer als der Finanzminister seiner Majestät, Karl Ludwig Freiherr von Bruck. Franz Joseph konnte gar nichts anderes tun, als seinen Vertrauten in die Wüste zu schicken. Der schnitt sich noch am Abend nach dem letzten Gespräch mit dem Kaiser die Pulsadern auf.

Mit dem Ende der absolutistischen Herrschaft floss natürlich auch bald das Geld spärlicher. Der Kaiser musste dem Reichsrat die Finanzhoheit abtreten. Und der ging natürlich sofort daran, dort zu sparen, wo am meisten Geld zu holen war – bei der Armee, gingen doch immerhin dreißig Prozent der Staatsausgaben für die bewaffnete Macht drauf. Der Finanzausschuss, von den Wienern bald ironisch das »Streichquartett« genannt, kürzte rigoros und wurde bald von den Militärs für das »Kaputtsparen« der Armee verantwortlich gemacht. »Gott erhalte die Armee, ich kann's nicht mehr«, soll der Finanzminister den Kassasturz kommentiert haben.

Dass es letztendlich aber nicht das fehlende Geld war, das die kaiserliche Armee zugrunde richtete, zeigt der Italienfeldzug 1859. Wenige Jahre vor Königgrätz erlitten die österreichischen Truppen bei Solferino eine vernichtende Niederlage. Hier zeigten sich auf erschreckende Weise die Schwächen der Armee und ihrer veralteten Form der Kriegsführung.

Schon der Aufmarsch der Truppen gestaltete sich quälend langsam. Ohne moderne Transportmittel wie die Eisenbahn arbeiteten sich die österreichischen Einheiten, die obendrein ständig auf ihre chaotisch organisierten Versorgungstrupps warten mussten, durch Oberitalien. Gerade einmal fünf Kilometer pro Tag schafften sie in den entscheidenden Wochen. Glücklicherweise war die französische Armee ein ebenso unorganisierter Haufen aus wild durcheinander gewürfelten Truppenteilen und Versorgungseinheiten. Wutentbrannt notierte damals ein österreichischer Divisionär in sein Tagebuch: »Der Generalstabschef des Korps ist ein fauler Esel. Das Hauptquartier mit Müßiggängern gefüllt, die Verpflegung schlecht geregelt. Gestern hatten meine Soldaten kein Brot und kein Futter. Das ist nicht Mangel, sondern Unordnung.«

Ein Augenzeuge, der die österreichischen Truppen vorbeimarschieren sah, ahnte das Fiasko der herannahenden Schlachten voraus: »Gott gebe, dass eine günstigere Wendung möglich ist, er vermag Wunder zu wirken, und ein großes wäre es, eine so derart misshandelte, schlecht verpflegte, elend disponierte Armee siegen zu sehen.«

Ein Sieg, so urteilen Militärhistoriker, wäre gegen die schwache und vor allem schlecht ausgerüstete französische Armee durchaus möglich gewesen. Schließlich verfügte die österreichische Infanterie über ein modernes und vor allem zuverlässiges Gewehr. Das Modell Lorenz war zwar noch ein Vorderlader, lieferte aber die technisch möglichen zwei Schuss pro Minute mit äußerster Verlässlichkeit und hoher Präzision. Bis zu 1000 Meter Reichweite hätten die österreichischen Infanteristen damit gehabt. Hätten, denn wie bereits erwähnt hatten große Teile der Truppe die Waffe noch nie in der Hand gehabt.

Viele der Gewehre waren sogar noch in das Schmierfett, mit dem sie aus der Fabrik gekommen waren, gehüllt und daher erst recht nicht zu gebrauchen. Als die französischen Truppen anstürmten, fummelten die Österreicher ratlos an ihren Waffen herum, gaben, wenn überhaupt, ungezielte Fehlschüsse ab und gerieten dann in Panik. Verzweifelt warfen viele Infanteristen ihre Waffe – samt des berühmten neunsprachigen Beipackzettels – weg und kämpften so, wie sie es zu Hause in ihren Bauerndörfern in den hintersten Winkeln der Monarchie gelernt hatten: mit den bloßen Fäusten!

Die politischen Konsequenzen aus Solferino waren einschneidend, das Kaiserhaus musste Macht abgeben. Der Weg in Richtung Verfassung, also auch in Richtung der konstitutionellen Monarchie, war eingeschlagen. Militärisch aber konnte und wollte keiner der Verantwortlichen eingestehen, dass man für einen modernen Krieg nicht gerüstet war. Am allerwenigsten der Oberbefehlshaber selbst, hatte er doch die Armee in Solferino persönlich in die Katastrophe geführt. Die Unfähigkeit und mangelnde Ausbildung seiner Truppe konsequent ignorierend, zog Franz Joseph seinen Schluss daraus, dass die Österreicher überrannt worden waren: Nie mehr werde er sich auf Feuerkraft verlassen, »Bewegung allein bringt den Sieg«.

Unbeirrbar ging man also weiter den falschen Weg und damit geradewegs in die Niederlage von Königgrätz. Um sich selbst zu rechtfertigen, interpretierte die Generalität von da an Gefechte auf ihre Weise. Als man 1864 gemeinsam mit Preußen in den Krieg gegen Dänemark zog, bekamen die Offiziere die Schießkünste der gut ausgebildeten preußischen Truppen persönlich vor Augen geführt. Der Ansturm der dänischen Truppen kam im konzentrierten Feuer zum Erliegen. Moltke hatte seine Soldaten nicht nur das Schießen gelehrt, er hatte sie auch mit der neuesten Errungenschaft in der Waffentechnik ausgestattet, dem Zündnadelgewehr. Erstmals verfügte eine europäische Armee über einen Hinterlader und konnte daher ihre Salven viel schneller abfeuern. Dass diese auch trafen, dafür hatte das jahrelange Schießtraining gesorgt. Jenes Training, das die Österreicher, egal welches Gewehr sie nun ihn Händen hielten, noch schmerzlich vermissen sollten.

Der Auftritt der perfekt ausgebildeten preußischen Truppen in Dänemark war die Premiere für eine moderne europäische Armee. Die Österreicher aber wollten all das nicht sehen und sie erfanden sich auch einen guten Grund dafür. Die eigenen Truppen hatten gegen die Dänen ebenfalls einige erfolgreiche Gefechte geführt. Und zwar mit der alten Stoßtaktik. Was man tunlichst überging, war, dass man dabei in den eigenen Reihen etwa fünfmal so viele Tote zu beklagen hatte wie die Preußen bei den ihren. Die Schlussfolgerungen, die die Generäle dem Kaiser auftischten, sind an Zynismus und Menschenverachtung nicht zu überbieten: Der moralische (!) Vorteil der Stoßtaktik würde die Verluste an Menschen klar überwiegen. Als der doch etwas irritierte Kaiser bei einem der Generäle nachfragte, lieferte der einen bemerkenswerten Kommentar ab: »Die preußischen Truppen«, schrieb er, »sind einfach zu intelligent, zu methodisch. Ihnen geht die Moral der Österreicher ab: innere Ruhe, kühles Blut, ein Rückgrat und die Entschlossenheit, harte Schläge auszuteilen und einzustecken, ohne Rücksicht auf Verluste.«

Man war also weiter gewillt, das »Rindvieh« gegen die feindlichen Linien zu hetzen, ohne Ausbildung und vor allem ohne jegliche Chance. »Die österreichischen Generäle gehen davon aus, dass ihre Truppen mit dem Bajonett über die Preußen herfallen werden. Mir aber stellt sich eine andere Frage«, ahnte ein französischer Beobachter in den Wochen vor Königgrätz die Katastrophe voraus, »werden die Österreicher überhaupt die preußischen Linien erreichen?«

Sie erreichten sie nicht: Das war die bittere Erkenntnis aus diesem blutigen Julitag des Jahres 1866. Auf den Hügeln von Chlum, wo die österreichische Niederlage bei Königgrätz endgültig zur historischen Katastrophe wurde, rannten die Soldaten hilflos ins preußische Feuer und damit in den Tod. Diejenigen, die diese Todesopfer mit ihrer Ignoranz zu verantworten hatten, sorgten dafür, dass die Opferzahlen noch weiter stiegen. Von 25 auf gerade einmal zwölf Schritte hatte man den Abstand zwischen den anstürmenden Reihen verringert. »Dampfwalzen-Effekt« nannte man diese gloriose Idee, die jetzt dafür sorgte, dass die Soldaten über die Leichen jener stolperten, die vor ihnen ins Feuer gelaufen waren. Auf einigen Abschnitten der Front war bereits Panik ausgebrochen. Der Rückzug wurde zur panischen Flucht. »Männer schrieen und feuerten Schüsse in die Luft«, erinnerte sich später ein Offizier. »Wir konnten die Massen der Preußen sehen, die hinter uns vorrückten, es regnete überall Granaten. Es war einfach Wahnsinn.«

Auf einem Abschnitt aber ließen die österreichischen Generäle ihre Soldaten weiter in den Tod laufen. Den »Weg des Todes« sollte man den schlammigen Abhang später nennen, den General Gondrecourt immer und immer neue Einheiten hinaufhetzte. Die Attacken waren längst sinnlos geworden, die Soldaten hatten keine Munition mehr und niemand hätte den Hügel, wenn er auch gefallen wäre, halten können. Den adeligen Gondrecourt aber interessierte das nicht. Er hoffte auf sein persönliches bisschen Ruhm und sah zu, wie etwa bei einer Einheit mehr als 1.000 Mann innerhalb weniger Minuten fielen.

Noch unbekümmerter schickte ein anderer Offizier unweit von ihm seine Soldaten ins sichere Verderben. General Leiningen, wie Gondrecourt aus dem Hochadel, hatte sich angesichts der Leichenberge sogar noch eine Verfeinerung der Stoßtaktik zurechtgelegt. »Noch dichter zusammenrücken«, ordnete er an und schickte die Reihen mit einem Abstand von nur noch zwei Metern auf den »Weg des Todes« – bis preußische Husaren anrückten und die letzten entkräfteten und hilflosen Überlebenden mit dem Säbel erledigten.

Die Toten von Königgrätz waren noch nicht begraben, da schloss man auch in Wien die Reihen dicht, rückte der Generalstab eng zusammen, um gegen die Feinde anzutreten, von denen man sich ohnehin seit Jahren in seiner Existenz bedroht fühlte: Das Parlament, die Liberalen, kurz und gut alle diese Demokraten, die dem Kaiser und seiner Armee an den Kragen wollten.

Um all denen zuvorzukommen, übernahmen Armeeführung und Kriegsministerium die Aufarbeitung der Niederlage und die Analyse der Ursachen für die Katastrophe. Vier Jahre lang arbeiteten Kommissionen hinter verschlossenen Türen daran; vier Jahre lang wurden alle gegen die Armee und ihre Generalität erhobenen Vorwürfe als unseriös und unbegründet beiseite geschoben, immer mit der Begründung, nur die Fachleute, also die Militärs selbst, könnten die wahren Hintergründe der verpfuschten Feldzüge herausfinden.

Fünf Bände umfasste schließlich das gesamte Erklärstück: »Österreichs Kämpfe im Jahre 1866«. Ein solcher Umfang aber war vor allem deshalb notwendig, weil man all die wirklichen Schwächen und Kritikpunkte darin weiträumig umschiffte, sich auf die falschen Verantwortlichen einschoss und die abenteuerlichsten Erklärungen fand.

Ein kritischer Offizier nannte das Werk »ein Königgrätz der Geschichtsschreibung, konstruiert in der giftigen Atmosphäre des habsburgischen Kriegsministeriums«.

Zuallererst wurde natürlich die preußische Armee zu einer schier unschlagbaren Streitmacht stilisiert, aus dem Zündnadelgewehr wurde eine wahre Wunderwaffe. Dass die kaiserliche Generalität diese Wunderwaffe schon Jahre vor Königgrätz begutachtet und als nicht sinnvoll beurteilt hatte, wollte jetzt plötzlich niemand mehr wissen.

Sogar das Wetter wurde in diesen Erklärungsversuchen auf einmal zum Feind der Österreicher. Der »Nebel von Chlum« habe die Preußen einfach unsichtbar gemacht, hieß es, obwohl von diesem Nebel in den entscheidenden Stunden nach Mittag längst nichts mehr zu sehen gewesen war. Und obwohl dieser Nebel dann ja auch die Preußen behindern hätte müssen.

Natürlich wurde auch die Interpretation von der in den Ruin gesparten Armee in diesem Werk endgültig zur staatstragenden Lebenslüge gemacht. Mit dieser Erklärung im Rücken konnte die Armee bis zur ihrem Untergang im Ersten Weltkrieg jede ernsthafte Reform, so viele Versuche es auch gab, auf bloße Äußerlichkeiten reduzieren.

Auf diesem Untergrund blühten die Dolchstoßlegenden in den Jahren nach Königgrätz. Ein kaiserlicher Offizier namens Hugo Kerchnawe etwa stürzte sich in einer wütenden Polemik mit dem Titel »Die Vorgeschichte von 1866 und ?« auf »die wahren Schuldigen jener gewaltigen und erfolglosen Blutopfer ... Wer anderes als das Parlament und die Presse.« Nur diese beiden, so der stramm antidemokratische Generalstäbler, seien schuld daran, »dass die Armee derartig missliche Ausbildungsverhältnisse hatte«. Diese habe nur noch verzweifelt versucht, »mit ihrem Blut die Sünde der Politiker am Vaterland wieder gutzumachen«.

Oberbefehlshaber Benedek selbst musste sich schon Wochen nach dem Desaster einer gerichtlichen Untersuchung stellen. Doch versuchte man, jegliche Verantwortung für die Niederlage von ihm fern zu halten, schließlich war er ja der Favorit des Kaisers gewesen. Nicht an seiner Entscheidungsunfähigkeit habe es gelegen, sondern an der Eigenwilligkeit »ungehorsamer Generäle«, die sich dem Plan des Feldherrn verweigert hätten – auch wenn der in Wahrheit keinen hatte. Die Verfahren gegen Benedek und auch gegen seinen Generalstabschef Henikstein wurden niedergeschlagen. Die einzigen sichtbaren Ergebnisse waren wütende Polemiken in der konservativen und daher auch antisemitischen Presse, die sich auf den nur mehr als »der Jud« bezeichneten Henikstein stürzte.

Ludwig Benedek behielt seine Feldherrenehre, ging aber wenige Monate später in die Pension, die er ja schon vorher antreten wollte. Jetzt aber war er endgültig ein gebrochener Mann. Mit der Armee wollte er von da an nie wieder etwas zu tun haben. Zurückgezogen in Graz lebend, ertrug er auch die immer wieder gegen ihn geführten Attacken in den Zeitungen ohne jegliche Gegenwehr, der einst so dreiste Sprücheklopfer blieb still. Es war der letzte Dienst eines braven, aber zuletzt rettungslos überforderten Soldaten an seinem Oberbefehlshaber. Schriftlich hatte er es dem Kaiser versprochen, den Rest seines Lebens kein Sterbenswörtchen mehr über die Hintergründe der Niederlage bei Königgrätz zu verlieren. Prinzipientreu und stur wie Franz Joseph selbst hielt er Wort.

Der Monarch und sein Reich konnten mitsamt ihrer Lebenslüge ihrem Ende entgegengehen.

AEIOU und »Du, glückliches Österreich, heirate«: Über Jahrhunderte galten sie als die ehernen Grundsätze der Habsburgerherrschaft – und waren doch viel mehr.

Findet man in diesen zwei Sinnsprüchen doch das große Ideal der Habsburger wie auch die Mittel, mit denen sie es über Jahrhunderte verfolgten. AEIOU, »Österreich wird auf Erden das Höchste sein«, war der Spruch, der Friedrich III. auf seinem Weg zur Kaiserkrone begleitete, den er, der kleine österreichische Herzog, so unbeirrbar ging.

»Tu felix Austria nube«, wählte sich sein Sohn Maximilian I. als Devise. Sie sollte ihm, oder besser gesagt seinen Erben, jenes Weltreich einbringen, in dem die Sonne nicht unterging. Doch auch die folgenden Generationen der Dynastie sollten an diesen Grundsätzen festhalten. Die Heiratspolitik sicherte den Habsburgern immerhin ein Reich, das mehr als ein halbes Jahrtausend überdauern sollte. Wankte ein Teil ihres Reiches oder zerfiel ihnen sogar unter der Hand, stützten sie geschickt die anderen Teile durch Ehebündnisse ab oder gewannen sogar neue Länder dazu.

Das AEIOU aber lebte in dem hohen und bis zuletzt absoluten Herrschaftsanspruch der Habsburger weiter. Auf Gottes Gnaden, so die tiefe Überzeugung, beruhte ihre Herrschaft und gab ihnen auch in schweren Zeiten das Gefühl der Überlegenheit gegenüber vielen Konkurrenten. Österreich aber blieb in diesem Reich bis zu dessen Untergang das Höchste. Der Traum des Herzogs in seiner Burg in Wiener Neustadt hatte sich mehr als erfüllt.

Die Slogans der Habsburger:

# Zu schön, um wahr zu sein

War es abgrundtiefer Hass auf die unangenehmen Konkurrenten, Neid oder vielleicht sogar bitterböse Ironie eines haushoch überlegenen Gegners? Es lässt sich heute, mehr als ein halbes Jahrtausend später, nur noch erahnen, was den Ungarnkönig Matthias Corvinus dazu brachte, ausgerechnet den Habsburgern einen solchen Stammbuchvers zu dichten. Na ja, zu dichten, das scheint wohl ein bisschen übertrieben. Der Monarch, vielen Historikern zufolge die beste Verkörperung eines mitteleuropäischen Renaissancefürsten, hatte einfach bei den alten Römern nachgeschlagen. Den besagten Vers fand er, so wird vermutet, beim Dichter Ovid. Er formulierte ihn zeitgemäß um und machte daraus jenen Spruch, mit dem sich manchmal bis heute Österreichs Gymnasiasten in ihrem Geschichtsunterricht herumschlagen müssen: »Bella gerant alii, tu felix Austria nube. Nam que Mars aliis, dat tibi regna Venus.« Auf Deutsch: »Andere mögen Kriege führen, du, glückliches Österreich, heirate. Denn was anderen der Gott Mars (bekanntlich für den Krieg zuständig, Anm.) gibt, gibt dir die Herrschaft der Venus.«

Was der Ungarnkönig wohl damit gemeint hat, wird uns gleich beschäftigen. Vorab nur einmal so viel: Was später und mit so erstaunlicher Nachhaltigkeit in diesen Vers hineininterpretiert wurde, war es mit Sicherheit nicht. Viel schlagender noch als das inhaltliche Missverständnis ist die schlichte Tatsache, dass man in Österreich bis heute eine andere Persönlichkeit als den Autor des Spruches kennt: Maximilian I., Deutscher König, Römischer Kaiser und Begründer der Habsburger Großmacht. Man muss sich nicht einmal die Geschichtsbücher älteren Datums durchblättern. Es genügen ein paar Klicks durchs Internet und schon begegnet man überall dem Stehsatz von Maximilian, der das Reich begründete, »in dem die Sonne nicht unterging«, und der, wie könnte es auch anders sein, den dazugehörigen Sinnspruch dichtete. Zugegeben, Maximilian dichtete recht fleißig, schrieb gigantische, heute etwas schwer verdauliche Versmonster über sich als edler Ritter, wie etwa den »Weißkunig«. Aber mit dem genannten Vers hat er, aller herkömmlichen Geschichtsweisheit zum Trotz, nichts zu tun.

Zu schade auch, mögen sich spätere Herrscher des Hauses Habsburg – vermutlich war es einer aus der Barockzeit – gedacht haben. Also wurde der Wahrheit ein Schnippchen geschlagen und der wunderschöne Vers ihrem Ahnen angedichtet.

Eine Sichtweise auf Maximilian, die man allerdings nur aus ein paar schlanken Jahrhunderten Abstand gewinnen konnte. Denn der Habsburger Herrscher hatte zwar tatsächlich eine recht erfolgreiche Heiratspolitik betrieben, doch die für das Reich so beeindruckenden Konsequenzen konnte er in Wahrheit gar nicht ahnen. Entstanden diese doch weniger aus den Hochzeiten selbst, sondern vielmehr daraus, dass die dynastische Konkurrenz, die natürlich auch auf die herrschaftspolitische Ausbeute aus diesen Verbindungen spitzte, schlicht wegen Mangels an Nachkommen aus dem Rennen schied und die Beute daher den Habsburgern zufiel.

Maximilian jedenfalls hatte ein Leben lang anderes im Sinn. Dem Krieg hat sich der Sohn Friedrichs III. verschrieben. Nicht umsonst verstand er sich selbst als »Landsknecht« oder – etwas überhöht formuliert – als der »letzte Ritter«. Die »streitbare Regierung«, schrieb er selbst, sei »mehr wert als Geld«.

Streitbar war Maximilian tatsächlich. Ein Leben lang führte er Krieg. So mäßig der Erfolg all dieser Kriege war, so gigantisch war der Aufwand dafür, der den Kaiser, sein gesamtes Reich und natürlich seine Nachkommen über Generationen hinweg in gigantische Schulden stürzen sollte. Alles wurde den Feldzügen untergeordnet. Bodenschätze wie das Tiroler Silber wurden ausgebeutet wie heute in anderen Weltgegenden das Erdöl. Die Aufbringung riesiger Summen, die man für Feldzüge an der Schwelle zur Neuzeit einfach brauchte, hatte höchste Priorität. Schließlich erledigten edle Ritter in dieser Zeit kaum noch das schmutzige Geschäft auf dem Schlachtfeld, sondern vielmehr eiskalte und teuer bezahlte Profis, die Landsknechte.

Diese Söldnerheere wurden dort angemietet, wo man sie gerade günstig auftreiben konnte. Die besten, derer sich auch Maximilian bediente, waren Schweizer, die so genannten Reisläufer. Sie töteten professionell in ganz Europa. Was nach ihrem Wirken von einem Landstrich und dessen Bewohnern noch übrig war, wurde geplündert und missbraucht. Waffen und Rüstungen, im Mittelalter noch von örtlichen Schmieden auf einer Burg quasi als Einzelstücke angefertigt, entstanden zu dieser Zeit längst in industrieller Fertigung. Großunternehmen, die ganze Städte ernährten, lieferten Herrschern wie Maximilian die Hardware für ihre kriegerischen Unternehmen. Das Geld, das diese Fabrikanten in rauen Mengen für die so heftig gefragten Waren kassierten, lieferten wiederum findige Bankiers. Denn aus irgendwelchen Truhen, aus denen man in romantischen Vorstellungen über das Spätmittelalter ständig Geld und Gold für jeden beliebigen Zweck herausholen konnte, ließen sich die Millionen für den Krieg nicht mehr fischen. Also lebten die Herrscher auf Kredit – und keiner in Europa hatte damals mehr Schulden als Maximilian. Das Augsburger Bankhaus der Fugger füllte seine Kriegskasse und ließ sich dafür mit langfristigen sowie hochlukrativen Pachtverträgen entlohnen. Vor allem die Minen, aus denen Gold, Silber oder andere Edelmetalle gefördert wurden, hatten es Maximilians Finanziers angetan. Eine Mine nach der anderen musste der Kaiser ihnen überschreiben. Bald ging durch des Kaisers Reich der böse Scherz, dass ihm weder über noch unter der Erde irgendetwas gehören würde.

Maximilians Pech war, dass der Krieg, den er mit eiserner Konsequenz betrieb und der sein Reich in den Staatsbankrott stürzte, ihm zuletzt nichts einbrachte. Ein Leben lang kämpfte der Habsburger um Italien, um es zuletzt doch nur beinahe zur Gänze zu verlieren.

Zugegeben, für einen Krieg um Italien gab es zu dieser Zeit mehr als nur einen Grund. Einerseits war es für einen Herrscher, der den Titel »Römischer Kaiser« trug, gewissermaßen eine moralische Verpflichtung, Italien, man sprach von »Reichsitalien«, zumindest teilweise zu kontrollieren. Andererseits waren die italienischen Städte, in denen – ganz im Gegensatz zu weiten Teilen Europas – bereits die Renaissance angebrochen war, schlichtweg reich. Es gab also zwischen Venedig und Florenz einiges zu holen. Dummerweise interessierten sich deshalb neben Maximilian auch noch einige andere ausländische Herrscher dafür, allen voran der französische König.

Einen Feldzug nach dem anderen führte der Habsburger nach Italien. Seine Verbündeten wechselten so oft, dass selbst Historiker leicht den Überblick über all diese Allianzen verlieren. Wichtig ist nur, der Hauptgegner blieb immer der gleiche: Frankreich. Eine Feindschaft, die dem Habsburgerreich noch lange erhalten bleiben sollte – ebenso lange wie der Kriegsschauplatz Italien.

Ihren letzten und fast schon grotesken Höhepunkt erreichte Maximilians Italienmanie mit dem Venezianerkrieg. Alt, krank und gewaltig verschuldet wollte der Kaiser noch einmal sein Glück in einem Feldzug Richtung Süden versuchen. Die Voraussetzungen dafür waren denkbar schlecht: Sein Reich war so gut wie bankrott, 70 Prozent des Staatshaushaltes flossen in den Krieg, die Bevölkerung in den österreichischen Ländern stand wegen der unmenschlich hohen Steuern vor dem Aufstand. Doch Jakob Fugger, war der Kaiser überzeugt, würde das alles schon richten. Was noch an Bergwerken, Gütern oder Handelsrechten da war, wurde dem Augsburger überschrieben und der bekam noch ein paar Adelstitel als Draufgabe.

Als der ohnehin sinnlose Krieg erwartungsgemäß in einem Desaster endete, zahlte Fugger auch noch Maximilians letztes großes Projekt: die Kaiserwahl von dessen Enkel Karl. Bestechungssummen in zuvor nie erreichter Höhe wurden den deutschen Kurfürsten zugeschoben, nur damit sie die Fortsetzung der Habsburgerherrschaft im Deutschen Reich mit ihrer Stimme sicherten.

Doch diese Kaiserkrone, für die sein Großvater Millionen ausgegeben hatte, die er schon längst nicht mehr besaß, brachte Karl V. nichts ein – abgesehen von einem zerfallenden Reich voller Fürsten, die mit ihm nichts zu tun haben wollten, und einem blutigen, Jahrzehnte dauernden Religionskrieg.

Das wirklich große Erbe, das Maximilian seinem Enkel hinterließ, jenes sagenhafte Reich, in dem die Sonne nicht unterging, war gewissermaßen ein Nebenprodukt der Politik des »letzten Ritters«. In den Angelegenheiten, die ihm wirklich wichtig waren, also Italien und das Reich, hatte er ausschließlich Niederlagen erlebt.

Ähnliche Niederlagen waren, wie bereits erwähnt, für seine Nachfolger schon vorprogrammiert.

Seine Heiratspolitik aber sollte den Habsburgern mehr einbringen, als es Maximilian selbst jemals ahnen konnte. Maximilian fädelte für seine Kinder, Philipp und Margarete, Hochzeiten mit dem spanischen Herrscherhaus ein. Das hört sich natürlich heute viel lukrativer an, als es sich damals für eine Dynastie wie die Habsburger darstellte. Spanien, über Jahrhunderte von den Arabern besetzt, war erst ein paar Jahrzehnte zuvor geeint worden und stand gerade am Beginn seiner Entwicklung zur europäischen Großmacht. Als die Doppelhochzeit 1496 stattfand, war Amerika gerade erst entdeckt worden. Die beiden Verbindungen waren also keineswegs dazu gedacht, Spanien für die Habsburger zu gewinnen, sondern vielmehr, den Hauptgegner des Habsburgers – Frankreich – politisch zu isolieren.

Es war nicht Maximilians Verdienst, dass alles ganz anders und noch dazu so günstig für die Habsburger kam. Frankreich konnte er mit diesen zwei Hochzeiten nichts anhaben, die nachfolgenden Ehen waren kurz und unglücklich. Doch in den kommenden Jahren und Jahrzehnten schafften es allein die Habsburger, genügend Nachkommen zu zeugen, um ihre Erbfolge zu sichern. So wurde auch Spanien zuletzt ein Teil ihres Reiches.

Ganz ähnlich lief es mit Ungarn und Böhmen. Hier gelang es Maximilian erst in seinen letzten Lebensjahren, eine ähnliche Doppelhochzeit zu arrangieren. Enkelin Maria und Enkel Ferdinand waren der Einsatz für eine stabile Verbindung mit dem damals mächtigsten Herrscherhaus Osteuropas, den Jagellonen. Auch hier ging es dem Habsburger vor allem darum, seine Länder vor den damals noch übermächtigen Nachbarn zu schützen. Schließlich hatten beide erst kurz zuvor die österreichischen Erblande mit Krieg überzogen. Dass daraus die jahrhundertelange Herrschaft der Habsburger über Ungarn und Böhmen wurde, war schlicht ein Glückstreffer. Ganz ähnlich – wie in den Verbindungen mit Spanien – blieben bei den anderen Dynastien schlicht die Erben aus.

Grund genug für den österreichischen Historiker Alfred Kohler, die Eheschließungen des »glücklichen Österreich« etwas anders als die berühmte Spruchweisheit einzuschätzen: »Für dich, Habsburg«, schreibt er, »hat sich das Heiraten tausendfach gelohnt, weil dir die Unfruchtbarkeit und Mortalität anderer Familien zum Erben verholfen hat.«

Von der »traditionellen Friedensliebe Habsburgs«, wie sie sogar noch zeitgenössische Historiker beschwören, keine Spur. Weder beim hoch verschuldeten »Landsknecht« Maximilian, dem dieses Weltreich per Ehevertrag schlicht nachträglich in die Schuhe geschoben wurde, noch bei dessen Nachfolgern. Der grundsätzliche Fehler dieser Verklärung besteht nämlich darin, Politik durch Heirat und jene durch Krieg auseinander zu dividieren. Beide waren eng miteinander verbunden und gehörten zum Standardrepertoire jeder europäischen Dynastie.

Heirat schloss Krieg keineswegs aus, sie war vielmehr oft sogar der Auslöser dafür. Auch den Habsburgern brachten sie meistens keine Reiche ein, in denen die Sonne nicht unterging, sondern eher zähe Erbstreitigkeiten und in der Folge langwierige Erbfolgekriege. Der Historiker Robert Seydel geht in seinen Untersuchungen zum Thema sogar so weit, dass er die drei größten Erbfolgekriege, die die Habsburger in den Jahrhunderten nach Maximilian auszufechten hatten, ihrer angeblich so friedlichen Heiratspolitik zuschreibt. Er tut das »Du, glückliches Österreich, heirate« geradewegs als Klischee ab: »War Österreich nun wirklich so glücklich und ohne Kriege dank der habsburgischen Heiratspolitik? Sicher nicht! Ganz im Gegenteil.«

Härter ist dann nur noch das Urteil aus Hannes Leidingers »Schwarzbuch der Habsburger«. Er rechnet mit dem berühmten Motto folgendermaßen ab: »Eine der bekanntesten Verklärungen des Erzhauses. Wahr ist daran so gut wie gar nichts. Die gesamte europäische Aristokratie nutzte das Ehebett zur Durchsetzung machtpolitischer Interessen.«

Maximilian aber kann für diese Verklärung nicht verantwortlich gemacht werden, hat er sie doch, wie wir ja mittlerweile wissen, überhaupt nicht in die Welt gesetzt.

War also der Ungarnkönig Matthias Corvinus jener Prophet, der die Zukunft der Habsburger als Beherrscher eines Weltreiches vorausahnte? Wohl kaum. Bis zu seinem Tod im Jahr 1490 war Corvinus seinem habsburgischen Gegenüber, Friedrich III., aber auch dessen Sohn Maximilian haushoch überlegen. Noch ein paar Jahre vor seinem überraschenden Ende hatte er Friedrich aus Wien verjagt und sich dort selber als Regent niedergelassen. Realpolitisch war der machtlose Habsburger gegen ihn ein Würstchen. Es bietet sich daher nur eine vernünftige Erklärung für Corvinus' Versschöpfung an. Er neidete Friedrich zwei Dinge, die ihm bei aller eigenen Herrlichkeit verwehrt geblieben waren: Kaiserkrone und Sohn. Die Krone war Friedrich wegen seiner politischen Schwäche zugefallen. Die deutschen Kurfürsten hatten sich einfach für den entschieden, der ihnen am wenigsten ins politische Handwerk pfuschen konnte. Dass ihm ein Sohn geglückt war, war ja auch Zufall und nicht Verdienst. Vielleicht hat ja die Tatsache, dass der geldgierige und lebensunlustige Eigenbrötler sein Leben lang nie einen Tropfen Alkohol trank, seiner Fruchtbarkeit nachgeholfen. Seiner Frau, die ihm den Sohn schenkte, soll sie jedenfalls das Leben zur Hölle gemacht haben.

Gerade diesem seltsamen Friedrich, der sein Leben lang neidvoll auf andere europäische Fürstenhäuser starrte, die zwar keine Kaiserkrone, aber dafür Geld, Macht und einen, im Gegensatz zu ihm, tatsächlich fürstlichen Lebensstil hatten, soll das zweite zeitlose Motto der Habsburger eingefallen sein. Er hat sie tatsächlich zusammengestellt, diese Folge aus den fünf Vokalen »AEIOU«, und er hat sie ein Leben lang auf alles gekritzelt, was ihm gehörte: Silbergeschirr, Kirchengewänder und diverse Kleinodien aus seiner gut gehüteten Schatztruhe. Auch an vielen Gebäuden, die er errichten ließ, prangen heute noch die fünf Vokale.

In beinahe kindlichem Stolz erwähnte er außerdem, dass ihm diese wunderbaren fünf Buchstaben ganz alleine eingefallen seien.

Die Nachwelt und vor allem Generationen von Habsburger Herrschern stürzten sich auf dieses AEIOU, ließ es sich doch hervorragend als die Grundlage für ihren Herrschaftsanspruch auslegen. Über Jahrhunderte formten diverse Hofdichter daraus Spruchweisheiten von »Austria erit in orbe ultima« (Österreich wird auf Erden das Höchste sein) über »Alles Erdreich ist Österreich untertan« bis hin zu »Aller Ehre ist Österreich voll«. Je nach Bedarf ließen sich also aus Friedrichs fünf Buchstaben alle Arten imperialer Herrlichkeit ableiten. Doch mit imperialer Herrlichkeit hatte dieser Friedrich in seiner Neustädter Burg zu dieser Zeit mit Sicherheit noch gar nichts zu schaffen. Er hatte nicht den geringsten Grund, sich Hoffnungen auf die Kaiserkrone zu machen, selbst das eigentliche Kernland Österreich wurde damals nicht von ihm, sondern von seinem Onkel Albrecht regiert. Es gab also keinen Grund für den jungen Herzog aus der Steiermark, diesem Österreich eine große Zukunft zu prophezeien.

Egal! Österreich hatte ein unsterbliches Motto, über das sich sogar noch, lange nachdem das Habsburgerreich untergegangen war, herrlich Witze machen ließen. »Österreich ist auf Erden wirklich das Letzte«, wurde etwa halblustig gedichtet.

Friedrich aber hatte etwas ganz anderes im Sinn. Er hatte sich seit seiner Jugend mit orientalischer Mystik beschäftigt, tauschte sich oft mit den Juden Wiener Neustadts, damals ein Zentrum rabbinischer Gelehrsamkeit, darüber aus. Im Gespräch mit ihnen oder aber auch auf seiner Reise in den Orient ist Friedrich wohl auf die magische Kraft gestoßen, die man den fünf Vokalen schon in der Spätantike zugeschrieben hatte. Und genau dieser magischen Kraft wollte er sich, der sich immer wieder mit Zaubersprüchen und Geheimschriften beschäftigte, bedienen. Dass der Herzog, so meinen kritische Historiker, von all dem in Wahrheit nicht allzu viel verstanden hatte, hielt ihn nicht davon ab, seine Zaubervokale, wie bereits erwähnt, überall anzubringen – sogar auf einem Mammutknochen, den man bei der Wiener Stephanskirche ausgrub.

Sein ganzes Leben lang weigerte sich Friedrich das Rätsel seines AEIOU aufzulösen. Und weil der Kaiser sein Geheimnis mit ins Grab nahm, konnte die heimische Nachwelt umso leichter damit machen, was sie wollte – das eigene Weltbild wurde gerechtfertigt. So wurde aus Friedrichs zauberhaften fünf Buchstaben dasselbe wie aus dem Vers des verärgerten Ungarnkönigs Matthias Corvinus: ein Habsburger-Motto, mit dem man sich noch lange schmücken sollte. Schließlich kann man sich in Österreich seit jeher auf nichts bequemer stützen als auf ein paar Jahrhunderte Tradition.

Die kollektive Erinnerung der österreichischen Musikfreunde ist klar und schmerzhaft überdeutlich: Ein klapperndes Fuhrwerk fährt im strömenden Regen (bei solchen Gelegenheiten regnet es immer) am 5. Dezember 1791 aus dem Stadtgebiet, raus auf den St. Marxer Friedhof. Auf dem Fuhrwerk ein lieblos zusammengezimmerter Sarg. Die vereinzelten Menschen, die den Sarg anfangs noch begleiten, verlieren bald das Interesse und bleiben zurück. Rohe Fuhrknechte sind die letzten Begleiter eines der bedeutendsten Komponisten der Menschheitsgeschichte. Grob wird sein Leichnam zu anderen in ein Massengrab geworfen. Ein wenig Erde darüber und die Lage der letzten Ruhestätte von Wolfgang Amadeus Mozart verschwindet für immer aus der Erinnerung.

So enden sie, die Genies! Aber war der Weg nicht schon von Kindheit an vorgezeichnet? Erst Wunderkind, von einem brutalen Vater zur Jahrmarktsattraktion missbraucht, als Schau- und Hörstück durch halb Europa gezerrt. Dann verkannt von Kaiserhof und Zeitgenossen, ohne Geld und ohne Freunde, ein einsames Genie. Gerade einmal das geliebte Stanzerl, seine Ehefrau, hielt noch zu ihm. Und natürlich Immanuel Schikaneder, ein Theaterimpresario, einer aus dem Volk, dessen schlichtes Gemüt das Genie erkannte, wo Kaiserhof und intellektuelle Eliten versagten. Wir erinnern uns genau! Und mit diesem italienischen Hofkomponisten Antonio Salieri hatte er einen perfiden Gegner, einen – offensichtlich mäßig begabten – Konkurrenten, der ihm nicht nur künstlerisch das Wasser abgrub, sondern ihm auch noch nach dem Leben trachtete.

W. A. Mozart:

# Er war nicht arm und Salieri nicht sein Feind

Das Jahr 1791 war ein gutes Wirtschaftsjahr für Wolfgang Amadeus Mozart. Allein in den letzten vier Monaten seines Lebens stellte er sechs gut bezahlte Auftragswerke her: eine Klavierkantate, ein Klarinettenkonzert, die Freimaurerkantate, die Opern »Zauberflöte« und »La Clemenza di Tito« und natürlich das Requiem. So gut lief es für den geschäftlich immer sehr erfolgreichen Komponisten noch nie. Drei Tage vor seinem Tod kamen auch noch die höfischen Ehren, die lang ersehnte Ernennung zum stellvertretenden Kapellmeister, damit war er Stellvertreter Salieris. Neben seiner schon bestehenden Anstellung als Kammerkomponist, die Einnahmen von 800 Gulden jährlich brachte (nach heutiger Währung ca. 20.000 Euro), sollte diese zweite Urkunde den 35-Jährigen, der gerade seinen zweiten Sohn bekommen hatte, endgültig finanziell absichern. Konstanze, die in Baden zur Kur weilte, wird es gefreut haben. Dass sich die finanzielle Situation der Familie dadurch ändern würde, wird sie allerdings nicht geglaubt haben. Der verschwendungssüchtige Gatte hatte in seinen paar Wiener Jahren schon mehr Geld durchgebracht, als andere Komponisten in einem ganzen Leben verdienten. Und das in einer Welt, die den Komponisten Mozart, ungeachtet seiner Bedeutung aus heutiger Sicht, bei der Dienerschaft einordnete. Trotz josephinischer Reformen lebte der geniale Komponist noch in einer barocken Welt, säuberlich geordnet nach »Herr und G'scher«. Bei aller Achtung vor Mozarts Genie, das auch seine Zeitgenossen erkannten, er gehörte eben zum »G'scher«. Eine Stellung, die Mozart nicht akzeptierte. Der Philosoph Norbert Elias schrieb: »Mozarts Tragik bestand darin, als Genie in eine Gesellschaft hineingeboren zu werden, die den romantischen Genie-Begriff noch nicht kannte.«
Jeder hatte in dieser Gesellschaft seinen Platz und der »Compositeur« war eben auf Augenhöhe von Leibjägern und Innendekorateuren. Eine bittere Pille für einen Komponisten von Mozarts Format, der seinen Stellenwert, »es wird wohl keyn Compositeur für hundert Jahren geboren, wie ich«, wohl erkannte. Mozart wurde von Kindesbeinen an dazu erzogen, sich selbst als außergewöhnliche Erscheinung zu betrachten. Der viel geschmähte Vater, Leopold Mozart, der seine Kinder Maria Anna (Nannerl) und

Wolfgang weltweit vermarktete, arbeitete mit Verbissenheit am gesellschaftlichen Aufstieg der Mozarts. Man repräsentierte sogar ein wenig, in Maßen, versteht sich. Mozarts Eltern waren, nach dem einzigen Biografen, der Mozart persönlich kannte, Franz Xaver Niemetschek, »beyde von so vortheylhafter Gestalt«, dass man sie zu ihrer Zeit für das schönste Ehepaar in Salzburg hielt. Das schicke Salzburg des Spätbarocks sozusagen. Sie begannen sich, ausgerechnet im katholisch-reaktionären Salzburg, vorsichtig aus der vorbestimmten gesellschaftlichen Position zu lösen. Leopold Mozart stammte aus der freien Reichsstadt Augsburg, von einer bürgerlich-handwerklichen Familie. Aus dem liberalen Augsburg brachte er in die absolutistische Welt der Salzburger Fürsterzbischöfe ein bürgerliches Selbstverständnis mit, in dem die persönliche Leistung zählte. Leopold Mozart war ein moderner Mensch! Er nahm sich die Freiheit, nicht ausschließlich für das Wohl seines Fürsten da zu sein. Neben seiner Tätigkeit als erzbischöflicher Hofkomponist gab er Stunden und verfasste 1766 eine Violinschule, die bis heute Anwendung findet. Leopold Mozart war einer der bedeutendsten Musikpädagogen seiner Zeit und das Schicksal machte ihm ein Geschenk, ein hochbegabtes Kind. Die Chancen, mit einer so außergewöhnlichen Begabung wie der kleine Wolfgang auf die Welt zu kommen, sind schon gering genug – aber das auch noch mit einem Vater, der einer der wenigen Menschen auf der Welt war, der diese Begabung erkennen und fördern konnte, schuf den Nährboden für die erste Popstar-Karriere der Musikgeschichte.

Die Geschichte vom Wunderkind Wolferl, wobei das Wunderkind Nannerl, das ebenfalls mitreiste, selten Erwähnung fand, ist hinlänglich bekannt. Was weniger bekannt ist: Wunderkinder gehörten zum gängigen Repertoire der damaligen Unterhaltungsindustrie. Die Mozarts trafen auf ihren Reisen ständig andere herumziehende Musikgenies, die an den unterhaltungssüchtigen Barockhöfen Europas gefragte Auftritte lieferten. Eine Begegnung ist sogar überliefert. In Florenz traf Mozart auf den 14-jährigen Thomas Linley, einen vazierenden Violinvirtuosen. Die beiden Wunderkinder fanden sofort einen Draht zueinander. Eine kurze

Freundschaft zu einem Gleichartigen, die durch die Tourneedis-
ziplin wieder auseinander gerissen wurde. Linley schenkte Mozart
am Tag der Abreise noch ein Gedicht und »schied unter vielen
Umarmungen und Thränen von ihm, und begleitete seinen Wagen unter beständigen Aeusserungen der zärtlichsten Betrübniß
bis vor das Thor«.
Zwei Vierzehnjährige, die eine kurze Auszeit vom eigenen Erfolg
brauchten! Und sie hatten Erfolg, die Wunderkinder. Sie wurden
hofiert und gehätschelt und verbrachten viel Zeit im Dunstkreis
von Personen, die in der barocken Welt zu gottähnlichen Figuren
er- und überhöht wurden. Im Barock war der Fürst das absolute
Maß. Er durchdrang als Person das ganze Land, für ihn allein
war alles da, die Höfe waren der Mittelpunkt der damaligen Welt,
pompös um die Figur des Herrschers arrangiert. Diese selbst für
den niederen Adel nicht erreichbaren, ja sogar ins sakrale überhöhten Persönlichkeiten scherzten mit dem Halbwüchsigen, erkannten und honorierten fachkundig seine außergewöhnlichen
Fähigkeiten. Denn fachkundiges Publikum gab es nur an den Höfen, das Bildungsniveau war hoch, um nicht zu sagen überreizt.
Die Barockwelt war auch die Zeit der Aufklärung und die neuen
Wissenschaften, Erkenntnisse und Entdeckungen wurden eifrig angenommen. Es gehörte zum guten Ton, wenn nicht zwingend zur
Etikette, gebildet zu sein. Der Hof wollte sich bewusst von dem
auf Jagd und bäuerliche Verrichtungen ausgerichteten Landadel
absetzen. Man diskutierte Voltaire, Descartes und Rousseau. Geist
und die geistreiche Konversation waren ein Muss. Weiter konnte man es als Sterblicher nicht schaffen als bis zum Fürstenhof
– Mozart war schon als Jugendlicher dort angekommen. Ein Vier-
zehnjähriger bekam eine persönliche Audienz beim Papst und
erhielt Kreuz und Breve als Ritter militae auratae, ein fast schon
religiöses Ereignis. Er wurde Mitglied der Philharmonischen Aka-
demie in Mailand, komponierte die Opera seria »Mitridate« und
musste dann zurück ins kleinkarierte Salzburg, wo er sozusagen
wieder bei den Dienstboten in der Küche essen sollte. Der neue
Erzbischof Colloredo war noch dazu nicht sehr tolerant, was auch
Vater Mozart daran hinderte, weiterhin jahrelang auf Konzertreise

zu gehen. »Bube, Schurke, liederlicher Kerl«, wurde der junge Mozart von Colloredo genannt, »scher er sich weiter, wenn er mir nicht recht dienen will!«

Denn auf die geforderte Unterwerfung mit Leib und Seele hatte Wolfgang keine Lust mehr, dazu hat er sich schon »zu sehr gespürt«.

»Schon damals äusserte er einen Charakterzug, der ihm stets eigen geblieben ist«, berichtete Niemetschek, »nemlich die Verachtung alles Lobes der Großen, und eine gewisse Abneigung vor Ihnen, wenn sie nicht Kenner zugleich waren, zu spielen.«

Im ausgehenden Barock eine Anmaßung, die der Gotteslästerung nahe kam. Colloredos Reaktion war, wenn man es aus der Zeit betrachtet, milde. »Bey der thüre durch einen tritt im arsch hinaus«, sei er geworfen worden, berichtet Mozart seinem Vater. Dieser berühmte Arschtritt des Grafen Arco hat zwar nur im übertragenen Sinne stattgefunden, aber er hatte statt der beabsichtigten Disziplinierung des außer Kontrolle geratenen Domestiken zur Folge, dass Mozart der erste erfolgreiche freie Komponist wurde. Vater Leopold zog ein wenig den Kopf ein und befleißigte sich von da an einer genaueren Dienstauffassung – Wolferl suchte einen Job.

Noch war die barocke Welt intakt, die ersten Vorboten der französischen Revolution ließen noch auf sich warten, aber in der Welt der Musik gab es eine Revolution: das Crescendo! Das Mannheimer Symphonieorchester, sozusagen DAS Barockorchester, revolutionierte den Sound. Auf- und abschwellende Lautstärke wurde das Markenzeichen der Mannheimer und diese Innovation, die in der modernen Musik ihre Entsprechung in der Erfindung des Synthesizers hat, erhöhte die Ausdrucksmöglichkeiten der Musik. Die Struktur blieb gleich, aber die Möglichkeiten des Ausdrucks vervielfachten sich. »Nach der Erfindung des Crescendo konnte man einfach nicht weiterkomponieren wie zuvor«, stellte Dirigent Nikolaus Harnoncourt fest. Die Welt der Barockmusik war so fest gefügt wie die gesellschaftliche Struktur. Der harmonische Satz bestimmte alles und Haydn hatte sogar eine Kompositionsmaschine entwickelt, die diese arithmetische Aufgabe übernehmen sollte. Mozart, außergewöhnlich gut ausgebildet und mit einem phonographischen Gehör ausgestattet, hatte diese Regeln der Kompositionskunst früh verinnerlicht. »Mozart hat, so seltsam es klingen mag, eigentlich nirgendwo etwas neu erfunden«, so der Musikwissenschaftler Ulrich Konrad. »Dafür fand er innerhalb des Üblichen erstaunliche Kombinationen und setzte sie so passgenau ein, dass es für die Zeit einzigartig, ja nicht selten unerhört klingt.«

Mozart war einfach auf der Höhe der Zeit, hatte den Überblick über das musikalische Schaffen und Musik zu produzieren war für ihn so selbstverständlich wie das Atmen. Mozart, selbst Virtuose, reizte den musikalischen Rahmen bis zur vermeintlichen Unspielbarkeit aus. Wenn Musiker vor seinem Werk kapitulierten, was öfter geschah, konnte der Klaviervirtuose den Beweis der Spielbarkeit jederzeit antreten. Kapituliert wurde häufig, etwa – schon nach Mozarts Tod – in Mailand, wo die Proben zu »Don Giovanni« nach sieben gescheiterten Versuchen abgebrochen wurden und man das Werk für unspielbar erklärte. Viele Stücke Mozarts galten bis ins 19. Jahrhundert hinein als schwierig, dissonant und unspielbar. Der musikalische Ausdruck des Salzburger Genies erschien, vor allem im symphonischen Werk, den Zeitgenossen unverständlich.

Bei den Opern war er allerdings ein Hitlieferant und mit einem Hit eroberte er auch Wien. »Die Entführung aus dem Serail« war ein unerhörtes Hörerlebnis. Ein Hit, modern, vielfältig, verspielt. Statt einer Oper in italienischer Sprache, in der sich Götter, Göttinnen und antike Helden ansangen, servierte Mozart eine alberne Komödie, an deren Ende sich alle Liebenden kriegen und der Pascha Selim als aufgeklärter Menschenfreund gefeiert wird. Joseph II., der mit diesem aufgeklärten Menschenfreund gemeint war, hat es gefreut. Der für seine Reformen im Volk nicht wirklich geschätzte Monarch hatte einen Komponisten gefunden, der bereit war, eines seiner Herzensanliegen umzusetzen: das deutsche Singspiel. Musik war fest in italienischer Hand und »deutsches Singspiel« klang für damalige Ohren wie »österreichischer Actionfilm« für uns. Das war denkunmöglich. Der Kaiser war zufrieden, das Publikum tobte und Wolfgang Amadeus ließ es sich gut gehen.

»Sie ist zwar nicht schön«, schrieb er, »aber sie hat ein gutes Wesen.« Die Rede ist von Konstanze Weber, die der neue musikalische Shootingstar von Wien ehelichte. Verliebt war er, noch
aus Mannheimer Zeiten, in ihre ältere Schwester Aloysia, eine
Sängerin. Aber das »Stanzerl« wurde ein Volltreffer. Kumpanin
beim Geldausgeben und sonst geerdeter Gegenpol zum immer
kindlichen Genie.

Wien, das ist die Musikmetropole, die Stadt Haydns, Glucks und
vor allem Salieris. Das junge Ehepaar lebte auf großem Fuß. Eine
riesige Wohnung in bester Lage, Dienstboten, sogar eine Zofe, ein
eigenes Reitpferd und, für den Herrn des Hauses, ein Billardtisch.
Billard sollte eine Passion Mozarts werden, ein teures, damals nur
dem Adel vorbehaltenes Hobby. Und Mozart spielte: Billard, Karten, Kegel, Pfänderspiele und Lotto. Er verspielte und verfeierte
seine beträchtlichen Einnahmen. Bis zu 3.000 Gulden verdiente er
im Jahr, ca. 75.000 Euro nach heutiger Währung. Aber selbst in
diesen Jahren häufte er Schulden an. Niemetschek berichtet: »Die
Schönheit der Natur im Sommer war für sein tieffühlendes Herz
ein entzückender Genuß; er verschaffte sich ihn, wenn er konnte,
und miethete daher fast alle Jahre Gärtchen in der Vorstadt, wo
er den Sommer zuzubringen pflegte.«

Endlich befreit vom Domestikentum, zelebrierte er eine Lebens-
führung, die der inneren Befindlichkeit mehr entsprach. Nur, die
adeligen Freunde und reichen Lebemänner, an denen Mozart sich
orientierte, hatten irgendwo Landgüter mit Bauern, die man ausbeuten konnte und die ihnen diesen Lebenswandel ermöglichten.
Mozart konnte nur sich und sein Talent ausbeuten, aber dafür war
die Welt des Barocks nicht gemacht. Hätte es schon Tantiemen
und Urheberrechte gegeben, der fleißige Arbeiter Mozart hätte
sich keine Sorgen machen müssen. Aber so lag das Heil weiterhin
in der Anstellung bei Hofe, und der Hof war fest in italienischer
Hand.

Der Kaiser wollte die Überlegenheit oder zumindest die Gleich-
wertigkeit des deutschen Singspiels zur italienischen Oper beweisen und schrieb einen Wettbewerb aus, in dem Mozart einem
Komponisten jämmerlich unterlag, dem man nachsagt, dass der

Neid auf Mozart seine stärkste Antriebsfeder war: Antonio Salieri. 1786 ging dieser musikalische Wettstreit in der Schönbrunner Orangerie über die Bühne. Die beteiligten Werke sollten die damaligen Opernverhältnisse humoristisch aufs Korn nehmen. Die Einakter behandelten dasselbe Thema: Eine neue Oper soll aufgeführt werden, zwei Sänger kämpfen um das Engagement, am Schluss löst sich der Streit in allgemeiner Harmonie auf. Doch die »italienische Kompanie« rund um Salieri setzte den Herausforderer schachmatt. Salieri gelang mit »Prima la musica e poi le parole« ein gut durchformtes Stück Opernunterhaltung, während Mozarts »Schauspieldirektor« eine nichts sagende Szenenfolge mit ein paar Musiknummern wurde. Auch musikalisch verirrten sich gerade einmal ein paar Highlights hinein. Generationen von Mozartmythologen versuchen diesen »Schandfleck« wegzuerklären. Aber ob der Meister eine schlechte Phase hatte oder die Angelegenheit unter seiner Würde war, Salieris Triumph bleibt. Und, was soll's, dann hat Mozart eben einmal danebengegriffen. Schmälert das seine Bedeutung für die Musik? Er selbst hat dieses kaiserliche Steckenpferd mit dem deutschen Singspiel wahrscheinlich nicht besonders ernst genommen, im selben Jahr brachte er den italienischen »Figaro« heraus. Und Salieri ist nach seinem Sieg triumphheulend durch Wien gelaufen? Mit Sicherheit nicht. Denn bei allen Erklärungen über diesen für Mozartmythologen unerhörten Vorfall wird meistens eine Erklärung ausgelassen: Antonio Salieri war ein Komponist von Weltrang. Und wieso auch nicht, als kaiserlicher Hofkompositeur stand er im Zentrum des musikalischen Europas.

Als Mozart nach Wien kam, betrat er kein musikalisches Niemandsland. Was dem Musical der Broadway ist, war der Wiener Hof dem Barockkomponisten. »If you can make it there, you can make it anywhere!«, so das damalige und heutige Motto. Die Ansprüche waren gewaltig, das Publikum bestand hauptsächlich aus einer Person, und das war der Kaiser, ein hoch gebildeter, sehr musikalischer Mensch, der jedes von ihm beauftragte Werk im Klavierauszug durchspielte. Hier musste man sich beweisen und hier hatte sich auch Mozart zu beweisen.

Im Rückblick, nach über 200 Jahren geschichtlicher Bewertung, ist man verführt, im Zentrum des damaligen Wien vor allem Wolfgang Amadeus Mozart zu sehen und die restliche Bevölkerung als Beiwerk. Hinter dem überhöhten Mythos verschwinden bedeutende Persönlichkeiten: Graf Arco ist nur noch der Büttel, der Mozart einen Fußtritt gab; Salieri reduziert sich zum Neider, der ihn verhindern, wenn nicht gar töten wollte, und Lorenzo da Ponte bleibt nur als Mozarts Librettist in Erinnerung. Die Realität sah ganz anders aus und Mozart hat sich, trotz allen Selbstbewusstseins, sicher nicht als singuläre Erscheinung gesehen, auch wenn sein »Figaro« von »Una cosa rara« des damals populärsten Komponisten Wiens, Vicente Martín y Soler, nach nur kurzer Zeit vom Spielplan verdrängt wurde. Das Libretto zu Martín y Solers Kassenschlager schrieb übrigens Lorenzo da Ponte, der eigentliche Mittelpunkt des Wiener Opernschaffens. Da Ponte teilte seine Arbeitskraft auf: Vormittags schrieb er für Martín y Soler, nachmittags für Antonio Salieri und nachts für Mozart. Der Kaiser hatte da Ponte extra nach Wien geholt. Er hatte die Aufgabe, echte Geschichten für die Oper zu entwerfen, die die oft dümmlichen, antikisierenden Libretti ablösen sollten. Wollte man eine bedeutende Oper schreiben, kam man an da Ponte einfach nicht vorbei.

Oper war eine streng kodifizierte Angelegenheit. Es gab die ernste »Opera seria« und die lustige »Opera buffa«. Man erwartete vom Tonsetzer, dass er eine harmonisch konstruierte Basis schuf. Die Interpretation, der Ausdruck und die Emotionen waren Aufgabe der Sänger, die über dieses Privileg auch eifersüchtig wachten. Moderne Komponisten wie Martín y Soler bzw. der neue – wie hieß er doch gleich, ach ja, Mozart – sprengten diesen engen Rahmen und legten sich mit den selbstgefälligen Interpreten an. Das Geschimpfe auf die »welsche Bagage«, das Mozart gerne gegen seine Empfindungen als »wahrer Theutscher« aufwog, bezog sich weniger auf Salieri als auf die italienischen Sänger, die für wichtiger genommen wurden als die Komponisten. Man schrieb für Sänger – oder der Hof ließ für Sänger und Sängerinnen schreiben. Die Sänger wehrten sich gegen Mozart und, wenn auch mit

163

weniger Erfolg, gegen den ungleich populäreren Martín y Soler wegen der Komplexität der Gesangspartien. Mozartopern waren schwer zu singen. Mozart verachtete und hasste die »welschen Sänger« dafür, musste sich aber beugen. »Aber war er denn in bestellten Sachen immer frey? Mußte er nicht gegen Sänger gefällig sein, wenn er nicht wollte, dass sie ihm die Sache nicht verderben?«, fragt Biograf Niemetschek. Die Sänger versuchten es ihm zu verderben. So sehr sogar, dass sich Mozart genötigt sah, bei laufender Vorstellung der Premiere des »Figaro« beim Kaiser persönlich zu intervenieren, weil die Interpreten absichtlich falsch sangen. Der Kaiser urteilte, sprach ein Machtwort und nach der Pause wurde richtig gesungen. Die Oper war kein Ort andächtiger Aufmerksamkeit. Man konsumierte Musik – wie man heute Radio hört – nebenbei, als Teil der Abendunterhaltung. In den Opernhäusern wurde geschrien, getratscht, getrunken, hinter zugezogenen Vorhängen der Logen kopuliert, die Dienstboten des Adels randalierten im Parkett, das gemeine Volk auf der Galerie, Verkäufer boten ihre Waren an und nur gelegentlich wandte sich die Aufmerksamkeit der Bühne zu, meistens bei einer gelungenen Arie, bei einem Gassenhauer. Erst im Jahre 1800 verbot eine kaiserliche Verordnung Sänftenträgern, die offensichtlich als besondere Störenfriede galten, den Zutritt zum Hoftheater und untersagte »Limoni- und Gefrorenes-Verkäufern« die Anpreisung ihrer Ware während laufender Vorstellung. Mozart schlug sich tapfer in diesem kulturfeindlichen Umfeld. Er ärgerte sich mit eitlen Sängern herum, betrügerischen Kopisten und schlecht ausgebildeten Musikern. Nur mit einem hatte er keine Konflikte, nämlich mit Antonio Salieri, denn der spielte in einer anderen Liga, der hatte es geschafft. Antonio Salieri war schon im Olymp angelangt.

»Er ist ein höchst liebenswürdiger Mensch. Freundlich und gefällig, wohlwollend, lebensfroh und witzig. Ein feines, niedlich gebautes Männchen mit feurig blitzenden Augen, gebräunter Hautfarbe, immer nett und reinlich, lebhaften Temperaments, leicht aufbrausend, aber ebenso leicht zu versöhnen.« Diese zeitgenössische Beschreibung könnte, abgesehen von der »gebräunten Hautfarbe«, ebenso Mozart gelten, beschreibt aber Salieri. Der Kaufmannssohn aus Legnano wurde mit sechzehn Jahren entdeckt und debütierte in Wien mit 21 Jahren mit der Opera seria »Armida«. Das Stück war auf Anhieb so erfolgreich, dass der junge Mann sofort das Angebot bekam, die Stockholmer Oper zu leiten. Der Jungstar konnte es sich leisten, dieses Angebot auszuschlagen, und wurde mit nur 24 Jahren Hofkomponist in Wien. Salieri wurde europaweit gespielt. Er galt als sehr experimentierfreudig und innovativ und setzte in seinen 40 Opern die Gluck'schen Opernreformen um. Große Bedeutung erlangte Salieri auch als Kompositionslehrer. Zu seinen Schülern zählten Ludwig van Beethoven, Franz Schubert, Carl Cerny, Franz Liszt und Giacomo Meyerbeer. Salieri war Gründungsmitglied des Wiener Konservatoriums und der Gesellschaft der Musikfreunde. Durch sein langes Leben verband er die Musik des Hochbarocks mit der Romantik. Salieri wurde im hohen Alter dement und verbrachte die letzten Jahre in geistiger Umnachtung. Eine Notiz des Beethoven-Biografen Anton Schindler sollte zusammen mit einem Missverständnis das Lebenswerk dieses bedeutenden Musikers hinter der Fratze eines mörderischen Neiders verschwinden lassen. Schindler hält fest: »Mit Salieri geht es wieder sehr schlecht. Er ist ganz zerrüttet. Er phantasiert stets, dass er an dem Tode Mozarts schuld ist und ihn mit Gift vergeben habe.« Das Missverständnis basiert auf Konstanze Mozarts Anschuldigungen, dass ihr Mann von den »verfluchten Welschen« umgebracht worden sei, was sich auf die italienischen Sänger bezog. In der Person des Italieners Salieri hat sich der Mythos vereinigt. Aktiv hat Salieri gegen Mozart nie Position bezogen. Es liegt nahe, dass ein Musiker von Salieris Format Mozarts Genie erkannte, wie er das Genie seiner Schüler Beethoven, Schubert und Liszt erkannte. Faktum ist, dass er Mozarts Witwe unterstützte und dass er Mozarts Sohn Franz Xaver, von der geschäftstüchtigen Konstanze in Wolfgang umgetauft, Unterricht gab. Dass er das aus schlechtem Gewissen tat, bleibt böswillige Unterstellung. Vielleicht hat er Mozart seine Einzigartigkeit als Komponist, die auch für die Zeitgenossen erkennbar war, geneidet, sonst gab es keine Angriffsflächen für etwaige Missgunst. Denn im Gegensatz

zu Wolfgang Amadeus Mozart hatte es Salieri geschafft. Wir sind immer noch in der Welt des Barocks, einer Welt, in der am Hoftheater den Künstlern nicht applaudiert wurde, weil der Applaus nur einem gelten konnte, der alles bestimmenden Persönlichkeit, dem Kaiser. Und es gab auch keinen Erfolg, außer der Kaiser nahm jemanden wahr und erhob ihn. Antonio Salieri hat er wahrgenommen und so hoch erhoben, wie man als Musiker nur kommen kann. Salieri, der obendrein als außerordentlich gutmütig galt, hatte schlichtweg keinen Grund auf Mozart eifersüchtig zu sein. Und umgekehrt? Mozart achtete darauf, für das Amt des Hofkomponisten im Gespräch zu bleiben, aber darauf achteten alle Musiker, das gehörte zum Renommee, wenn man in der Königsklasse spielen wollte. Ob er dieses Amt ernsthaft angestrebt hat, bleibt dahingestellt. Geeignet hätte sich der chaotische Mozart dazu nicht. Von einem Mann, dem es nicht einmal gelingt, sein eigenes Geld zu verwalten, konnte man die Verwaltung der musikalischen Angelegenheiten des Kaisers kaum erwarten. Der Hofkomponist war für das Repertoire des Hoftheaters zuständig, musste bei Ausfall von Werken schnell selbst etwas komponieren und musste vor allem eine Auswahl neuer und brauchbarer Werke treffen. Eine Aufgabe, die Salieri mit viel Sachverstand wahrnahm, so kamen schließlich auch Mozarts Werke zur Aufführung. Mozart hatte sicherlich Schwierigkeiten mit den Hofintrigen, für die ihm sein Biograf Niemetschek jegliche Eignung absprach: »Überdies war sein Charakter zu Intriguen und Kabalen nicht gemacht, die auf diesem Tummelplatze menschlicher Leidenschaften auch die Künste mit ihren Schlangenwindungen umstricken.«
Es ist zu vermuten, dass Mozart seine Konkurrenten Salieri und Martín y Soler achtete und dass diese Achtung gegenseitig war. Zumindest was Martín y Soler betrifft, ist das belegbar. Der spanische Komponist kam vier Jahre nach Mozart nach Wien und komponierte fünf Da-Ponte-Opern. Aus seinem größten Hit, »Una cosa rara«, zitiert Mozart in der Tafelszene im Finale des zweiten Aktes von »Don Giovanni« eine Melodie – sehr zum Gaudium des damaligen Publikums, das gerne in der Oper altbekannte Hits mitträllerte. Wahrscheinlich hätte Mozart, der aus seiner Verach-

tung für schlechte Musik nie ein Hehl machte, das nicht getan, wenn er Martín y Soler nicht geschätzt hätte.

Der Gedanke, dass Salieri ein Giftmörder sein sollte, kam den Zeitgenossen nicht. Aber vergiftet soll er geworden sein, dieses Gerücht streute zumindest seine Witwe Konstanze. Eine junge Witwe mit zwei Kleinkindern, der der Mann außer Schulden nichts hinterlassen hat, sollte sich unbedingt etwas einfallen lassen. Und die Reflexe der bodenständigen Konstanze funktionierten ausgezeichnet. Vergiftet soll er geworden sein. Das Schreiben des Requiems soll ihn umgebracht haben. Konstanze ist die erste Quelle des Mythos. »Ich glaube nicht alles, was Madame Mozart sagt oder zeigt«, gab sich schon der hingebungsvolle Mozart-Biograf Niemetschek vorsichtig. Der Boom setzte sofort nach dem Tod ein. 3000 Menschen kamen zu einer Verabschiedung Mozarts in Prag. »Mit seinen Werken wird nun von den Uebersetzern und Musikhändlern ein wahrer Unfug getrieben, wobey das Publikum oft angeführt und der Name des großen Meisters größtentheils geschändet wird«, schreibt Niemetschek. »Noch häufiger ist der Fall, dass unbefugte Uebersetzer aus seinen größeren Werken Klaviersachen zusammenstoppeln, die dann als Originalwerke verkauft werden, und nothwendig schlechter seyn müssen als seine übrigen Klavierkompositionen«, äußert sich der Biograf weiter.

Die Vermarktung lief auf Hochtouren, aber Witwe und Kinder hatten nichts davon. Schikaneder baute von den Einnahmen aus der »Zauberflöte« das Theater an der Wien, aber Mozarts Erben hatten Existenzsorgen. Der Kaiserhof gewährte Konstanze, auf Fürsprache Salieris, schließlich eine Pension. Konstanze vermarktete den hochmusikalischen Sohn Franz Xaver, einen hochtalentierten Musiker, den sie der besseren Vermarktung wegen in Wolfgang umbenannte. F. X. Mozart sollte als der »polnische Mozart«, er fand seine musikalische Heimat schließlich in Polen, einen durchaus verdienten Platz in der Musikgeschichte einnehmen.

Konstanze überlebte ihren Wolferl um 50 Jahre. Sie reiste durch halb Europa, nahm Meriten und auch nicht unbedeutende Zuwendungen von Verehrern und Herrschern entgegen. Schon ein Jahr nach Mozarts Tod wurde ein erstes Denkmal errichtet, allerdings erst 1842 in Salzburg. 50 Bühnenstücke behandelten – und glorifizierten – alleine im 19. Jahrhundert das Leben des Musikgenies und nährten beständig Konstanzes wunderbare Geschichte von dem Requiem, das die Lebenskraft aus Wolfgang Amadeus Mozart gezogen haben soll. Die Wahrheit über den geheimnisvollen Auftrag für die Totenmesse ist ein wenig unappetitlich und hauptsächlich lächerlich: Ein Graf Walsegg beauftragte das Werk deshalb so geheimnisvoll, weil er plante, die Komposition abzuschreiben und später als seine eigene auszugeben. Ein dümmlicher Versuch, anzugeben, als Auslöser für ein »dunkles Geheimnis«, das den großen Komponisten umgeben haben soll. Geheimnisse umgaben Mozarts Leben kaum. Als umtriebiger »Compositeur« und Musiklehrer war er ständig unterwegs und im öffentlichen Raum anzutreffen. Die dürren Informationen über seinen Alltag und Mozarts Vorlieben kommen eher daher, dass man das Individuum noch nicht so wichtig nahm und der – im Prinzip nicht unvernünftigen – Ansicht huldigte, dass es für Mozarts Musik unbedeutend ist, wie er aussieht oder wie er sich kleidet. Mozart selbst führte immer ein Verzeichnis seiner Werke mit sich, das hielt er, der nicht uneitel war, für das Wichtigste. Wenn man dem Komponisten auf der Straße begegnete, war er meistens geistesabwesend und ein wenig verwirrt. Das lag daran, dass Mozart offensichtlich im Kopf komponierte und das ganze Werk dann in einem Zug nächtens aufschrieb. Im persönlichen Umgang dürfte er nicht unangenehm gewesen sein. Niemetschek schreibt: »Dieser Zug seines Herzens, so unbedeutet er scheint, ist sehr schön. Es giebt einen Beweis, dass Stolz, Eigendünkel oder Undankbarkeit seine Fehler nicht waren, wie man es so häufig an geringeren Virtuosen wahrnimmt!« Und Mozart war ein großer Virtuose. Ein Großteil der Verehrung seiner Zeitgenossen resultierte mehr aus seiner Virtuosität als aus der Bewunderung für den Komponisten selbst – oder noch mehr aus der Bewunderung für seine Doppelbegabung. Bewundert hat man die Universalität, die arithmetische Kenntnis des Satzes, die Fähigkeit zur Entwicklung der Melodien und vor allem die Darbietung auf dem Modeinstrument Pianoforte. Das Kunststück war Mozarts Schlüssel zum Eintritt in die bessere Gesellschaft. »Eine bewundernswürdige Geschwindigkeit, die man besonders in Rücksicht der linken Hand oder des Basses einzig nennen konnte, Feinheit und Delikatesse, der schönste redendste Ausdruck und ein Gefühl, dessen nur ein Mozart fähig war, sind die Vorzüge seines Spiels.«

Mozart hatte die Fähigkeit zur kindlichen Offenheit auch noch als Erwachsener. Er setzte direkt um. Zum Beispiel liebte er Vögel. Einem toten Star ließ er sogar einmal – in einem seiner gemieteten Gärtchen, die er sich eigentlich nicht leisten konnte – ein richtiges Begräbnis zukommen. Er errichtete dem Singvogel einen Grabstein mit einem, leider nicht erhaltenen, selbst verfassten Gedicht. Vielleicht blieb uns die Stimme des Vogels in der Papagenoarie erhalten. Noch einmal Niemetschek: »Ueberhaupt ergab sich Mozart schon als Kind und Knabe allen Dingen und Personen, an denen sein Geist Interesse fand, mit der ganzen warmen, lebhaften Innigkeit, deren ein so zart organisierter Mensch fähig ist. Dieser Zug blieb stets auch an dem Manne das unterscheidende Merkmal – und war oft sein Unglück.«


Wenn Mozart nun nicht arm war und von den Zeitgenossen annähernd als das erkannt wurde, was er war, warum wurde er dann anonym in einem Massengrab begraben? Die Antwort gibt wieder der Mann, der ein Jahr vor Mozart verstarb und dessen alleiniger Wille in Mozarts Wien zählte: Joseph II.

Der reformfreudige Kaiser stieß sich in seinem asketischen Zugang zum Leben auch an den pompösen Begräbnisritualen seiner Zeit. Er reformierte die Beerdigungen. Für ein paar Jahre wurden Leichen nur in Tücher eingenäht und mit einem Klappsarg unter die Erde gebracht. Hinter Mozarts anonymer Grabstätte steht also keine letzte Hofintrige, sondern eine von vielen kaiserlichen Verordnungen, die sich sein Bruder und Nachfolger bemühte schnell wieder aufzuheben. Mozarts verschwundene Leiche erspart uns wenigstens genetische Analysen und ähnliche Unappetitlichkeiten. Die Musik bleibt erhalten und das war dem Komponisten selbst das Wichtigste, so wie sie in seinem 1784 angelegten »Verzeichnüß aller meiner Werke« festgehalten ist.

Die Geschichte ist klar und unverrückbar wie ein Fels und umgeben von einem Heiligenschein, der alles überstrahlt. Denn der Held der Geschichte ist die Form, nach der heute noch die echten Tiroler gegossen werden: einfach, gerade und vor allem unbeugsam. Man sieht einen Bart, einen Hut und vor allem eine Hand, die auf die Tischplatte kracht. »Manda, s'isch Zeit«, ruft Andreas Hofer, der einfache Sandwirt aus dem Passeiertal. Schwer steht er auf, küsst Frau und Kinder auf den Scheitel, zieht die Joppe an und macht sich pflichtbewusst auf den Weg, um den vorlauten Franzosenkaiser einmal richtig herzubeuteln.

Unterwegs trifft er dann noch den Speckbacher und Pater Haspinger, gemeinsam sollten sie etwas entwickeln, das man heute unter dem Begriff Partisanenkampf kennt. Da tauchen keine Fragen auf, da bleibt alles überschaubar. Wenn sich Probleme aufstauen, dann kracht des Hofers Hand auf den Tisch. »Manda, s'isch Zeit«, ruft er – und schon bewegen sich die Bauernregimenter in ihren malerischen Trachten zur Schlacht. Sie lassen Berghänge auf französisch/bayerische Verbände rutschen, schießen mit ihren Wildererstutzen herum und stürmen mit übermütigen »Juchazern« der alpinen Naturburschen vom Berg Isel. Denn das musste der Franzosenkaiser, der mit so lästigen Neuerungen wie dem Bürgerlichen Gesetzbuch und der Säkularisation des Staates im Gepäck daherkam, schnell lernen: Die Tiroler sind eine Einheit, und wenn des Hofers Hand auf den Tisch kracht, dann wissen die Männer, dass es Zeit ist.

Wenn alles vorbei ist, gehen sie auf ihre Höfe zurück, küssen Frau und Kinder auf den Scheitel, lassen sich schwer am Tisch nieder und freuen sich, wenn was Gutes in der Schüssel ist. Nur dem großen Sohn selbst war die Rückkehr ans heimische Herdfeuer nicht vergönnt, den Andreas Hofer haben sie uns zu Mantua erschossen.

Andreas Hofer:

# Der überforderte Held

Diese Weltgewandtheit hätte sich der biedere Sandwirt zu Lebzeiten gewünscht, da wäre mit den Tiroler Bürgern und dem überheblichen Adel in Wien wahrscheinlich einiges anders gelaufen: Mit Schwung und Eleganz schlüpfte Andreas Hofer in den zwei Jahrhunderten seit seinem Ableben je nach Geschmack der Epoche in immer neue Rollen. Die Geschichte rundherum blieb immer gleich, aber die jeweilige Interpretation diente den Erzählenden. Vom deutschen Nationalisten über den christlich-sozialen Hofer bis zum klassenkämpferischen Gebirgler hat er sich schon entwickelt. Romantischer Held und »Nationbuilder« war Andreas Hofer schon, als Diener Gottes und des – rechtmäßig von Gott eingesetzten – Landesherren sah er sich selbst. Dementsprechend galten seine letzten Gedanken auch hauptsächlich seinem Seelenheil: »Liebsten Herrn Prueder!«, schreibt er in seinem eigentümlichen Stil. »Der göttliche Wille ist es, dass ich hier in Mantua mein Zeitliches mit dem Ewigen vertauschen habe müssen. Aber Gott sei Dank und seiner göttlichen Gnade, mir ist es so leicht vorgekommen, als wenn ich zu etwas anderem hinausgeführt würde. Gott wird mir auch bis zum letzten Augenblick die Gnade verleihen, auf dass ich dahin kommen kann, wo sich meine Seele mit allen Auserwählten ewig freuen mag.« Hofer schrieb diesen letzten Brief schon aus der Position eines Toten heraus. Er betrachtete die Hinrichtung schon als vollzogen, hielt sich nicht mehr damit auf, auf Rettung durch seine mächtigen Verbündeten zu hoffen. Man spürt sogar Erleichterung aus dem Brief, denn das letzte Jahr war ein Höllenritt für den Wein- und Branntweinhändler aus Südtirol. Was ihm klar und fest gefügt erschien, löste sich einfach auf. Er ist, gestärkt durch ein fest gefügtes Weltbild, auf eine historische Position vorgestoßen, die anderes verlangte als starke Überzeugungen und bäuerliche Vorurteile. Der erfolgreichste Überzeugungstäter der österreichischen Geschichte wurde mit einer gnadenlosen Realität konfrontiert, die den intelligenten Mann und charismatischen Anführer namens Andreas Hofer scheitern ließ. Der unerwartete Aufstieg zum Herrscher Tirols überforderte ihn in jeder Hinsicht. Veränderung des eigenen Weltbildes oder Tod – das war Hofers Wahl. Der Tod schien annehmbar, denn die Veränderung der Überzeugungen hätte ihm sein Fundament genommen. Pfarrer Alexander Borghi, der Hofer die letzte Beichte abnahm, erzählte von rührenden, fast kindlichen Bekenntnissen eines Mannes, der das unerhörte Kunststück zusammenbrachte, die Armee Napoleons mit ungenügenden militärischen Mitteln – wenigstens kurzfristig – aufzuhalten. Unablässig betete Hofer in seinen letzten Stunden den Rosenkranz, klammerte sich an die Litaneien, weinte. Nichts Böses habe er tun wollen, sagte er. Er glaubte, vor Gott immer das Beste für sein Land und die katholische Religion getan zu haben. Und Hofer hatte ja auch lange die göttlichen Zeichen mit sich. Hat nicht Gott selbst die Sache der Tiroler gefördert? Konnten sie nur deshalb, wider alle Vernunft, erfolgreich sein? Der noch sehr im mittelalterlich-bäuerlichen Verständnis verhaftete Freiheitsheld konnte sich seine Erfolge nicht anders erklären, als dass sie eben eine gerechte Sache Gottes waren. Hofer fragte sich nur noch ängstlich, ob er selbst vor Gott gerecht war. Aus seiner Sicht sprach viel dafür, schließlich hatte er sich meistens nach den Wünschen der Priester gerichtet. Doch die Welt war längst säkular geworden und zermalmte das kleine Rädchen Hofer schließlich in ihrem Getriebe.

Hofer lebte in einem Zeitalter des radikalen und atemberaubend schnellen Wandels. Er lebte in einem Randgebiet der damaligen Welt, weit entfernt von den eigentlichen Ereignissen in einer fast noch mittelalterlichen Welt. Die Gefühlslage der Tiroler im ausgehenden 18. Jahrhundert muss wohl der eines abgelegen wohnenden Arabers aus unseren Tagen geähnelt haben. Die Tiroler in den Tälern verspürten die Ausläufer einer aus ihrer Sicht sinnlosen und willkürlichen Zerstörung der alten Ordnung. Wie die Bewohner der islamischen Welt von heute lehnten sie sich dagegen innerlich auf und klammerten sich noch mehr an die alten Werte, die Religion und die lokalen religiösen Führer. Das Barock hatte auf den Alltag der Landbevölkerung kaum Auswirkungen gehabt. All die ungeheuren Innovationen des 17. und 18. Jahrhunderts, die Entwicklung der Wissenschaft, des Warenverkehrs und der Aufklärung fanden ausschließlich in den Ballungszentren und an den Höfen statt. Am Land war über Jahrhunderte alles seinen gewohnten Trott gegangen. Das städtische Tirol, die fortschrittlichen Bergbauregionen und die Handelsstädte im italienischen Teil vollzogen diese Entwicklungen mit. In den abgelegenen Tälern aber sorgten sie nur für Befremden. In einem dieser abgelegenen Täler, dem Südtiroler Passeiertal, ehelichte der frühzeitig für großjährig erklärte Hofer, seit kurzem Bauer am heruntergewirtschafteten Sandhof, im Juli 1789 eine gewisse Anna Ladurner. Nur eine Woche davor hatte das Volk von Paris die Bastille gestürmt und damit einen Prozess eingeleitet, der in den nächsten hundert Jahren zur staatlichen Modernisierung Europas führen sollte. Ob dieses unerhörte Ereignis den Hochzeitsgästen schon bekannt war und für wie wichtig sie es nahmen, ist nicht bekannt. Andreas Hofer zumindest war ein, für die Verhältnisse in seinem Tal, wohl informierter Mann. Hofer, der als fescher Mann galt, ist früh verwaist und hatte einige Lehr- und Wanderjahre hinter sich, die ihn zumindest bis Norditalien geführt hatten. Er konnte lesen und schreiben, was für einen Tiroler Bauern seiner Zeit nicht selbstverständlich war – und er war äußerst geschäftstüchtig. Das junge Ehepaar war beliebt im Tal. Gottesfürchtige, leutselige Menschen, fleißig und strebsam. Hofer war zwar in Relation zur großen, weiten Welt ein Konservativer, im Passeiertal galt er als ein Neuerer, ein flexibler Mensch, der es anpackt und sich etwas schafft. Einer, den man sich gerne zum Vorbild nahm. Der junge Sandwirt gründete einen Wein- und Branntweinhandel, der gut zur traditionellen und von der Familie geführten Gastwirtschaft passte. Schnell erkannte er auch, dass sich die Lage des Hofes an einer Handelsroute ebenso für den Handel mit Saumpferden eignete. Auch damit hatte Hofer Erfolg. Er konnte beobachten, erkennen und kombinieren. Andreas Hofer war ein kluger Mann, der seinem eigenen Urteil auch vertraute. Und der Erfolg gab ihm Recht. Er war ein »stets zu Scherz und Spaß aufgelegter Pursche«, ein flexibler Geist, der sich dennoch nicht zu weit von seinen Wurzeln entfernte. Der Sandwirt hätte ein hoch angesehenes Leben in seinem Tal verbringen können, wenn sich die Welt rund um die Tiroler Täler nicht mit rasendem Tempo verändert hätte.

Schon bevor die Französische Revolution dem Feudalstaat sein überfälliges Ende setzte, quälten Veränderungen die frommen Tiroler. »Herr, befreie uns vor Krieg und Not – durch Joseph II. Tod!«, stand auf einem der vielen Flugblätter und Pamphlete, die auch Tirol erreichten. »Ich bin zu sehr gewohnt, überall nur Undank für meine Wohltaten zu ernten«, stöhnte der entnervte Kaiser in Wien. Aber als Wohltaten wurden die Reformen Josephs nicht empfunden. Während sich sein Schwager Ludwig XVI. in Frankreich mit einem reformwütigen, rebellischen Volk konfrontiert sah, musste sich Joseph mit einer bockigen Feudalgesellschaft abgeben, die alles wollte, nur keine Veränderung. Beim Sandwirt versammelten sich abends die Männer und man diskutierte die Unerhörtheit der josephinischen Reformen. Die kontemplativen Orden hatte er aufgelöst, der »allerhöchste Herr«, ereiferte man sich. Ein Beamtentum hat der Kaiser eingeführt, das sich in die seit Jahrhunderten gewohnten Abläufe zwischen Adel und Bauern einmischte, und neue Steuern wurden erhoben, was die Missgunst weiter verstärkte. Hofer war Wortführer im eigenen Wirtshaus und sicher auch Vorleser mancher Pamphlete, die weitere erschütternde Informationen über den moralischen Amoklauf »ihro kayserlichen Gnaden«, des verrückt gewordenen Zentralisten aus Wien, in die abgelegene Bergwelt brachten. Joseph II. belebte Hofers Geschäft, denn die Aufregung machte durstig und der Widerstand gegen die Neuerungen entsprach auch den Überzeugungen des Sandwirtes. Hofer war vollkommen in die Tiroler Bauerngesellschaft integriert. Er teilte die Ansichten der überwältigenden Mehrheit, war ein wohl gelittener Mann der Mitte, dessen Glaubensfestigkeit an die lokalen Werte, die katholische Kirche und das freie Bauerntum nie in Frage standen. Später sollte er sogar Abgeordneter zum Tiroler Landtag werden, denn die freien Tiroler Bauern hatten sich ihr Mitspracherecht am Geschehen immer erhalten.

Der ungeliebte Monarch starb und sein Nachfolger nahm die meisten Reformen zurück – oder verwässerte sie zumindest. Der Sandwirt hätte sich mit seinen Passeiern noch jahrelang über die Ungerechtigkeit auslassen können, dass der Jesuitenorden aus dem

Reich verbannt war, hätte nicht ein junger General, der Gott für »eine fragwürdige Hypothese, aber organisierte Religion für eine Notwendigkeit zur Zähmung der Massen« hielt, die Herrschaft über Frankreich angetreten. Dieser Mann, Napoleon Bonaparte, weitete seinen Einflussbereich schnell aus – bis Tirol.

1796 verzichtete Bonaparte, der einen aufreibenden Gebirgskrieg scheute, noch auf einen Einmarsch in Tirol. Er wäre aber schon damals auf erbitterten Widerstand gestoßen. Die »einfachen und tugendhaften Gebirgsbewohner« Tirols hatten ihre Schützenkompanien zur Sicherheit schon auf den umliegenden Pässen verteilt. Unter ihnen ein Korporal der Meraner Schützen, Andreas Hofer. Hofer nützte seine Privilegien als Weinhändler, er hatte einen »brücken- und weggeldslosen« Passierschein, geschickt aus. So konnte er die Tiroler Truppen mit Proviant versorgen. Hofer war zu dieser Zeit schon nebenberuflicher »Guerillero«. So beklagte seine Frau, dass die ganze Arbeit am Hof an ihr hängen blieb. Erst 1797 kam es zur Schlacht von Jenesien, an der Hofer teilnahm. Die Schlacht blieb zwar unentschieden, irritierte die Franzosen aber gewaltig und sie zogen sich nach Brixen zurück. Obwohl auch reguläre österreichische Truppen beteiligt waren, war es ein Faktum, dass eine – aus französischer Sicht – undisziplinierte Schar von Wilden der modernsten und am besten ausgebildeten Armee ihrer Zeit Paroli bieten konnte. Die Tiroler hat es ebenso erstaunt, ein Mythos war geboren – der Mythos vom heimattreuen Schützen, der mit Gottes Hilfe sogar die unbesiegbaren Franzosen bezwingen konnte. Die Wilden feierten ihren Sieg auch, wie man es von Wilden erwartete. Gefangene wurden nicht gemacht, verwundete Franzosen »Bein für Bein entzweigeschlagen, bis sie ausgeisterten«. Die Stadt Bozen wurde von besoffenen Horden geplündert und so mancher Bozener Bürger, der unter Verdacht stand, mit den »fränkischen Neuheiden« zu sympathisieren, sprang im Siegestaumel schnell einmal über die Klinge. Die Schlacht am Valser Joch brachte dann den ersten eindeutigen Sieg für die Tiroler. »Gott mit uns!« war die Parole und zeigt auch das Motiv. Was von den Bergen auf die Franzosen einstürmte, waren keine von Potentaten zum Dienst gepressten Söldner, sondern Überzeugungstäter, hoch motiviert, ausgestattet mit der Gnade Gottes und ohne jede Gnade für die französischen Gotteslästerer.

Die Welt war beeindruckt, die Tiroler waren von sich auch sehr beeindruckt, geändert hat es nichts. Napoleon setzte sich geopolitisch durch. Im Frieden von Lunéville wurde Tirol zwar den Habsburgern zugesprochen, aber das Sagen in Europa hatte Napoleon und damit die Modernisierer. Der damals 34-jährige Hofer ging wieder seinem Geschäft nach, dem Weinhandel – und seinem Hobby, das gleichzeitig seine Berufung war: Saufen für die göttliche Wahrheit.

»Les aubergistes«, sollte der französische Gesandte noch fünf Jahre später in München stöhnen. Die Wirte sind an allem schuld. Denn das Netzwerk, das den Tirolern ihr heldenhaftes »Anno 09« bescheren sollte, spannte sich von Wirtshaus zu Wirtshaus. Allein durch den Umstand, dass der erfolgreiche Tiroler Aufstand ausschließlich an Wirtshaustischen vorbereitet wurde, gab ihm schon das Recht, ein österreichischer Mythos zu werden. Die nächsten Jahre waren harte Jahre für Tirol, aber keine schlechten für Andreas Hofer. Adel und Klerus war es geschickt gelungen, die Lasten für den Krieg auf das einfache Volk abzuwälzen, und eine Teuerungswelle brach über Tirol herein. Doch Andreas Hofers Weinhandel blühte – durch den Verlust der oberitalienischen Gebiete wurden die Südtiroler Weinbaugebiete zu einem wichtigen Weinlieferanten des westlichen Österreichs. Napoleons Italien lag nun außerhalb des Habsburgerreiches und unterlag einer Importsanktion. Ein Bombengeschäft für die Tiroler. Dieses verdankten sie ausgerechnet dem von vielen geschmähten Reformkaiser Joseph II., der damit die innerösterreichische Weinproduktion fördern wollte. Hofer reiste durch das ganze Tirol, spannte seine Geschäftsbeziehungen sogar bis nach Salzburg und in die Steiermark. Er verbrachte Abend für Abend an den Wirtshaustischen, wo er sich mit anderen Tirolern über die »fränkischen Neuheiden« auslassen konnte. Dass es nicht bei der »Lufthoheit über die Stammtische blieb«, lösten zwei Faktoren aus: Napoleon Bonaparte und der Einbruch von Hofers Handelsgeschäft.

»Der unsterbliche Joseph zu Wien hat die Reformen in Tirol niemals vermocht, doch der nicht weniger unsterbliche Max I. Joseph zu München hat dies herbeigeführt, wofür sein Ruhm hierzulande niemals verblassen wird«, freut sich ein bayerischer Lobredner 1805 in einem Flugblatt. In der beständigen Neuordnung Europas durch Napoleon ist Tirol 1805 nämlich an Bayern gefallen und die Bayern verstanden sich zu dieser Zeit als Modernisten. Womit die katholischen Bayern den Tirolern als »Ungläubige« galten, während die Bayern die Tiroler für mittelalterliche, abergläubische Hinterwäldler hielten. Die Bayern waren eifrig um die Angliederung Tirols an Bayern bemüht. Und, das hatten sie von den Franzosen gelernt, die Vereinheitlichung des Staates war ein probates Mittel dafür. »Der Wolf kommt über Altar und Gemeinden«, wurde von den Kanzeln gehetzt, denn die Bayern waren stolz darauf, das durchzusetzen, was die Wiener Verwaltung nie geschafft hatte. Dabei spalteten sie die Tiroler Gesellschaft, beziehungsweise machten sie eine Spaltung sichtbar, die schon längst vollzogen war. Die Städter, die Handwerker und das Gewerbe begrüßten die bayerischen Neuerungen, der Bauernstand ging in Opposition. Die mittelalterliche Welt des freien Bauerntums und die barocke Welt der universellen Städter hatten lange koexistiert, jetzt musste man Position beziehen. Andreas Hofer bezog klar Position, er stand für das Alte, er stand für »Gottes gerechte Sache«. »Albernheiten« nannte die neue Verwaltung diese Position und verbot vieles kurzerhand. In der bäuerlichen Welt sorgte man sich noch um magische Zusammenhänge, von denen man glaubte, dass sie bestimmend für die Erlangung von Glück und Gesundheit wären. Man band Toten die Füße zusammen, damit sie nicht wiederkommen; besprach – also versuchte, Effekte mit heiligen Worten zu erlangen – kranke Tiere und Menschen oder versuchte sich mit Wetterläuten und Wettersegen vor den Unwägbarkeiten der Natur zu schützen. In diese römisch-katholisch-schamanistische Welt versuchte die bayerische Verwaltung die Pockenschutzimpfung einzuführen. Die Bauern wollten lieber zu ihren Heiligen um Gesundheit beten und verweigerten sich der Impfung. 1809 waren noch nicht einmal fünf Prozent der Landbevölkerung geimpft. Man versuchte der widerspenstigen Gebirgler durch Geldstrafen Herr zu werden, die diese kurzerhand nicht zahlten. Ganz anders die Städter, vor allem aus dem vor kurzem erst einverleibten Brixen und Trient. Ein Trientiner Freimaurer bat seinen Logenbruder, den König von Bayern, brieflich um »Aufhebung der hierorts herrschenden Geistesfinsternis«. König Max wurde anlässlich eines Besuches in Innsbruck stürmisch und herzlich begrüßt. Man vergaß gerne, dass die Bauern in Tirol seit jeher Privilegien hatten und vor allem ein anderorts unbekanntes Selbstbewusstsein. Die Städter hofften auf »Aufhebung der Geistesfinsternis« und in den Wirtshäusern begann man zur Jagd auf den Wolf zu blasen, »der über die Gemeinden und Altäre« gekommen war. Neben der Sünde sorgte nämlich auch die aufkommende Armut für reichlich Zündstoff. Mit der Angliederung an Bayern kam es zu einem wirtschaftlichen Aderlass, denn die Handelsgrenzen nach Innerösterreich waren dicht. Die wichtige Ost-West-Handelsachse existierte nicht mehr. Besonders hart traf das den Weinhändler Andreas Hofer, der sich 1808 gezwungen sah, seine Zahlungsunfähigkeit einzugestehen. Er schrieb dem Bozener Müllermeister Rößler, »dass ich sie nit khon zallen, wie ich versprochen habe«. Der Sandwirt stand nicht mehr im Verzeichnis der Wirtsleute, der Sandhof war auf Selbstversorgung der Familie reduziert. Anna hatte alle Hände voll zu tun die Kinder durchzufüttern, denn Andreas Hofer tat das, was er später als Kommandant von Tirol auch immer tun sollte, er flüchtete vor seinen Problemen in den Alkohol.

Die Bayern übertrieben es. Sie verboten die Mitternachtsmette und waren in jedem Detail lästig. Sie ließen es einfach nicht zu Kompromissen kommen, wie es die klügere, an der Vielfältigkeit ihres multikulturellen Staates erprobte habsburgische Verwaltung immer getan hat. Die schlauen Habsburger, die gefürsteten Grafen von Tirol, erkannten die Stimmung in ihrem Stammland. Eine Delegation der »Aubergistes«, darunter auch der umtriebige Passeiertaler Sandwirt Hofer, reiste zur Konspiration nach Wien. In den komplizierten machtpolitischen Planspielen, mit denen sich die Habsburger gegen den chronisch überlegenen Napoleon durchsetzen wollten, sollten die Tiroler Rebellen ein – wenn auch nicht wesentlicher – Faktor werden. Schlüsselfigur wurde der Bruder des Kaisers, Erzherzog Johann. Der Gedanke, sich einen möglichen Volksaufstand zunutze zu machen, stieß aber nicht einmal am Wiener Hof auf ungeteilte Zustimmung. Man befürchtete bei dieser Unterstützung die Beispielwirkung, dass sich Bauern gegen ihren gottgegebenen Monarchen auflehnen dürfen. Kaiserin Ludovica, eine der feurigsten Vertreterinnen der Kriegspartei, die Napoleon mit militärischen Mitteln besiegen wollte, schrieb an ihren Schwager Johann: »Mit welchem Recht können wir die Tiroler aufmuntern zur Empörung, zur Untreue gegen ihren rechtmäßigen Gebieter.« Andreas Hofer, der davon nichts wusste, stand mit seinen Ansichten der Kaiserin sicher näher als dem Erzherzog. Andererseits war es so, dass Ludovica als Vertreterin des barocken Absolutismus argumentierte und den Bayernkönig als legitim betrachtete – Hofer dagegen pflegte eine Art mittelalterlich-fundamentalistisches Gedankengut, das Gott, Land und Landesherr untrennbar verband. Ein Glück für die Habsburger, gedankt haben sie den Tiroler Bauern ihre kindliche Treue zum Herrscherhaus nicht. Die Welt war auch schon weiter, auch Ludovicas Gottesgnadentum war längst überholt, denn den Ton gab Napoleon an und das bedeutete bürgerliche Freiheit, positives Recht und vor allem Kanonen, Kanonen und nochmals Kanonen.

Die »Aubergistes« akzeptierten, dass der Aufstand koordiniert, also unter Leitung Wiens, vor sich gehen sollte. Die Bayern heizten die Stimmung weiter auf. Schließlich vergriffen sie sich an einem der heiligsten Freiheitsrechte der Tiroler, dem »Landlibell von 1511«. Dieses sah vor, dass Tirol nur Landsknechte zur Verteidigung Tirols selbst stellen musste. Die Bayern, die den emotionalen Stellenwert der bäuerlichen Freiheitsrechte der Tiroler unterschätzt hatten, begannen trotzdem Soldaten für Napoleons Armee auszuheben. Dieser allgemeinen Wehrpflicht entzogen sich zwei junge Männer in Axam. Die Bauern griffen zu den Waffen, Wien gab seinen Segen und die Sturmglocken der »geschändeten« Kirchen läuteten das ein, was als »Anno 09« zum zentralen Bestandteil des Tiroler Selbstbildes werden sollte.

Kommunikation war der Schlüssel. Die Verschwörung der Wirte war gut vorbereitet. Mit Sägespänen in den Bächen, Feuerzeichen, Glockensignalen und Boten, die querfeldein über die Berge kamen, stand ganz Tirol in Kürze unter Waffen. Die Tiroler praktizierten etwas, das die Französische Revolution erfunden hat, »Armée levée en masse«, die Volksarmee. Eine Armee, die ausschließlich aus überzeugten Patrioten bestand und im Falle Tirols auch noch mit der Überzeugung daherkam, ihre Legitimation von Gott persönlich erhalten zu haben. Über Kärnten marschierte Erzherzog Johann – »Tirol, ich bin da« – Richtung »Heiliges Land« und bei der Schlacht von Sterzing machte sich ein lokaler Kommandant und allseits geschätzter Wirtshausredner einen Namen: Andreas Hofer. Dieser erste militärische Erfolg, den Hofer strategisch nicht nutzte, weil sich seine Meraner und Passeiertaler Schützen lieber betranken, als das eroberte Terrain zu sichern, machte ihn zum Freiheitshelden. Ein Monat später wurde er einstimmig zum Kommandanten der ersten Bergiselschlacht, die unentschieden endete, gewählt. Am 29. Mai 1809 gelang dann das Wunder. Die Tiroler Schützen schlugen die bayerische Armee und eroberten Innsbruck. Andreas Hofer war zu diesem Zeitpunkt unangefochtener Anführer der Tiroler. Umgehend setzte im gesamten deutschen Sprachraum eine propagandistisch geschickt genutzte Legendenbildung ein, die bis heute weiterläuft. Hofer war die Medizin, die Europa von der neuen »französischen Krankheit« heilen sollte.

Die Aussöhnung zwischen Tirolern und Franzosen kam spät, war aber von berührender Herzlichkeit. Über 150 Jahre sollte es dauern, bevor es ein französischer General schaffen sollte, für einen Tiroler etwas anderes darzustellen als eine Zielscheibe. Am 21. Oktober 1981 marschierte im Pariser Invalidendom eine Tiroler Schützenkompanie auf, um den französischen General Béthouart, im Beisein von Landeshauptmann Wallnöfer, die letzte Ehre zu erweisen. Der hohe französische Militär hatte schon in den Sechzigerjahren den Ehrensäbel des Tiroler Schützenbundes erhalten und hatte es nicht versäumt, bei seiner Demission als Kommandeur der französischen Besatzungstruppen im Jahre 1950 einen Kranz am Hofer-Denkmal am Bergisel niederzulegen. Das Herz der Tiroler hatte er schon direkt nach dem Zweiten Weltkrieg gewonnen, er erlaubte 1946 die erste Andreas-Hofer-Gedenkfeier am Bergisel. Damit bewies der General diplomatisches Geschick, war doch Andreas Hofer als Figur der nationalsozialistischen Propaganda verschrien. Doch Andreas Hofer diente nicht nur den Nazis als Vehikel ihrer Ideologie. Absolut jeder Machthaber und jede politische Gruppierung versuchte, den Sandwirt für sich zu vereinnahmen. Die Vereinnahmung, die den tiefgläubigen, jeder Veränderung abholden Hofer wahrscheinlich am meisten verwundert hätte, war die der kommunistischen »Volksstimme«. Ein Nachkomme Hofers, ebenfalls mit dem Namen Andreas Hofer, war 1944 als Widerstandskämpfer von den Nazis hingerichtet worden. Da die allgemeine Zustimmung für den Anschluss an Deutschland in Tirol überdurchschnittlich hoch gewesen war, bemühte man sich, das Bild wenigstens nachträglich zu korrigieren. Der hingerichtete Nachkomme wurde benutzt, um Rückschlüsse auf das Verhalten Hofers unter dem Naziregime zu ziehen. Die »Woche« lässt diese, nie sehr erfolgreiche, »rote Phase« Hofers im folgenden Artikel gipfeln: »Hofers Name aber lebt immer fort als der eines großen Patrioten, des ersten großen Partisanenführers Österreichs gegen die bayerisch-deutsche Fremdherrschaft. Seine Nachkommen sind die österreichischen Freiheitskämpfer, die gegen den Faschismus in Spanien, in den Reihen der jugoslawischen Freiheitsarmee und als Partisanen in Kärnten und der Steiermark kämpften.«

Die Franzosen sind in dieser Schilderung zwischenzeitlich abhanden gekommen und Hofer, von dem noch Gauleiter Franz Hofer behauptete, dass »die Heimholung Österreichs ins Reich aller Deutschen die große Sehnsucht Andreas Hofers gewesen sei«, war wieder Österreicher. Die Nazis haben die Tiroler ebenso hintergangen, wie es die österreichischen Herrscher taten. Beim Ausgleich mit dem faschistischen Italien sollte das deutschsprachige Südtirol einfach entsiedelt werden. Eine Region, in der auch der Sandhof liegt, seines Zeichens längst ein Wallfahrtsort für alle Tiroler. Kurz bevor man Andreas Hofer unterstellte, dass er von der Sehnsucht getrieben wurde, wieder ins Reich »heimgeholt« zu werden, stellte der austrofaschistische Kanzler Schuschnigg anlässlich einer Gedenkfeier fest, dass Hofer sich gegen den »volksfremden Geist, der vom Norden her in unser Land hereingreift«, wehren würde. Schuschnigg verglich Hofers Schicksal mit dem des kurz vorher von Nazis ermordeten Kanzlers Engelbert Dollfuß. Aber zu diesem Zeitpunkt war es der Mythos um den verstorbenen Andreas Hofer längst gewohnt, in immer neue Kleider zu schlüpfen. Anlässlich der 100-jährigen Gedenkfeier an die Bergiselschlacht gedachte man des Mannes als »Inbegriff des österreichischen Patrioten und der unverbrüchlichen Kaisertreue«. Eine bewegende Veranstaltung, die da 1909 im Beisein des Kaisers abgehalten wurde. Die beteiligten Schützenkompanien und Kapellen hatten zu diesem Zeitpunkt allerdings ihre Trachten längst aufgegeben. Um ein den Erwartungen entsprechendes Ensemble abgeben zu können, mussten die Trachten anhand von historischen Abbildungen mühsam rekonstruiert bzw. des besseren Bildes wegen gleich neu kreiert werden. Aber die Treue zum Kaiserhaus war den Tirolern schon vergangen. Die Werte, die die Tiroler Aufständischen von 1809 verteidigen wollten, waren allesamt dem sozialen Fortschritt und der Staatsräson geopfert worden. In der zweiten Hälfte des 19. Jahrhunderts wurden die alten Sonderrechte der Tiroler zugunsten einer gesamtösterreichischen Verfassung, und damit natürlich auch das Landlibell von 1511, abgeschafft. Die Treueschwüre zwischen Kaiserhaus und Land brachten auch wenig, denn nach dem heldenhaften »Anno 09« musste sich die Tiroler Landbevölkerung mit einer Tätigkeit befassen, die sie schon während der bayerischen Besatzung virtuos beherrschte, dem Hungern. Erst der beginnende Tourismus holte das Land aus der Stagnation und der gesellschaftlichen Isolation.

Zurück ins »Anno 09«. Der Hofer saß also als »Ernannter Kommandant« in der Innsbrucker Burg. Wer ihn ernannt haben soll, ist allerdings unklar, es war realpolitisch auch nicht von Bedeutung. Denn im Gegensatz zu den Tirolern verloren die kaiserlichen Truppen ihre Schlachten und mussten sich dem Diktat Napoleons beugen. Das Versprechen, das der Kaiser und der verehrte Erzherzog immer wieder abgaben, nämlich niemals auf

Tirol zu verzichten, brachen sie zum wiederholten Male. Also verblieb dem politisch naiven Andreas Hofer die Aufgabe, das Treuegelöbnis einseitig aufrechtzuerhalten, was er auch bis zu seinem Tode tat. Währenddessen wurden die ersten romantisierenden Schriften verfasst, erst mit Hofer als Symbolfigur gegen die französische Herrschaft, aber schon bald auch als Freiheitsheld des Vormärzes. Der »Ernannte Kommandant« saß allerdings nach der zweiten Bergiselschlacht in der Innsbrucker Hofburg und wusste nicht recht, was er mit seinem Sieg anfangen sollte. Seine Schützen zogen marodierend, saufend und vergewaltigend durch die Stadt und vertrieben die letzten Personen, die eine Vorstellung von staatlicher Verwaltung hatten. Hofer war klug genug zu erkennen, dass er und seine Gefolgsleute nicht in der Lage waren, die Verwaltung zu organisieren. Mit seinem Verbindungsmann zu Erzherzog Johann, Josef Hormayr, wurde eine Art Zwittersituation etabliert, die Tirol der österreichischen Krone unterstellte, obwohl diese österreichische Krone eine Ausübung der Herrschaft ablehnte. Wahrscheinlich hätte sich die Lage einfach beruhigt – Hormayr intrigierte erfolgreich, es gelang ihm sogar, die Kompetenz zur Aufbietung des Landsturms aus Hofers Händen zu nehmen –, wenn nicht Napoleon Truppen geschickt hätte. Die Schützen, schließlich allesamt Bauern, machten sich Sorgen um ihre Ernte und setzten sich zu ihren Höfen ab. Es war eine Frage der Zeit, bis der Konflikt wieder auf Verhandlungsebene kommen sollte. Doch im Juli marschierte Marschall Lefèbvre mit 25.000 Soldaten in Tirol ein. »Sire!«, schrieb Lefèbvre, »es sei also gesagt, dass ich meinen ersten Rückzug im Leben vor rasenden Bauern antreten musste. Diese Wilden in Tirol stiegen mit rasendem Geschrei ins Inntal herab, das Kruzifix an der Spitze, mit ihren Priestern, rasend wie die Tiger. Ich erwarte Ihre Befehle, Majestät, auch wenn ich mich unter den Ruinen Innsbrucks begraben lassen muss!« Der Marschall durfte sich im August vorübergehend zurückziehen. Hofer hätte ihm, wenn er den Brief gekannt hätte, sicherlich beschieden, dass sich der Marschall eben Gottes Willen widersetze, also folglich nur verlieren konnte. »Nachdem uns Gott der Allmächtige durch die Vorbitte seiner göttlichen Mutter abermal vor dem alles verheerenden Feinde wunderbarlicher Weise errettet und uns seine Hilfe augenscheinlich gezeigt hat, so gebühret es auch und ist unsere größte Schuldigkeit, dass man ihm allgemein Dank abstattet«, ließ Kommandant Hofer nach dem neuerlichen Einzug in Innsbruck plakatieren und verordnete ein zehnstündiges Dankgebet mit anschließendem Hochamt. Jetzt, nach dem erneuten Sieg, nahm er auch die Regierungsgeschäfte in die Hand und liebäugelte damit, Graf von Tirol zu sein, solange der allerhöchste Herr verhindert sei. Er zog in der Kutsche in Innsbruck ein und versuchte die Ordnung herzustellen. Seine Passeiertaler Schützen wurden zur improvisierten Polizeitruppe. Zu seinen Beratern wurden die Leute ernannt, die er als Gipfel des Wissens und der Intellektualität betrachtete, die Priester. »Ministerämter« gingen an treue Mitstreiter, die das dafür notwendige Wissen nicht mitbrachten. Hofer selbst schlüpfte in die Rolle des mitfühlenden Patriarchen, was seinem Äußeren – langer Bart, Übergewicht – zwar entsprach, die anstehenden Probleme aber nicht löste. Er sprach gerne und lange mit den Bittstellern, sein Mitstreiter, Josef Speckbacher, sprach sogar vom »Vater und Erlöser«. Hofer verbat sich die Anrede Exzellenz: »Ich heiß Andrää! Ich bin nicht besser als die anderen. Wir sind Bauern und keine Herrn!«, aber im Prinzip scheiterte er an seiner Aufgabe.

Hofer hat im Lauf seines Lebens einen ausgeprägten Machtinstinkt bewiesen. Er hatte große empathische Fähigkeiten und wusste Stimmungen und Gefühle immer zu nutzen. Schon als Militärstratege war er nicht sonderlich begabt, diese Rolle kam eher Josef Speckbacher zu, als Regierender versagte er schon wegen seines irrationalen Zuganges. Da aber alle anderen relevanten Persönlichkeiten auch keine Ahnung von Verwaltung hatten, kamen Hofers frömmelnde, patriarchalische Gesten gut an. Um einer gewissen Ernüchterung Platz zu machen, war die Regierungszeit einfach zu kurz und die Ereignisse blieben turbulent. Denn Napoleon Bonaparte dachte gar nicht daran, Tirol aufzugeben, und es bleibt unklar, ob sich die Tiroler Bauernführer darüber klar waren, mit welch ungeheurer Übermacht sie Krieg führten. Aufrufe zur Mäßigung oder gar Kompromissbereitschaft gehörten nicht zum Repertoire der »Regierung Hofer«. Die religiöse Basis, die die größte Antriebsfeder der Tiroler gewesen war, verselbstständigte sich jetzt. Hofer und sein Umfeld versuchten die Errichtung einer Theokratie. Hofer praktizierte religiöse Übungen und erwartete das auch von allen anderen. Es regnete Verordnungen für Gottesdienste und Andachten, die die schützende Hand Gottes über Tirol halten sollten. Alkohol und Frömmelei bestimmten die Regierungsarbeit. Denn Probleme wurden in nächtlichen Saufgelagen erstickt, am nächsten Morgen wurde dann eifrig bereut und um himmlischen Schutz gebetet. Hofer fiel auf jeden Heuchler und religiösen Narren herein und schlug alle ernst gemeinten Ratschläge in den Wind. Was ihm mit hilflosem Augenaufschlag, patriotischer Gesinnung oder religiösem Pathos vorgelegt wurde, unterschrieb er sofort. Notwendigkeiten ließen auf sich warten. Es zeigte sich auch schnell, dass der Tiroler Landsturm nicht nur aus selbstlosen Patrioten bestand, man wollte sich seinen Teil holen, schließlich verfaulten auch die Ernten auf den Feldern, während man die Heimat befreite.

Der große Charismatiker und Anführer, Andreas Hofer, war schlichtweg überfordert. Er erkannte das auch und hat es mehrmals geäußert. Hofer schwankte zwischen zwei Extremen, die nicht vereinbar waren. Als rationaler, moderner Mensch erkannte er natürlich, dass mit ein paar Bauern kein Staat zu verwalten war. Er sah deutlich, dass auch die Verwaltung gelernt sein wollte. Es war offensichtlich, dass er Abhilfe schaffen musste, um die Wirtschaft anzukurbeln und die aufeinander prallenden Tiroler Gesellschaftsteile und Interessen auszugleichen. Andererseits war gerade er angetreten die alte Ordnung wiederherzustellen, Gott, Schlichtheit und Kirche wieder einzusetzen. Die Hälfte Andreas Hofers, die von religiösem Sendungsbewusstsein durchströmt war, hat mit dem augenscheinlichen Wunder argumentiert, das Gott an den Tirolern gewirkt hatte. Hofer und seine Mitstreiter waren ja nicht dumm. Sie sahen allein schon an der technologischen Überlegenheit der französischen Armee und deren hygienischen, organisatorischen und kommunikationstechnologischen Möglichkeiten, dass die Tiroler Schützen nur mit einem Wunder gesiegt haben konnten – und das mehrmals. Also musste es doch auch der göttliche Wille sein, dass er und seine Mitstreiter regierten. Hofer hatte erstaunliche Ansätze, die zeigen, dass er anderen Menschen aufmerksamer zuhörte als seinem engsten Kreis. So versprach er allgemeine Wahlen, »weil das Volk an der Verwaltung der öffentlichen Angelegenheiten den größten Anteil zu nehmen hat«. Ein moderner Ansatz, der durchaus mit der Tiroler Tradition des freien Bauerntums vereinbar war. Man kann sich vorstellen, was kurze Einführungen in die Notwendigkeiten des Verwaltungsapparates, die verbliebene Beamte dem Kommandanten zukommen ließen, für Schwindelgefühle in Hofer auslösten. Als intelligenter und auch verantwortungsbewusster Mensch wollte er ja das Richtige tun, aber in einer schon sehr diversifizierten Gesellschaft, die so gar nichts mehr mit dem zu tun hatte, was Hofer für gesicherte, gottgewollte Ordnung gehalten hat. In den kurzen Monaten seiner Regierungszeit muss eine wahre Informationsflut über ihn hereingebrochen sein. Neben den außenpolitischen Belangen, die für Hofer hauptsächlich in der Hoffnung bestanden, dass sich der österreichische Kaiser wieder der Tiroler annahm, muss er – in seinem Bemühen, dem Land Gutes zu tun – schier verzweifelt sein. Tirol lag wirtschaftlich am Boden, Handel und Gewerbe waren vollständig zum Stillstand gekommen. Eine Hungersnot kündigte sich an, schließlich konnte auf Grund des Landsturms nur ein Teil der Ernte eingebracht werden. Die Rezepte dagegen, so sie den neuen Herren zugänglich waren, waren erst recht wieder die der »fränkischen Neuheiden«, die natürlich auch schon längst der Motor eines funktionierenden Tirols gewesen waren, nur hatten die Bauern davon nichts gewusst.

Hofer flüchtete sich in den Alkohol und in die Religion. Aufgestachelt von einem priesterlich-fundamentalistischen Umfeld machte er sich daran, das Laster statt des Hungers zu bekämpfen. Es wurde alles verboten, was Spaß machte. Tanzveranstaltungen, Bälle, sogar die Öffnungszeiten der Wirtshäuser, Hofers ehemalige Machtbasis, wurden eingeschränkt. Die Polizeivorschriften wurden immer strenger, trotzdem wurde man der offenen Gewalttätigkeit auf den Straßen nicht Herr. Die vormals so geerdeten Schützen wurden langsam zu halt- und ziellosen entwurzelten Bauern. So, wie die unüberschaubare Vielfalt und die Zwänge den Anführer verwirrten, kapitulierten die Gefolgsleute vor ihren ungeahnten Möglichkeiten. Sie nahmen sich einfach, wonach ihnen war, wer sollte sie schon richten? Außerdem nahm der Krieg kein Ende. Man kämpfte, durchaus erfolgreich, in Salzburg gegen die Bayern weiter, machte Gefangene und gewann damit immer neue Verpflichtungen dazu. Gefangene müssen genährt und verwaltet werden, auch das überforderte die Tiroler. An Austausch war nicht zu denken, Napoleon verweigerte Gefangenenaustausch, er wollte die Tiroler Rebellen dadurch nicht legitimieren. Hofer wurde immer wunderlicher und religiöser. Der Kaiser hatte ihm ein goldenes Medaillon mit seinem Abbild geschickt. Diese im Prinzip lächerliche Geste löste im »Ernannten Kommandanten« eine wahre Euphorie aus. Sofort war vergessen, dass das Kaiserhaus die Tiroler im Stich gelassen und zweimal bewusst belogen hatte. Hofer begann eine Art mystische Vereinigung mit seinem Landesherrn, den er niemals gesehen hatte, einzugehen. Andreas Hofer fühlte sich in seiner Sendung bestärkt und setzte den Widerstand gegen die Franzosen mit erneuter Kraft fort. Aber die Österreicher spielten ein zynisches Doppelspiel. Einerseits verhandelten sie intensiv mit den Franzosen über Frieden, andererseits ermunterten sie die Tiroler weiter zum Widerstand. Diese Doppelstrategie des Kaiserhauses trieb die Tiroler schließlich auch in ein sinnloses Blutvergießen, das als »Letztes Aufgebot« in der Folge verkitscht werden sollte.

Es kam zum Frieden und entgegen aller kaiserlichen Versprechungen gaben die Österreicher Tirol ab. »Seine Majestät der Kaiser der Franzosen verpflichtet sich, den Bewohnern von Tirol und Vorarlberg, die an der Insurrektion teilgenommen haben, eine volle und gänzliche Verzeihung auszuwirken, so dass sie weder in Rücksicht ihrer Person noch ihres Vermögens irgendeiner Untersuchung unterliegen können.« Der kluge Politiker Napoleon beschloss, ein großzügiger Sieger zu sein. Hofer und seine Berater waren weniger klug, sie schlugen die Generalamnestie aus und taten so, als ob der »Frieden von Wien« sie nichts anginge. Die heutige historische Forschung ist allgemein der Überzeugung, dass Hofer ab einem gewissen Zeitpunkt wider besseres Wissen gehandelt hat. Er wiegelte seine Landsleute auf, sich einer unbezwingbaren Übermacht zu opfern. Er ging sogar so weit, Strafen gegen jene zu verhängen, die vom Frieden nur sprachen. Die Befreier, die sich im Gleichklang mit ihren Landsleuten – wenigstens des ländlichen Anteiles – wussten, verwandelten sich in Apologeten eines klerikalen Regimes, dem Prinzipien wichtiger waren als Leben. Die vierte Bergiselschlacht war ein Gemetzel, bei dem die überlegene Waffentechnologie der Franzosen und die von Napoleons Armee inzwischen gesammelten Erfahrungen mit der Bergguerilla siegten. Die Artillerie schoss die Tiroler einfach aus ihren Stellungen in den Bergen. Was folgte, war eine mit harter Hand geführte Polizeiaktion, die – ungeachtet der religiös verbrämten Legenden vom letzten Aufgebot, des Rückzuges auf die Pfandleralm und des endgültigen Verrates am »Vater und Erlöser« durch den Tiroler Judas Raffl – zum erwarteten Ende geführt wurde. Die Aufmerksamkeit Napoleons, die den alpinen Unruheherd kurz gestreift hat, widmete sich längst anderen Fragen. Hofer wurde verhaftet und »Zu Mantua in Banden« nach einem formalen Militärtribunal hingerichtet. Gestorben ist ein politisches Naturtalent, das keine Zeit gehabt hat, sich seiner historischen Aufgabe zu stellen. Überlebt hat ein österreichischer Heldenmythos, der je nach Lage von allen Regierenden gerne vereinnahmt wird. Andreas Hofer war ein romantischer Freiheitsheld. Als Mensch war er ein überforderter und wertkonservativer Rebell, dem der eigene – unerwartete – Erfolg nichts als Verwirrung und Unsicherheit brachte. Noch bei seiner Erschießung hielt er das Amulett mit dem Bildnis seines Landesherren, des Kaisers von Österreich, umfasst, an den er bis zum Schluss in kindlicher Anhänglichkeit glaubte. Franz, inzwischen Schwiegervater des Aufsteigers Napoleon, arbeitete schon längst an Plänen, den Mann seiner Tochter zu entmachten. Den anderen Aufsteiger, den skurrilen Tiroler Bauern mit den religiös verzückten Ansichten, hatte er bald vergessen. Erst im Jahr 1978 sollte in Wien ein Denkmal des Mannes errichtet werden, dessen geistige Nähe noch jeder österreichische Machthaber gesucht hatte.

Wie konnten sie ihm das nur antun! Nein, wie konnten sie uns das nur antun! Unser bester Skifahrer, Siegläufer über mehr als 15 Jahre, zu Fall gebracht von der Willkür machtgieriger Funktionäre und dem Neid der Verlierer. Na ja, den Karl hat man eben gar nicht anders stoppen können als mit so einer Hinterlist, der war einfach zu gut für den Rest der Welt.

Solche Skifahrer wie ihn hat eben nur Österreich hervorgebracht. Ein Bergbauernbub aus ärmsten Verhältnissen, der es nur mit seinem eisernen Willen und einer Zähigkeit, wie sie nur Bergbauernbuben haben, an die Weltspitze geschafft hat.

Viel gab es damals in Österreich nicht für ein junges Skitalent. Da sind noch nicht die Millionen geflossen wie bei den heutigen Rennläufern. Und der Karl hat sich halt um jeden Schilling umschauen müssen, sonst hätte er sich das alles gar nicht leisten können. Aber dafür haben sie kein Verständnis gehabt im Olympischen Komitee. Kein Wunder, waren ja alles schwerreiche Leute. Mit dem Amateurstatus haben diese Herren Millionäre ihn zu Fall gebracht, nur weil sie nicht verstehen konnten, dass sich ein Österreicher wie der Karl das Skifahren gar nicht hätte leisten können. Haben die eine Ahnung gehabt, was so Brettln eigentlich kosten? Wahrscheinlich hat sie ja genau das geärgert, dass der Karl immer die schnellsten hatte.

Olympia-Gold haben sie ihm nicht gegönnt, einfach ausgeschlossen haben sie ihn von den Spielen in Sapporo, weil gewonnen hätte er ja auf jeden Fall. Aber die Österreicher haben gewusst, was sie ihrem Karl schuldig sind. 90.000 haben sich spontan eingefunden, um ihn in Wien gebührend zu empfangen. »1809: Andreas Hofer, 1972: Karl Schranz« hat einer auf sein Transparent geschrieben, und genauso haben sie die meisten empfunden, diese Verschwörung gegen Österreich.

Karl Schranz:

# Hoch gepokert,
# tief gefallen

Ich habe das Dokument«, mit einer Geste des Triumphs kramte der 85-Jährige in seiner Mappe und holte eine Ausgabe des österreichischen Nachrichtenmagazins »Profil« hervor. Hastig blätterte sich Avery Brundage durch die Seiten, bis er ganz unten auf Seite 52 fand, wonach er seit Monaten hatte suchen lassen. Dann drückte er es seinem erstaunten Gegenüber, FIS-Präsident Marc Hodler, in die Hand. Es ist ein kleines Schwarzweiß-bild, das eine Gruppe von verschwitzten Hobbyfußballern nach einem Match zeigt: in der Mitte Karl Schranz mit einem Leiberl mit dem unübersehbaren Aufdruck »Aroma-Kaffee«. Kurz darauf entscheidet sich die IOC-Vollversammlung bei einer geheimen Abstimmung für den Ausschluss des Österreichers von den Olympischen Spielen in Sapporo.

Immer wieder ist diese Szene in Büchern und Zeitungsartikeln beschrieben worden, am dramatischsten wahrscheinlich vom Reporter-Veteranen Heinz Prüller in seinem Buch »Ski total«. Österreichs zu dieser Zeit größtes Sportidol musste also wegen eines Spaß-Kickerls für den befreundeten Kaffeeröster Edelbauer auf das Olympia-Gold verzichten, das ihm – so war man sich hinterher rasch einig – wohl kaum jemand nehmen hätte können. Unzählige Gerüchte, wie sie eben auf sportlichen Großveranstaltungen unter Reportern kursieren, haben zu dieser Geschichte beigetragen. Immer wieder wird auch das finnische IOC-Mitglied Erik von Frenckel zitiert – er meinte nach dem Ausschluss vor der Presse, zuerst sei eine Mehrheit gegen einen Ausschluss des Österreichers gewesen, erst das Kaffee-Foto habe die Stimmung zum Kippen gebracht.

Es ist eine gute Geschichte, und sie war wunderbar geeignet, um aus dem Tiroler Schranz endgültig einen zutiefst österreichischen Helden zu machen: Talentiert, unermüdlich fleißig, erfolgreich – und dann zuletzt, unmittelbar vor dem großen Triumph, unschuldig zu Fall gebracht. Mit der Realität aber hat diese österreichische Heldensage nur sehr eingeschränkt zu tun. Denn wenn man genauer hinsieht, fehlt es ihr an etwas Entscheidendem, dem unschuldigen Helden. »Eine Ente, die immer wieder aufgewärmt wird«, urteilte der prominente TV-Journalist Dieter Seefranz.

Karl Schranz wurde tatsächlich das Opfer eines Konfliktes, der ohnehin ausgetragen werden musste. Der so genannte Amateurstatus für Olympiateilnehmer, wie er ein Jahr vor Sapporo noch einmal in verschärfter Form festgeschrieben wurde, war natürlich längst veraltet und konnte vor allem vor dem inzwischen millionenschweren alpinen Skizirkus nicht mehr bestehen. Natürlich waren die Verhältnisse im Vergleich zu heute, wo alle populären Sportarten den Gesetzen des Fernsehens und der Werbung folgen, ziemlich bescheiden. Die Skifahrer gingen der Form halber irgendeinem Brotberuf nach, wie etwa die Franzosen, die meist Zöllner oder Polizeibeamte waren. Andere waren einfach bei der Skifirma angestellt, auf deren Produkten sie auch ins Tal rasten. Wie eben Karl Schranz, der seine ganze Karriere lang unter den Fittichen des Skifabrikanten Kneissl, seines väterlichen Freundes, geblieben war. Es gab damals keine offiziellen Werbeverträge. Geld von Firmen, die sich mit dem Bild eines Sportlers schmückten, kam oft auf abenteuerliche Weise bei den Sportlern an, etwa in Form von materieller Unterstützung beim Hausbau oder einfach, indem es diskret und ohne Rechnung den Besitzer wechselte. Kleinere Beträge, die mit der Regelmäßigkeit eines Taschengelds von den Firmen an ihre Stars gingen, wurden einfach als Spesenersatz oder Zuschuss zur Ausrüstung deklariert.

Schon Jahre bevor es in Sapporo zum Eklat kommen sollte, beschrieb eine Zeitung die finanziellen Strukturen des Skizirkus auf eine Weise, die alles Gerede vom Amateurstatus absurd erscheinen ließ: »Die Firmen stellen erfolgreiche Rennläufer zu lukrativen Gehältern an, rüsten sie mit maßgefertigten Skiern aus, stiften Preise und finanzieren Wettkämpfe und Trainingslager von Nationalmannschaften.«

Karl Schranz war der Prototyp des modernen Skistars, ein Vollprofi, der sein Leben ausschließlich dem Rennsport widmete. Aber er war noch mehr. Der Tiroler, der mit seiner Meinung ohnehin noch nie hinter dem Berg gehalten hatte, war durch jahrelange Erfahrung mit internationalen Reportern zum Medienprofi geworden, der genau wusste, wie er seine Ansichten zu Schlagzeilen machen konnte. Im Gegensatz zu den vielen eher wortkargen jungen Rennläufern formulierte er so, wie es die Reporter brauchten, und galt deshalb auch international als einer der beliebtesten Interviewpartner im Skizirkus.

Schranz galt als Meinungsmacher, vor allem im Konflikt um den Amateurstatus, der lange vor Sapporo eskaliert war. Er hatte sich selbst zum Wortführer gegen den – wie er selbst immer wieder öffentlich deutlich machte – längst sinnlos gewordenen Amateurstatus gemacht und damit zum Hauptgegner des anderen Hauptexponenten in dieser Auseinandersetzung: Avery Brundage, der Präsident des Internationalen Olympischen Komitees, IOC.

Das IOC war ein Club meist adeliger Herrschaften, die die Leidenschaft für Olympia als ihr Hobby betrachteten. Ein kostspieliges Hobby, für das etwa Brundage gut 100.000 Euro pro Jahr ausgegeben haben soll. Dafür aber brachte es einiges an Prestige ein. Man bekam nicht nur bei jeder olympischen Veranstaltung die besten Plätze, man genoss auch den Status, gewissermaßen der Gralshüter der Reinheit der olympischen Idee zu sein. Ein Image, das die betagten Millionäre rund um Brundage sichtlich genossen. Aus dieser etwas abgehobenen Perspektive war natürlich das millionenschwere Treiben rund um die Skistars Olympias ein unwürdiges Faktum. Brundage etwa, der selbst als Handballer für die USA an Olympischen Spielen teilgenommen hatte, formulierte seine Ansichten über die Lebensgestaltung eines Sportlers so: »Die Woche hat 168 Stunden. Täglich acht Stunden Schlaf müssen genügen, macht 56 Stunden, bleiben immer noch 112. 48 Stunden mag der Mann arbeiten, 20 der Familie schenken, bleiben für den Sport immer noch 44 Stunden.«

Dieser Brundage hatte Schranz seit Jahren im Visier. Schon 1970 prangerte er öffentlich den Österreicher an. Dieser würde »herausfordernd« den Dress und die mit Firmennamen bezeichneten Ski jener Firma tragen, von der er seit Jahren bezahlt würde. Der IOC-Chef begann Material über den Österreicher zu sammeln. Jeder Zeitungsausschnitt, jedes Foto, das Schranz in irgendeiner Weise mit Skifirmen oder Werbungen in Verbindung brachte, landete in den Akten Brundages. Selbstverständlich schien nicht nur der Österreicher in den Akten auf, sondern auch etwa der Italiener Gustav Thöni, dessen Nacken man auf einer Werbeeinschaltung der Firma »Sideral« zu erkennen glaubte. Die dickste Mappe aber war von Anfang an Brundages Erzfeind gewidmet.

Sogar eigene Spitzel sollen auf Schranz angesetzt worden sein, Privatdetektive, aber auch Sportler. So soll ein österreichischer Rudertrainer Brundage regelmäßig mit Zeitungsausschnitten und anderem Material versorgt haben. Brundage bedankte sich mit einem Schreiben: »Die Spiele sind ein sportliches Ereignis, kein Geschäftsunternehmen ... und wenn wir denen, die daraus finanziellen Nutzen ziehen, auf die Zehen treten, ist das zwar schlimm, aber deren eigene Schuld.« Der Brief wurde einer österreichischen Tageszeitung zugespielt und brachte, als der Zorn der Österreicher über Schranz' Ausschluss hochkochte, dem besagten Rudertrainer sogar Morddrohungen ein.

Doch die Jagd nach Beweismaterial war erfolgreich. Als vor der entscheidenden Sitzung des IOC noch einmal der Anwalt der Österreicher zu Brundage kam, um über den »Fall Schranz« – wie die Angelegenheit damals bereits genannt wurde – zu verhandeln, empfing ihn der IOC-Chef mit der besagten Aktenmappe, und die war, so erinnert sich der Jurist, prall gefüllt.

Wie aufgeladen die Stimmung in den Monaten vor Olympia bereits war, zeigen die Aktionen Brundages vor einigen Weltcuprennen. So drohte er in Kitzbühel öffentlich, alle Teilnehmer am Abfahrtslauf von den Spielen auszusperren, wenn das Logo des Mineralwasserherstellers Evian nicht von den Startnummern verschwinden würde. Bei der ersten Abfahrt rasten Brundages Landsleute, die Amerikaner, bereits mit verklebtem Evian-Logo ins Tal, der Rest aber ignorierte die Drohung. Erst am Tag danach fügten sich die Veranstalter und verpassten allen Teilnehmern Startnummern mit dem Aufdruck »SK Kitzbühel«.

Doch Brundage ging noch weiter. So verlangte er einmal sogar für die Olympischen Spiele »alle Ski zu überkleben, zu überpinseln und den Markennamen völlig auszulöschen«. Eine Forderung, der sich aber nur eine Minderheit im Olympischen Komitee anschloss.

Rein rechtlich gesehen hatte das IOC vor Sapporo auf jeden Fall die besseren Karten. Die erst 1971 auf Drängen von Brundage massiv verschärften Zulassungsbedingungen für die Olympischen Spiele schlossen Werbung mit Sportlern, egal in welcher Form, kategorisch aus. Natürlich war allen Beteiligten klar, dass die Bestimmungen niemals einzuhalten sein würden, doch sie gaben dem IOC und damit seinem Präsidenten eine Waffe in die Hand, die er einsetzen konnte, wann er es für richtig hielt – gegen jeden, der ihm gerade passte. Vor diesen Regeln, das war der Trumpf des Amerikaners, würde keiner der Skistars bestehen, vor allem nicht Schranz.

Doch der Profi aus St. Anton hatte sich auch alle Mühe gegeben, ins Schussfeld des Amerikaners zu kommen. Dass seine Einkommensverhältnisse selbstverständlich mit dem Dasein eines Amateurs nichts mehr zu tun hatten, wurde von der österreichischen, aber auch von der internationalen Presse ausführlich und auch von Schranz, dem stets auskunftsbereiten Informanten, berichtet. So erschien im »Profil« im Jänner 1972 ein ausführlicher Hintergrundbericht über den Skistar, in dem auch seine Einkünfte beleuchtet wurden. Wie bereits erwähnt waren die Einkünfte der Skistars und ihre Quelle damals nicht so leicht nachvollziehbar wie heute. Doch das Magazin hatte einiges an Fakten zusammengetragen. So besaß Schranz, der aus ärmsten Verhältnissen stammte, damals bereits eine Pension in St. Anton, die mit ihren 35 Betten einen Wert in Millionenhöhe hatte. Er fuhr wahlweise Porsche oder Jaguar und hatte, als ihn »Profil« aufsuchte, vor seiner Tür einen Austin Mini geparkt, den ihm nach eigener Auskunft der Hersteller »geliehen« hatte.

Ein österreichischer Skifabrikant und Konkurrent von Schranz' Ausrüster Kneissl hatte auf Anfrage für die damalige Zeit erstaunliche Summen parat. 2,8 Millionen Schilling (200.000 Euro), so schätzte er, würde das Jahreseinkommen von Schranz betragen. So habe es sich etwa die Bindungsfirma Tyrolia 700.000 Schilling kosten lassen, ihr Produkt Schranz an die Füße zu schnallen, eine noch größere Summe gab ein Schweizer Skischuhhersteller für den Österreicher aus. Das Haupteinkommen des Rennläufers aber kam selbstverständlich von Kneissl: 1,5 Millionen Schilling.

Die tatsächlichen Geldflüsse aber blieben geheim, wie auch der österreichische Rennsportleiter Hoppichler damals deutlich machte. Schranz' Geldquellen offen zu legen, meinte er, »wäre Verrat an Österreich«.

Wie vielfältig die aber waren, machte Schranz in seiner Autobiografie selbst deutlich, als er über seine Tätigkeiten außerhalb der Rennsaison berichtete: »Ich konnte mich der Einladungen kaum erwehren. Skirennen in Australien, Promotion-Tour in den USA ... Autogrammstunde in einem Schuhhaus in Bern. Für den ORF kommentierte ich zusammen mit Heinz Fischer-Karwin Wimbledon.« Dass viele von diesen Aktivitäten sich auch bezahlt gemacht haben, kann man mit Sicherheit annehmen.

Schranz selbst gab über seine Vermögensverhältnisse nie ganz konkrete, aber dafür umso verfänglichere Auskünfte. So reihte ihn das amerikanische Sportmagazin »Sports Illustrated« unter die bestverdienenden Sportler der Welt und gab sein Jahreseinkommen mit 60.000 US-Dollar an. Bei Heinz Prüller wird diese Information später als Witz von Schranz geschildert, den der US-Reporter einfach falsch verstanden habe. »Was, nur 60.000 Dollar? Aber ich verdiene doch viel, viel mehr«, soll der Österreicher gegenüber dem überforderten Journalisten gewitzelt haben. Doch der nahm die Geschichte im wahrsten Sinn des Wortes für bare Münze – genau wie auch Brundage, der schon wieder eine Notiz mehr in seinen Schranz-Akten hatte.

Ganz ähnlich auch Schranz' Kommentar gegenüber »Profil«: »Man kann behaupten, dass ich riesige Summen verdiene – aber beweisen kann es keiner.« Ein Schmäh, der ihn teuer zu stehen kommen sollte.

Rückgrat für Schranz' Karriere war immer sein enges Verhältnis zum Skifabrikanten Kneissl, in dessen Skistall der Bub aus St. Anton im Alter von 16 Jahren eingetreten war und ihm von da an seine ganze Karriere lang die Treue hielt. Franz Kneissl war wie ein Ersatzvater für den Jugendlichen, dessen leiblicher Vater so früh verstorben war. Entsprechend band sich Schranz an ihn, wurde zum Star und Aushängeschild der Firma und überschritt deshalb regelmäßig die eng gesteckten Grenzen für Werbung.

Es waren die Kneissl-Aufschriften auf seiner Ausrüstung, die gemeinsam mit dem Siegläufer ständig auf den Titelseiten landeten und IOC-Chef Brundage zur Weißglut brachten – und nicht nur ihn. Empört von der Omnipräsenz von Schranz und der von ihm verwendeten Marken, drohte etwa das US-Skiteam: »Wenn der Österreicher zu den olympischen Wettbewerben in Sapporo zugelassen wird, treten wir zurück.«

Kneissl investierte aber auch beachtliche Summen in seinen Star, der nicht nur nach skifahrerischer, sondern auch nach technischer Perfektion strebte. Ein eigener Rennmechaniker sowie 30 Paar Skier begleiteten Schranz zu jedem Rennen, bei Großbewerben wurde der Kneissl-Tross auf ein ganzes Betreuerteam samt eigenem Materialwagen aufgestockt. Für damalige Verhältnisse ein ungeheurer Aufwand. Viel aufwändiger aber waren Schranz' Alleingänge auf der Suche nach der perfekten Abfahrtshaltung. Die legendäre »Schranz-Hocke« wurde im Windkanal des Wiener Arsenals entwickelt. Dort, wo sonst Flugzeugbauteile getestet wurden, setzte sich der Rennläufer Windgeschwindigkeiten von bis zu 300 km/h aus, bis er die aerodynamisch beste Position gefunden hatte. Selbstverständlich bezahlte Kneissl die Kosten für den Test – umgerechnet rund 20.000 Euro.

Gegenüber Aufwendungen in dieser Höhe und dem bereits erwähnten kolportierten Gehalt von 1,5 Millionen Schilling war die offizielle Darstellung von Schranz' Verhältnis zu seinem Skifabrikanten geradezu lachhaft. 5000 Schilling pro Monat verdiente der Star aus St. Anton offiziell bei Kneissl – als angestellter Ski-Tester. »Brutto sind es natürlich 7000 Schilling«, fügte ein Kneissl-Sekretär gegenüber »Profil« eilfertig hinzu.

Wie schwer es auch dem IOC fiel, die tatsächlichen Einkommensverhältnisse des Österreichers herauszubekommen, zeigt der Vorwurf, mit dem einer der Funktionäre kurz vor der Entscheidung über Schranz die Österreicher konfrontierte: Er habe gehört, dass Schranz Vizepräsident der Skifabrik sei. Ein Vorwurf, den Kneissl natürlich ohne große Mühe entkräften konnte.

Doch auch wenn es sich nie genau festmachen ließ, wie viel Geld in Schranz' Kassa floss, der Star aus St. Anton machte nie ein

Hehl daraus, dass es in jedem Fall reichlich war. Er liebte es, in den Medien seine Rolle als Vorreiter des Profi-Sports darzustellen.

Der diesbezügliche Höhepunkt war eine von langer Hand vorbereitete Reportage der deutschen »Sport-Illustrierten«, in der man darstellen wollte, wie sehr der angebliche Amateur-Skilauf zum »Industrie-Sport« geworden sei. Um das darzustellen, hatten sich die deutschen Reporter den Mann ausgesucht, der »einfach der prominenteste und routinierteste Skiläufer der Welt ist. Wenn wir vom Formelfahrer Schranz reden, dann gehört auch die Kufsteiner Rennwerkstatt (Kneissl, Anm.) dazu, deren Angestellter und Paradeathlet der Arlberger ist.«

Selbstverständlich, betonten die Journalisten in einem Vorwort, hätte man auch »einen anderen Star und eine andere Fabrik nehmen können«, aber Schranz war inzwischen längst zur Symbolfigur für den Streit um den Amateurstatus geworden. Außerdem war er auch in deutschen Redaktionen als ein Sportler bekannt, der mit Medien nicht nur, wie bereits erwähnt, hervorragend umgehen konnte, sondern auch bereitwillig deren Wünsche erfüllte. In diesem Fall, der zum Skandal werden sollte, posierte Schranz gemeinsam mit seinem persönlichen Mechaniker vor acht Paar Skiern mit der Aufschrift Kneissl und zwei Paar Skischuhen der von ihm verwendeten Schweizer Marke. Die Zeitung veröffentlichte das Foto auf einer Doppelseite – und löste damit einen Skandal aus, der mindestens ebenso gigantisch war. Der deutsche Skiverband sperrte einige seiner Rennläufer vorübergehend, nur weil sie in dem Artikel ebenfalls einige Kommentare über ihre Marken abgegeben hatten. Der österreichische Skiverband dagegen blieb untätig, was den Ärger von IOC-Chef Brundage selbstverständlich weiter steigerte. Auch das Poster landete unverzüglich in seinen Schranz-Akten.

Doch während man beim Skiverband verzweifelt bemüht war, die Herren beim IOC zu beruhigen und die Sache noch rechtzeitig vor den Olympischen Spielen friedlich zu klären, fand Schranz immer mehr Gefallen an seiner Rolle als Wortführer des Aufstandes gegen den Amateurstatus. Der Tiroler, der sich ohnehin als

Einzelkämpfer verstand, hatte schon immer gerne den Rebellen gespielt. »Ich fühle als Demokrat und ich bin es nicht gewohnt, meine Überzeugung zu verschweigen«, teilte er stolz der Presse mit, die natürlich alles daransetzte, den programmierten Konflikt zwischen dem Skistar und dem IOC-Präsidenten anzuheizen. Die beste Gelegenheit dazu sollte sie nach dem Rennen von Kitzbühel bekommen. Schranz hatte gesiegt und baute sich im ganzen Gefühl seines Triumphes vor einer Unzahl an internationalen Reportern auf, um eine ungeheuerliche Drohung loszuwerden. Falls man ihm tatsächlich die Amateurqualifikation und damit die Teilnahmeberechtigung für Olympia absprechen sollte, werde er auspacken. Die Millioneneinnahmen aller angeblichen Amateure werde er aufdecken, um mit der ganzen Verlogenheit des Amateurstatus endgültig aufzuräumen. Und um der Sache die Krone aufzusetzen, griff Schranz noch zu einem mehr als saftigen Vergleich. Die Angelegenheit, so drohte er, werde Ausmaße wie der damals aktuelle Bundesliga-Skandal annehmen. Es ging dabei um Millionenbetrug durch manipulierte Spiele in der deutschen Bundesliga. Die Affäre hatte Dutzende Spieler und Funktionäre um ihren Job gebracht.

Es war eine offene Herausforderung an Brundage. Der greise Millionär aber war viel zu vornehm, um Schranz in den Medien persönlich anzugreifen. Er sollte das erst nach dessen Ausschluss tun. Vorerst aber beschränkte er sich darauf, den Amateurstatus in zahlreichen Interviews zu verteidigen und immer wieder jene zu attackieren, die nichts als bezahlte Agenten der Industrie seien.

Schranz aber ließ sich noch mehr anstacheln und ritt weitere Attacken. Vor der Presse machte er aus dem Streit einen moralischen Konflikt, eine soziale Frage. Er warf dem IOC-Chef vor, Spiele zu verhindern, bei denen Arme und Reiche, Schwarze und Weiße gleichberechtigt gegeneinander antreten könnten: »Wenn Herr Brundage arm geboren wäre, wenn er auch nur die geringste Ahnung davon hätte, was wir für Opfer gebracht haben«, donnerte er in die Mikrofone, »hätte er wohl eine ganz andere Meinung. Denn wenn wir Brundages Empfehlungen bis zur letzten Konsequenz folgen, dann sind die Olympischen Spiele ein Wettbewerb für Superreiche. Kein einfacher Mann könnte es sich jemals leisten, in seiner Sportart Höchstleistungen zu bringen.«

Auch seine eigenen Familienverhältnisse bringt Schranz immer wieder ins Spiel, erzählt Reportern über seine Kindheit in bitterer Armut, von seinem Vater, der an Tuberkulose starb, als Schranz acht Jahre jung war, vom Feuer, das sein Elternhaus zur Gänze zerstörte: »... und mein Bruder und ich sind in Lederhosen draußen gestanden.«

Mehr noch, der Tiroler machte während dieser entscheidenden Tage und Wochen eine kämpferische Weltanschauung daraus: »Olympische Spiele sollten für alle offen sein, egal welcher sozialen Herkunft einer ist, egal ob reich oder arm, egal welcher Hautfarbe und Religion.« Mit der trockenen Ironie, mit der er schon so verhängnisvoll über seine Einkommensverhältnisse gescherzt hatte, attackiert Schranz jetzt das IOC: »Die Kirche hat sich ja auch geändert, weshalb kann also nicht auch das IOC modern denken?«

Noch am Tag vor der endgültigen Entscheidung über den Ausschluss des Österreichers bekam Brundage ein weiteres Interview von Schranz in einer japanischen Zeitung zu lesen. Wieder formulierte der Österreicher allzu deutlich, was er vom IOC-Präsidenten hielt.

Schranz' fataler Fehler war, dass er sich allzu sicher fühlte. Er meinte Rückendeckung zu haben durch den österreichischen, aber auch durch den internationalen Skiverband. Schließlich hatten die Österreicher gedroht, im Falle eines Ausschlusses von Schranz mit dem ganzen Team die Spiele zu boykottieren. Der internationale Skiverband war sogar noch viel weiter gegangen. Sollte nur einer der europäischen Läufer gesperrt werden, hatte FIS-Präsident Hodler gedroht, werde man im März in Europa eine eigene Weltmeisterschaft abhalten. Die Olympischen Winterspiele wären damit gänzlich entwertet gewesen.

Aus all diesen Versprechen wurde nichts. Im entscheidenden Moment blieb Schranz allein. Ohne sich selbst vor dem IOC-Präsidium verantworten zu dürfen, wurde er am 31. Jänner von den Olympischen Spielen ausgeschlossen, als einziger Sportler.

Das berüchtigte Foto vom Fußballmatch war da nicht mehr als eine letzte Pointe, die Brundage seinen Kollegen liefern konnte. Die Entscheidung war bereits Tage vorher gefallen. »Das IOC hat sich bereits vor der Abstimmung eine Meinung gebildet«, meinte FIS-Präsident Hodler nach dem Ausschluss: »Schranz hat es unter Druck gesetzt, weil er zu viel geredet hat.«

Im Augenblick seines Triumphes hielt sich auch Brundage nicht mehr zurück. In einer Brandrede vor der Presse machte er deutlich, dass es ihm ganz persönlich um Schranz gegangen war, dieser sei »schlimmer als alle anderen zusammen. Er hat der olympischen Idee großen Schaden zugefügt.« Nun ließ der Amerikaner keinen Zweifel mehr daran, worum es in diesem Konflikt tatsächlich gegangen war: »Wir haben den frechsten und redewütigsten Skiläufer herausgegriffen, den wir finden konnten: Schranz.«

Würde dieser frechste alle Skifahrer jetzt seine Drohung wahr machen und über all die Millionengeschäfte seiner Kollegen auspacken? Schranz muss in diesem Moment wohl klar geworden sein, dass er zu hoch gepokert hatte. Seine erste Reaktion vor der Presse ist auch ein Eingeständnis einer zumindest zum Teil selbst verschuldeten Niederlage. Schranz erteilt den Reportern eine Absage: »Sicher werden einige von Ihnen nunmehr von mir erwarten, dass ich meine einmal geäußerte Absicht, bisher unbekannte Tatsachen des internationalen Renngeschehens offen zu legen, verwirklichen werde. Dies war ein voreiliger Gedanke von mir. Ich möchte nicht der Anlass sein, dass einem Sportkameraden Gleiches widerfährt. Dazu ist mir der Schmerz zu groß.«

Schranz bleibt nur noch übrig, seine Niederlage mit ein paar melodramatischen Vergleichen zu schmücken. Er vergleicht die Mächtigen des IOC mit den römischen Kaisern, »die Menschen den Löwen zum Fraß vorwarfen und dann mit dem Daumen nach unten oder oben zeigten«. Bitter klingt es, wenn er den Konflikt mit Brundage noch einmal zu einer großen moralischen Frage stilisiert: »Er sagt immer, ich rede zu viel gegen ihn. Ich rede aber nicht gegen ihn, ich sage nur, was ich mir denke. Brundage kommt aus einem freien Land, in dem man seine Meinung äußern darf, und ich dachte, ich könnte das auch.«

Während Schranz öffentlich an seiner Niederlage litt, hatte längst die Absatzbewegung von ihm begonnen. Alle zuvor geäußerten Absichtserklärungen von der geschlossenen Abreise der Österreicher oder sogar aller Europäer verflüchtigten sich umgehend. Während sich noch in Österreich Politiker, wie der damalige Unterrichtsminister Sinowatz, öffentlich für einen Boykott der Spiele stark machten, spielten die Sportfunktionäre längst ihr eigenes Spiel. Aus den einzelnen Fachverbänden wurde Widerstand gegen eine Abreise laut, man wollte sich durch den Mann, der plötzlich zum Einzelfall geworden war, nicht um den Erfolg bringen lassen. Der Gedanke, nur die Alpinskifahrer abreisen zu lassen, erwies sich als undurchführbar, weil einige prominente Rennläufer offen dagegen protestierten. Auch der Professionalismus, für den Schranz sich ja zum Wortführer gemacht hatte, sollte jetzt dafür sorgen, dass der Mann aus St. Anton alleine blieb. Ein kollektiver Abmarsch aus Japan, so warnten jetzt einige Funktionäre, würde die äußerst lukrativen Verbindungen zur wachsenden japanischen Wintersportindustrie gefährden.

Schließlich fanden die Funktionäre einen Ausweg. Sie kündigten offiziell an, das Team abzuziehen, ließen aber gleichzeitig durchblicken, dass sie sich durch eine persönliche Aufforderung von Schranz überreden lassen würden zu bleiben. Und der tat, was von ihm erwartet wurde. Bei einer Pressekonferenz ließ Schranz unmittelbar auf die Rückfahrentscheidung des FIS-Präsidenten die Bitte folgen, doch in Sapporo zu bleiben. Sichtlich erleichtert stellte der Präsident fest: »Wir werden antreten.«

Ein paar Wochen später sollte die FIS auch ihre Ankündigung von der Veranstaltung eigener Weltmeisterschaften rasch und unauffällig aus der Welt schaffen. Die Erklärung, diese seien an unüberbrückbaren Terminschwierigkeiten gescheitert, verursacht durch die internationalen Zollmeisterschaften, war nur noch ein weiterer Tiefschlag für Schranz. Dem zutiefst verbitterten Star blieb nun nichts mehr übrig, als sich endgültig von seiner Rennläuferkarriere zu verabschieden. Er wolle, so erklärte er in einem wütenden Schreiben an den österreichischen Skiverband, seine Laufbahn nicht als Freiwild der internationalen Sportpolitik beenden.

Das sportliche Drama um Karl Schranz war zu Ende und der Schluss war bescheidener, als er es sich vielleicht erhofft hatte. Die Politik aber und vor allem die Medien sollten zum Abschluss noch ihr eigenes Kapitel in der Schranz-Saga inszenieren. Es war das pathetischste und verlogenste der ganzen Geschichte.

Während der Ärger der Österreicher über den Ausschluss hochkochte, hatten es Politiker aller Parteien auf einmal eilig, auf diesen fahrenden Zug aufzuspringen. In öffentlichen Aussendungen, parlamentarischen Anfragen, sogar in Belangsendungen machte sich jeder zum Anwalt des unschuldigen Helden und attackierte, jetzt, wo es längst zu spät war, die Sportfunktionäre und suchte nach Sündenböcken. Einer der Bestgeeigneten, den man für diese Rolle zu finden glaubte, war der Industrielle Mautner-Markhof. Das langjährige IOC-Mitglied hatte sich kurz vor dem Ausschluss in einem Brief mit einem Umstimmungsversuch an seinen persönlichen Freund Avery Brundage gewandt. Die österreichischen Medien aber machten, aufgeheizt wie die Stimmung bereits war, daraus eine »Schanddepesche«. Parlamentsabgeordnete ließen sich sogar während der Nationalratssitzungen zu Zwischenrufen gegen Mautner-Markhof hinreißen. Erst als drei Enkel des Industriellen in der Schule verprügelt wurden, kühlten sich einige der politischen Hitzköpfe ab.

Im Mittelpunkt dieses gigantischen Laientheaters aber standen als Drahtzieher zwei Profis: der damalige Bundeskanzler Bruno Kreisky und ORF-General Gerd Bacher. Dieser erinnerte sich mehr als 25 Jahre danach in der Tageszeitung KURIER an den Anruf Kreiskys unmittelbar nach dem Urteil des IOC: »Na, Herr Skigeneral! Lassen s'Ihnen was einfallen.«

Bacher ließ sich etwas einfallen. Er wollte die Heimkehr von Schranz am 8. Februar als Triumphzug für einen unschuldig zu Fall gebrachten österreichischen Helden inszenieren und dafür setzte er die Medienmaschine ORF auf eine Weise in Bewegung, wie es zuvor nie jemand für möglich gehalten hätte. Tagelang orgelte der Sender die Ankunftszeit von Schranz in Schwechat, die Route, die dessen Wagenkolonne in Richtung zum Bundeskanzleramt nehmen sollte, sowie alle Möglichkeiten für die Menschen, bei diesem Spektakel auch dabei zu sein, über den Äther. Parallel zu diesen beinahe stündlich gesendeten Aufforderungen zur Teilnahme wurden Geschichten ausgestrahlt, in denen nicht nur Avery Brundage, sondern vor allem auch die österreichischen Sportfunktionäre regelrecht hingerichtet wurden. Als Schranz dann tatsächlich gelandet war, wurde im Radio alle fünf Minuten seine Position durchgegeben. »Der Bacher hat wirklich an der Orgel gespielt«, kommentierte der ehemalige Gesundheits- und Sportminister Harald Ettl die Inszenierung des ORF. »Da ist auch manches ausprobiert worden: Was können die Medien überhaupt, was kann der ORF?«

Der renommierte KURIER-Sportkommentator Martin Maier kommentierte die Inszenierung mit beißender Ironie: »Vor der Ankunft von Karl Schranz wurden in Form von Sondermeldungen Nachrichten über seine geografische Position gegeben. Rückte ein interplanetarisches Raumschiff auf Österreich zu, hätte man nicht anders berichten können.«

Die Kampagne entwickelte eine Dynamik, die früher oder später sogar ihren Regisseuren unheimlich wurde. Zehntausende Menschen säumten trotz des kalten und regnerischen Wetters die Straßen, über die Schranz, aus einem offenen Wagen winkend, in Richtung Innenstadt fuhr. 90.000 versammelten sich auf dem Heldenplatz, Menschenmassen, die manchen Kommentator an andere unheilvollere Versammlungen auf demselben Platz erinnerten. Kalt sei es ihm über den Rücken gelaufen, erinnerte sich Kreisky später an die Momente in der Hofburg. Entgegen der Planungen weigerte sich der Bundeskanzler plötzlich, gemeinsam mit Schranz auf den Balkon vor die jubelnden Menschen zu treten. Erst später trat er auch hinaus, hielt sich aber im Hintergrund: »Das ist Ihr Tag, Herr Schranz.«

Doch der Star des Tages schien irgendwie abwesend zu sein. Seltsam teilnahmslos stand Schranz winkend auf dem Balkon der Hofburg, als könne er mit all dem, was da an Heldenverehrung rund um ihn inszeniert worden war, nichts anfangen. Wie in Trance sei er gewesen, erinnert sich der Tiroler später. Auch als ihm ein paar Tage später ein ähnlicher Empfang in Innsbruck bereitet wurde, gab er nicht mehr von sich als: »Ich finde keine Worte, ich habe doch gar nichts gewonnen.« Sogar in seiner Autobiografie streift Schranz den Triumphzug gerade einmal kurz, als habe er nicht allzu große Freude an der Erinnerung daran.

Als Bacher die ORF-Propagandamaschine bald nach dem Spektakel abdrehte, kehrte rasch Ernüchterung ein. Der hetzerische Grundton in den Zeitungen verschwand und mit ihm die pathetischen Metaphern vom »Märtyrer« Schranz, der unschuldig auf dem Scheiterhaufen des IOC geopfert worden war. Schranz selbst tat nichts dazu, um diesen Mythos noch länger am Leben zu erhalten. Er hatte das Seine ohnehin gesagt und wusste, dass ihn der Ausschluss populärer gemacht hatte als alle Goldmedaillen der Spiele. Abfahrerkollege Jean-Claude Killy hatte ihn im persönlichen Gespräch für die britische BBC selbst darauf aufmerksam gemacht: »Du hast die beste Publicity, die je ein Sportler bekommen hat. Vielleicht ist es sogar das Beste für deine Karriere.«

Der bereits erwähnte KURIER-Sportkommentator Martin Maier konfrontierte ihn später in einer Fernsehdebatte mit einem nüchternen Resümee des Streits mit Brundage: »Dem Hausherrn, dessen Mieter man ist, spuckt man nicht ins Gesicht.« Schranz widersprach nicht. Es war ihm längst klar geworden, dass der Mythos vom unschuldig verurteilten Helden auf Dauer nicht aufrechtzuerhalten war. Schließlich hatten es ihm nicht nur Kommentatoren wie Maier inzwischen verraten, sondern auch sein Kollege und ewiger Konkurrent im Kampf um »Platz eins« der heimischen Skilegenden, Toni Sailer: »Karl, mich wundert nicht, dass du ausgeschlossen worden bist. Wir haben doch alle schon vorher gewusst, was kommen würde. Ist auch ganz klar. Wenn du wo anklopfst und den Hausherrn beleidigst, dann lasst er dich nicht rein.«